STUDIENKURS RELIGION

Lehrbuchreihe für Studierende der Religions- und Kulturwissenschaft sowie für Lehramtsstudierende

Wissenschaftlich fundiert und in verständlicher Sprache führen die Bände der Reihe in die zentralen Themengebiete, Theorien und Methoden der Religionswissenschaft ein und vermitteln die grundlegenden Studieninhalte. Die konsequente Problemorientierung und die didaktische Aufbereitung der einzelnen Kapitel erleichtern den Zugriff auf die fachlichen Inhalte. Bestens geeignet zur Prüfungsvorbereitung u.a. durch Zusammenfassungen, Wissens-, Diskussions-, und Verständnisfragen sowie Schaubilder und thematische Querweise.

Oliver Freiberger

Religionsvergleich

Ansätze, Kritik, Praxis

Onlineversion
Nomos eLibrary

Die Deutsche Nationalbibliothek verzeichnet diese Publikation in der Deutschen Nationalbibliografie; detaillierte bibliografische Daten sind im Internet über http://dnb.d-nb.de abrufbar.

ISBN 978-3-8487-6876-9 (Print)
ISBN 978-3-7489-0971-2 (ePDF)

1. Auflage 2022
© Nomos Verlagsgesellschaft, Baden-Baden 2022. Gesamtverantwortung für Druck und Herstellung bei der Nomos Verlagsgesellschaft mbH & Co. KG. Alle Rechte, auch die des Nachdrucks von Auszügen, der fotomechanischen Wiedergabe und der Übersetzung, vorbehalten. Gedruckt auf alterungsbeständigem Papier.

Inhalt

Zu diesem Buch   9

Kapitel 1 Was ist Religionsvergleich?   13
- 1.1. **Der Begriff „Religionsvergleich"**   17
  - Religionsvergleich als Vergleich von Religionen   18
  - Religionsvergleich als der von Religionen betriebene Vergleich   19
  - Religionsvergleich als Vergleich von Religion mit Nicht-Religion   20
  - Religionsvergleich als Vergleich religiöser Gegenstände   21
- 1.2. **Religiöse und nicht-religiöse Motive für den Religionsvergleich**   22
  - Religiöse Motive für den Religionsvergleich   22
  - Nicht-religiöse Motive für den Religionsvergleich   31

Kapitel 2 Eine kurze Geschichte des Religionsvergleichs   35
- 2.1. **Vorgeschichte**   36
  - Religiöse Religionsvergleiche gab es schon immer   38
  - Die Unterscheidung „wir–sie" beruht auf einer Pluralitätsannahme   38
  - Die Pluralität von Religionen – auch in vormoderner Zeit und außerhalb Europas   39
  - Religion als Kategorie   40
  - Säkulare Religionsvergleiche – innerhalb und außerhalb Europas   41
- 2.2. **Ausgewählte Ansätze des Religionsvergleichs im 19. und 20. Jahrhundert**   43
  - Friedrich Max Müller   43
  - James George Frazer   48
  - Joachim Wach   53
  - Mircea Eliade   57
  - Jonathan Z. Smith   62
- 2.3. **Marginalisierung und Wiederbelebung des Religionsvergleichs im 20. und 21. Jahrhundert**   66

Kapitel 3 Religionsvergleich in der Kritik   69
- 3.1. **Dekontextualisierung**   70
- 3.2. **Essenzialisierung und Universalisierung**   79
- 3.3. **Generalisierung**   84
- 3.4. **Postmoderne und postkoloniale Kritik am Religionsvergleich**   89

Kapitel 4 Theoretische Grundlagen des Vergleichs   95
- 4.1. **Unter der Motorhaube: Wie funktioniert Vergleichen?**   96
- 4.2. **Was vergleichen? Die Bestimmung der Comparanda**   97
  - Empirische und theoretisch konstruierte Gegenstände   99
  - Allgemein und spezifisch definierte Gegenstände   101
  - Die Eingrenzung von Comparanda   102
- 4.3. **Woraufhin vergleichen? Das Tertium Comparationis**   103
  - Unvergleichbarkeit   104

	Die Bestimmung des Tertium Comparationis	107
4.4.	**Die Situiertheit der vergleichenden Person**	108
	Persönliche Faktoren	108
	Kulturelle Faktoren	109
	Akademische Faktoren	110
4.5.	**Die Agency der vergleichenden Person**	112
	Reflexivität	112
	Kontrollierte Entscheidungsfindung	113
4.6.	**Die theoretische Produktivität des Vergleichs**	115

Kapitel 5 Die vergleichende Methode 121

5.1.	**Der Modus des Vergleichs**	122
	5.1.1. Sechs problematische Modi	122
	5.1.2. Zwei vielversprechende Modi	128
5.2.	**Der Maßstab des Vergleichs**	131
	Vergleich auf der Makroebene	132
	Vergleich auf der Mikroebene	133
	Vergleich auf der Mesoebene	136
5.3.	**Der Analyserahmen des Vergleichs**	138
	Der kontextuelle Analyserahmen und relationale Vergleiche	139
	Der interkulturelle Analyserahmen und analoge Vergleiche	140
	Der transhistorische Analyserahmen	141
5.4.	**Arbeitsschritte**	143
	(1) Selektion	144
	(2) Beschreibung und Analyse	145
	(3) Gegenüberstellung	147
	(4) Neubeschreibung	149
	(5) Theoretisierung	150

Kapitel 6 Durchführung und Relevanz des Religionsvergleichs 153

6.1.	**Zur Durchführung einer vergleichenden Studie**	153
	Der Anlass für den Religionsvergleich	153
	Selektion, Beschreibung, Analyse	155
	Gegenüberstellung, Neubeschreibung, Theoretisierung	158
	Kontrafaktische Reflexion	160
	Präsentation der Studie	160
	Die Rolle der Intuition im Religionsvergleich	161
6.2.	**Die Relevanz des Religionsvergleichs**	163
	Vergleich als Wesensmerkmal des Fachs Religionswissenschaft	163
	Die Relevanz der vergleichenden Methode	166
	Die gesellschaftliche Relevanz des Religionsvergleichs	168

Themenvorschläge für Seminararbeiten	177
Literaturverzeichnis	179
Sachregister	187
Personenregister	190
Bereits erschienen in der Reihe STUDIENKURS RELIGION	191

Zu diesem Buch

Dass religiöse Vorstellungen und Praktiken nicht nur deutliche Unterschiede, sondern auch verblüffende Ähnlichkeiten aufweisen können, selbst über Kulturgrenzen hinweg, fasziniert Menschen seit langem. Diese Faszination war auch ein wesentlicher Impuls für die Entstehung des Fachs Religionswissenschaft im 19. Jahrhundert. Wenn man solche Ähnlichkeiten erforscht, analysiert und klassifiziert, stellt sich bei näherer Betrachtung zuweilen die Frage, ob es sich tatsächlich um Ähnlichkeiten handelt. Manches ähnelt sich nur oberflächlich, während sich umgekehrt manche Dinge sehr ähnlich sind, die uns auf den ersten Blick als ganz verschieden erscheinen.

Um Ähnlichkeiten und Unterschiede genau bestimmen zu können, wendet die religionswissenschaftliche Forschung die Methode des Religionsvergleichs an. Da diese Methode in der Geschichte des Fachs auch in einer Weise praktiziert wurde, die viele heute für problematisch halten, ist sie nicht unumstritten. Das vorliegende Buch bietet eine Einführung in die Geschichte, die Theorie und die Praxis des Religionsvergleichs. Es stellt verschiedene Ansätze vor, erläutert und diskutiert die zum Teil weitreichende Kritik an der Methode und demonstriert, wie sie heute produktiv und verantwortungsvoll praktiziert werden kann. Es legt den Ansatz zugrunde, den ich in der Monographie *Considering Comparison: A Method for Religious Studies* (Freiberger 2019) entwickelt habe.

Das Buch ist folgendermaßen gegliedert: In Kapitel 1, *Was ist Religionsvergleich?*, wird zur ersten Orientierung zunächst der Begriff „Religionsvergleich" erörtert. Es stellt verschiedene Möglichkeiten vor, den Begriff zu verstehen und verschiedene Arten, Religionsvergleich zu betreiben. Dabei wird deutlich, dass man grob zwischen religiösen und nicht-religiösen Motiven für den Religionsvergleich unterscheiden kann. Das Kapitel diskutiert diese Motive und erläutert, welche davon in der gegenwärtigen Religionswissenschaft vorherrschend sind.

Kapitel 2, *Eine kurze Geschichte des Religionsvergleichs*, bietet einen selektiven Überblick über die Geschichte der vergleichenden Methode in der Religionswissenschaft. Nach einigen Reflexionen zur Vorgeschichte werden fünf bedeutende Gelehrte vorgestellt, die die vergleichende Methode mit ihren Werken vom 19. bis zum 21. Jahrhundert maßgeblich geprägt haben (Müller, Frazer, Wach, Eliade und Smith). In diesen Ansätzen werden wir Stärken und Schwächen identifizieren, die in manchen Vergleichsstudien bis heute zu beobachten sind.

Kapitel 3, *Religionsvergleich in der Kritik*, wendet sich der mitunter fundamentalen Kritik zu, mit der sich vergleichende Forschung seit ca. den 1970er Jahren konfrontiert sieht. Es erörtert diese Kritik anhand von vier Stichworten (Dekontextualisierung, Essenzialisierung, Universalisierung und Generalisierung) und diskutiert auch die sogenannte postmoderne und postkoloniale Kritik. Es wird gefragt, welche der Kritikpunkte berechtigt sind und was dies für die vergleichende Methode bedeutet.

In Kapitel 4, *Theoretische Grundlagen des Vergleichs* erkunden wir, wie ein Vergleich grundsätzlich funktioniert. Ausgehend von einem basalen Modell, bestehend aus zwei zu vergleichenden Dingen (Comparanda) und einem Aspekt, auf den hin man sie vergleicht (Tertium Comparationis), ist zunächst zu fragen, wie diese drei Elemente zu bestimmen sind. Dabei wird deutlich, dass in dem Prozess die forschende Person eine zentrale Rolle spielt. Das Kapitel erörtert die Situiertheit des Individuums ebenso wie seine Agency und erläutert, wie eine Vergleichsstudie, die reflektiert und transparent durchgeführt wird, theoretisch produktiv sein kann.

In Kapitel 5, *Die vergleichende Methode*, werden die Elemente der vergleichenden Methode im Einzelnen dargelegt und erörtert. Es unterscheidet acht verschiedene Modi (sechs problematische und zwei vielversprechende), drei Ebenen des vergleichenden Maßstabs (Mikro-, Meso- und Makroebene) und drei mögliche Analyserahmen (kontextuell, interkulturell und transhistorisch). Anschließend werden die fünf Arbeitsschritte einer Vergleichsstudie vorgestellt (Selektion, Beschreibung und Analyse, Gegenüberstellung, Neubeschreibung, Theoretisierung).

Kapitel 6, *Durchführung und Relevanz des Religionsvergleichs*, spielt durch, wie eine vergleichende Studie durchgeführt werden kann, wenn man die Erkenntnisse aus den Kapiteln 4 und 5 in die Praxis umsetzt. Dies mag als Modell für Ihre eigenen Studien dienen. Abschließend erörtere ich die Frage, welche Relevanz der Religionsvergleich besitzen mag, sowohl für die Wissenschaft als auch für die Gesellschaft im Allgemeinen.

Begriffe aus Quellensprachen werden in diesem Buch in einer vereinfachten Schreibweise wiedergegeben. Nach der ersten Nennung erscheint in Klammern die wissenschaftliche Standardtransliteration mit den betreffenden diakritischen Zeichen.

Für Ihre Anmerkungen zu einzelnen Kapiteln danke ich meinen Freunden/Kollegen/Lehrern Ulrich Berner, Christoph Bochinger, Reinhold Grünendahl und Christoph Kleine. Ihre Hinweise und kritischen Kommentare haben die Kapitel erheblich verbessert. Für alle verbliebenen Unzulänglichkeiten bin ich allein verantwortlich.

Dieses Studienbuch ist für Lehrveranstaltungen konzipiert, die den Religionsvergleich aus religionswissenschaftlicher Sicht thematisieren. Es kann aber ebenso gut für das Selbststudium verwendet werden. Es folgen einige Hinweise für Lehrende, die das Buch im Unterricht verwenden möchten, sowie für Leser:innen, die es im Selbststudium erkunden.

Hinweise für Lehrende

Dieses Buch eignet sich für den Unterricht in religionswissenschaftlichen Lehrveranstaltungen in verschiedener Weise. Sie können es zum Beispiel als Begleitlektüre für ein Methodenseminar oder für Vorlesungen zur Geschichte des Fachs oder zu Theorien und Methoden verwenden. Oder Sie wählen einzelne Kapitel für einführende oder thematische Lehrveranstaltungen aus.

Das Buch ist aber zugleich als ein Lehrbuch konzipiert, das als Hauptlektüre für ein eigenständiges, einsemestriges Seminar zum Religionsvergleich dienen kann. Jedes Kapitel bietet Diskussionsstoff für zwei Sitzungen und lässt sich ungefähr in der Mitte teilen – die Stelle ist jeweils markiert. Das ermöglicht es Ihnen, für jede Sitzung noch weitere Texte als Begleitlektüre hinzuzunehmen. Bei den sechs Kapiteln des Buches ergibt sich so Material für zwölf Sitzungen – plus einer Einführungssitzung am Beginn und einer Abschlussdiskussion am Ende eines 14-wöchigen Semesters. In längeren Semestern könnten Sie, wenn gewünscht, für zusätzliche Sitzungen weitere Texte aus der vorgeschlagenen Begleitlektüre am Ende der einzelnen Kapitel oder aus dem Literaturverzeichnis auswählen.

Am Ende jedes Kapitels finden Sie einige didaktische Hilfsmittel, die Sie nach Wunsch nutzen können:

- Empfohlene Begleitlektüre
  Für beide Kapitelteile werden mehrere Texte in Aufsatzlänge empfohlen, die sich gut mit dem Kapitel ins Gespräch bringen lassen. Je nach Design der Lehrveranstaltung können Sie einen oder mehrere auswählen, noch weitere hinzunehmen (siehe die Verweise im Kapitel selbst und das Literaturverzeichnis) oder auch ganz darauf verzichten. Die Texte werden folgendermaßen angegeben:
  BL a. [= Begleitlektüre für Teil 1 des Kapitels]
  BL b. [= Begleitlektüre für Teil 2 des Kapitels]
- Selbsttestfragen
  Zwei Wissens- bzw. Verständnisfragen, ebenfalls auf je einen Teil des Kapitels bezogen, sollen Studierenden dabei helfen, das eigene Verständnis des Inhalts zu prüfen.
  1.a. [Selbsttestfrage für Teil 1]
  1.b. [Selbsttestfrage für Teil 2]
- Diskussionsfragen
  Diese beiden Fragen sind primär dafür gedacht, eine Diskussion zu bestimmten Aspekten des Kapitels anzuregen, entweder in Kleingruppen/Partnerarbeit oder im Plenum.
  2.a. [Diskussionsfrage für Teil 1]
  2.b. [Diskussionsfrage für Teil 2]
- Reflexionsfragen
  Diese Fragen sollen Studierende anregen, über das Gelernte zu reflektieren und es auf bestimmte Fälle anzuwenden bzw. an selbstgewählten Beispielen durchzuspielen.
  3.a. [Reflexionsfrage für Teil 1]
  3.b. [Reflexionsfrage für Teil 2]

Die Separierung der Fragen nach Teilen ist natürlich nur von Belang, wenn Sie in Ihrem Seminardesign die Kapitel wie vorgeschlagen zweiteilen. In diesem Fall erleichtert Ihnen die Nummerierung, den Studierenden die Beantwortung ausgewählter Fragen aufzugeben (zum Beispiel 2.b. und 3.b.).

Alle Fragen können für verschiedene Zwecke eingesetzt werden. Sie sind zum Beispiel für Reading Responses geeignet, die Studierende vor der Sitzung einreichen bzw. hochladen. Hierfür empfiehlt es sich, einen gewünschten Längenumfang zu nennen, zum Beispiel 200–250 Wörter (ca. zwei Absätze) pro Antwort. Man kann alle Fragen auch für Partner- oder Gruppendiskussionen während der Sitzung verwenden. Oder sie können schlicht als Einstiegsfragen für die Seminardiskussion dienen.

Im Anschluss an das letzte Kapitel finden Sie noch drei Themenvorschläge für längere Hausarbeiten am Ende des Semesters. Da die Themen flexibel handhabbar sind, eignen sie sich für Arbeiten unterschiedlicher Länge, zum Beispiel 12–15 Seiten oder 20–25 Seiten. Wie Sie bemerken werden, handelt es sich auch um drei verschiedene Typen von Fragestellungen, die Sie nach Belieben modifizieren und für die Bedürfnisse Ihrer Lehrveranstaltung anpassen können.

Alle diese Hilfsmittel sollen nicht eine bestimmte Lesart des Buches vorgeben. Es sind lediglich Angebote, die hoffentlich einigen von Ihnen den Unterricht erleichtern. Bitte ignorieren Sie alles, was nicht zu Ihrer Lehrveranstaltung oder Ihrem Unterrichtsstil passt.

Hinweise für das Selbststudium

Wenn Sie dieses Buch einfach aus Interesse lesen bzw. keine spezifischen Vorgaben von Ihrer Dozentin oder Ihrem Dozenten erhalten haben, steht Ihnen natürlich frei, es auf Ihre eigene Weise zu erkunden, indem Sie beim Lesen zum Beispiel die Ordnung der Kapitel umstellen, manche Abschnitte zunächst überspringen oder ähnliches. Es sei hier nur darauf hingewiesen, dass die Kapitel aufeinander aufbauen und dass manchmal auf bestimmte Beispiele in einem früheren Kapitel zurückverwiesen wird. Auch manche in diesem Buch eingeführten Fachbegriffe werden ausführlich diskutiert, definiert und dann vorausgesetzt. Wenn zum Beispiel das letzte Kapitel den „interkulturellen" und den „kontextuellen Analyserahmen" erwähnt, haben diese Begriffe spezielle technische Bedeutungen, die anderswo – in diesem Fall in Kapitel 5 – detailliert erklärt werden.

Die oben, in den *Hinweisen für Lehrende*, erläuterten didaktischen Hilfsmittel können auch für das Selbststudium nützlich sein. Um Ihr Verständnis des jeweiligen Kapitels zu überprüfen, ist es empfehlenswert, die Selbsttestfragen zu beantworten und auch über die anderen Fragen zu reflektieren, am besten schriftlich. Studien haben gezeigt, dass Gedanken, die man selbst niedergeschrieben hat, viel besser in Erinnerung bleiben als dies durch pures Lesen und Unterstreichen möglich ist. Das gilt nicht nur für das Faktenwissen, sondern auch, und ganz besonders, für gewonnene Einsichten. Die Fragen am Ende jedes Kapitels können Sie dabei unterstützen. Ich empfehle auch, sich aus der jeweils angegebenen Begleitlektüre interessante Titel auszuwählen und damit an bestimmten Stellen etwas tiefer zu bohren. Die Leseempfehlungen sind bewusst kurz und handhabbar gehalten.

Kapitel 1 Was ist Religionsvergleich?

> **Zusammenfassung**
>
> Dieses einleitende Kapitel bietet eine erste Orientierung im Thema. Es führt in die Problematik ein, skizziert den Aufbau des Buches und erörtert dann den Begriff „Religionsvergleich". Es werden vier verschiedene Lesarten des Begriffs vorgestellt, die unterschiedliche Perspektiven spiegeln: Religionsvergleich als Vergleich von Religionen; als der von Religionen betriebene Vergleich; als Vergleich von Religion mit Nicht-Religion; und als Vergleich religiöser Gegenstände. Hier deuten sich bereits Probleme mit manchen Ansätzen an, die in späteren Kapiteln ausführlicher diskutiert werden. Im zweiten Teil des Kapitels geht es um Motive für den Religionsvergleich. Es werden zunächst drei Arten von religiösen Motiven unterschieden: die apologetische Abgrenzung des Eigenen vom Anderen, die Aneignung/Inklusion des Anderen und die Bereicherung des Eigenen durch das Studium des Anderen. Anschließend werden zwei nicht-religiöse Motive (oder Ziele) des Religionsvergleichs skizziert, die in der gegenwärtigen Religionswissenschaft besonders bedeutend sind: Beschreibung und Klassifikation.

Heute schon verglichen? Der Vorgang des Vergleichens ist so fundamental und alltäglich, dass wir ihn selten bewusst wahrnehmen. Er unterliegt unseren täglichen Entscheidungen – etwa darüber, welchen der Äpfel in der Obstschale wir auswählen, welche Schuhe wir für den Gang zum Bäcker anziehen, welches Brot wir kaufen. Oft vergleichen wir unsere Mitmenschen mit uns selbst und identifizieren dadurch schnell deren Schwächen – und manchmal auch deren Stärken. Und wir stellen regelmäßig größere oder grundsätzlichere Vergleiche an, zwischen Frauen und Männern, arm und reich, Europa und Amerika, Demokratie und Diktatur und vielem mehr.

Auch in dem Feld, das wir mit dem Begriff Religion bezeichnen, ist Vergleichen allgegenwärtig. Menschen haben zu allen Zeiten ihren eigenen Glauben und ihre religiöse Praxis mit denen von anderen verglichen, sei es mit dem Glauben und der Praxis von Anhängern anderer Religionen, von Mitgliedern anderer Gruppierungen (Sekten, Kirchen, Schulen) innerhalb der eigenen religiösen Tradition, oder auch auf individueller Ebene mit dem Glauben und der religiösen Praxis von anderen Mitgliedern der eigenen Gemeinschaft. Solche Vergleiche sind nicht immer fair, besonders wenn sie darauf angelegt sind, die empfundene eigene Überlegenheit zu bestätigen. Aber manchmal, auch lange vor der Moderne, wurden religiöse Dinge auch mit dem aufrichtigen Interesse verglichen, Gemeinsamkeiten und Unterschiede sachlich zu erkunden. Im 19. Jahrhundert hat sich das Fach Religionswissenschaft gebildet, um genau dies wissenschaftlich anzugehen: Vorstellungen und Praktiken von Religionen zu vergleichen, ohne dabei einen bestimmten religiösen Standpunkt zu privilegieren.

Das ist jedoch leichter gesagt als getan. Wie wir sehen werden, kann man in zahlreichen religionswissenschaftlichen Vergleichsstudien – vom 19. Jahrhundert bis heute – bestimmte Vorannahmen und Ziele ausmachen, die auch religiöser Natur sind. Allerdings geht es dabei in der Regel nicht um die Verteidigung einer bestimmten religiösen Tradition oder Institution. Vielmehr liegt häufig die Vorstellung zugrunde, dass sich alle Religionen aus einer gemeinsamen religiösen Quelle speisen bzw. letztlich zum selben Ziel streben. Diese Vorstellung ist in Varianten noch heute populär, besonders bei Personen, die nicht glauben können, dass nur eine Religion die absolute Wahrheit besitzt und alle anderen sich irren. Diese Haltung nimmt den Wahrheitsanspruch vieler, wenn nicht aller Religionen ernst, aber es ist wichtig festzustellen, dass es ebenfalls eine *religiöse* Haltung ist. Dass sich in allen Religionen dasselbe Heilige zeigt oder dass alle wahrhaft religiösen Menschen zum selben Höchsten streben, kann nicht empirisch belegt, sondern nur geglaubt werden. Daneben gibt es in der Religionswissenschaft auch eine genau entgegengesetzte Tendenz, die ebenfalls bis ins 19. Jahrhundert zurückreicht. Hier wird Religion als problematisch, negativ oder schädlich betrachtet, etwa weil sie ein nicht-wissenschaftliches Weltbild propagiere oder die Unterdrückung von Minderheiten legitimiere.

Wenn man mit solchen religiösen oder religionskritischen Vorannahmen Religionen vergleicht, um vermutete Gemeinsamkeiten zu belegen, kann dies die Qualität der Vergleichsstudie beeinträchtigen. Wenn ein gewünschtes Ergebnis schon zu Beginn feststeht, können Dinge leicht übersehen (oder als nebensächlich heruntergespielt) werden, die nicht zu der Vorannahme passen wollen. Insbesondere die Existenz von Differenz und Vielfalt ist für solche Vorhaben hinderlich.

Es wird Sie kaum überraschen, dass es in der Geschichte des Religionsvergleichs, insbesondere seit dem 19. Jahrhundert, viele verschiedene Ansätze gab. Manche haben weder ein religiöses noch ein religionskritisches Interesse; manche sind stärker religiös (oder religionskritisch) geprägt als andere; und bei manchen ist eine solche Prägung problematischer für die Forschungsergebnisse als bei anderen. Die Ansätze einiger bedeutender Komparatisten werden im nächsten Kapitel skizziert. In den letzten anderthalb Jahrhunderten sind unzählige Vergleichsstudien in allen möglichen Publikationsformen veröffentlicht worden, von kleinen Essays bis zu mehrbändigen Werken, und viele von ihnen haben dazu beigetragen, unser Verständnis von Religion zu vertiefen.

Etwa seit den 1970er Jahren geriet der Religionsvergleich jedoch zunehmend in die Kritik. Es ging dabei nicht nur um religiöse Vorannahmen bestimmter Forschender, sondern viel grundsätzlicher um die vergleichende Methode als solche. Können wir einem Forschungsgegenstand in seiner Eigenheit gerecht werden, wenn wir ihn aus seinem Kontext reißen und einem anderen, ebenso dekontextualisierten Gegenstand – womöglich aus einer anderen Kultur – gegenüberstellen? Kann eine solche künstliche Gegenüberstellung legitime und verwertbare Ergebnisse hervorbringen? Geht es bei diesen Vergleichen nicht in Wirklichkeit darum, in unangemessener Weise zu generalisieren, womöglich weil man im Grunde das Wesen von Religion an sich zu beschreiben sucht? Und ist nicht der Versuch, andere Kulturen in westliche/europäische Vergleichskategorien zu pressen, ein Ausdruck von intellektuellem Kolonialismus bzw. Imperialismus?

Solche Kritik, die ausführlicher in Kapitel 3 erörtert wird, stellte die vergleichende Methode als solche in Frage. Da es lange keine umfassende und schlüssige methodologische Erwiderung gab, mit der man der Kritik entgegnen konnte, distanzierten sich viele Religionswissenschaftler:innen vom Religionsvergleich. Studierenden und Promovierenden wurde von dieser Methode abgeraten, die Zahl der Vergleichsstudien nahm erheblich ab, und noch heute gilt vergleichende Forschung, insbesondere in ihrer interkulturellen Variante, in manchen Kreisen als suspekt und problematisch.

Wie wir sehen werden, ist die Kritik nicht nur legitim, sondern zu weiten Teilen auch berechtigt. Allerdings stellt sich die Frage, ob die Lösung darin bestehen kann, schlicht auf Vergleichsforschung zu verzichten. Denn dass man auch kulturübergreifend unzählige Ähnlichkeiten im Feld Religion findet, scheint schwer von der Hand zu weisen zu sein. Nur ein Beispiel: Man kann in verschiedenen Kulturen beobachten, dass religiöse Menschen in einer bestimmten, rituell geregelten Weise beschwerliche Reisen an Orte unternehmen, die ihrer religiösen Tradition als heilig gelten. Es fiele schwer zu akzeptieren, dass dies nur als ein jeweils lokales Phänomen in seinem betreffenden Kontext studiert werden darf und dass die offenkundige überkulturelle Ähnlichkeit entweder reiner Zufall oder lediglich eine westliche Erfindung sein soll.

Ob wir nun etwa den muslimischen Haddsch (Ḥaǧǧ) nach Mekka, die christliche Wallfahrt nach Lourdes und den buddhistische Shikoku-Weg in Japan unter die Kategorie „Pilgerfahrt" einordnen sollten, kann sicher diskutiert werden. Es hängt davon ab, wie man diese Kategorie religionswissenschaftlich definiert, und vielleicht hat jemand etwas gegen das Wort „pilgern" einzuwenden (vom lateinischen *peregrinari*, „reisen, umherschweifen") und schlägt ein anderes Wort vor. Aber diese Arbeit an der Kategorie setzt einen Vergleich von Haddsch, Lourdes-Wallfahrt und Shikoku-Weg voraus. Einen solchen Vergleich zu beginnen, weil man Ähnlichkeiten beobachtet, heißt nicht, die drei kulturell verschiedenen religiösen Praktiken schlicht gleichzusetzen. Vielmehr besteht eine gute Vergleichsstudie immer aus der Analyse von Gemeinsamkeiten *und* Unterschieden, und erst der gründliche Vergleich kann erweisen, wie stark die Ähnlichkeiten wirklich sind und welche Bedeutung die Unterschiede haben mögen. Wie der amerikanische Ethnologe Fitz John Porter Poole einmal pointiert formuliert hat: „Difference makes a comparative analysis interesting; similarity makes it possible" (Poole 1986: 417).

Auf solche Vergleiche prinzipiell zu verzichten, scheint sich mit dem gesunden Menschenverstand nicht zu vertragen, gerade auch wenn man bedenkt, wie oben gesagt, dass wir als Menschen sonst praktisch alles ständig vergleichen. Der wissenschaftliche Zugang zur Welt ist idealerweise systematisierter und geregelter als der kognitive Prozess jedes einzelnen Menschen, aber nicht grundsätzlich verschieden. Es muss möglich sein, wissenschaftlich zu vergleichen, auch interkulturell. Andererseits kann man aber die substanzielle und berechtigte Kritik am Religionsvergleich auch nicht einfach ignorieren. Was also tun?

Mir kommt hier das Bild von einem am Straßenrand liegengebliebenen Auto in den Sinn. Wie bei der vergleichenden Methode in der Religionswissenschaft stockte etwas im Motor, das Auto ließ sich nicht reibungslos weiterfahren, und nun sitzen wir fest. Zum Glück kennen sich die Reisenden mit Motoren aus.

Kapitel 1 Was ist Religionsvergleich?

Sie öffnen die Motorhaube, beugen sich in den Motorraum und indem sie sich vergegenwärtigen, wie der Motor funktioniert, prüfen sie, was man tun kann, um ihn wieder zum Laufen zu bringen.

Genau das werden wir gemeinsam in Kapitel 4 tun. Wir schauen dem Vergleich unter die Motorhaube und machen uns klar, wie der Vorgang des Vergleichens grundsätzlich funktioniert. Ausgehend von einem simplen Modell mit zwei zu vergleichenden Gegenständen (den Comparanda) und einem Aspekt, auf den hin wir sie vergleichen (dem sogenannten Tertium Comparationis) erkunden wir, wie diese drei Komponenten bestimmt werden und wie sie zusammenhängen. Dabei berücksichtigen wir auch die gegen den Vergleich vorgebrachte Kritik. Es zeigt sich in diesen Erörterungen, wie zentral die Rolle der Person ist, die den Vergleich vornimmt – wie ihr Interesse von persönlichen, kulturellen und akademischen Faktoren geprägt ist, aber auch, welche Agency sie im Vergleichsvorgang besitzt. Wir werden sehen, dass produktive und verantwortungsvolle Vergleichsforschung möglich ist, wenn man selbstreflexiv und transparent vorgeht.

Wie das in einer Vergleichsstudie methodisch umgesetzt werden kann, ist das Thema von Kapitel 5. Dort werden Sie mit einem methodologischen Vokabular vertraut gemacht, das Ihnen nicht nur die Analyse und Bewertung von vergleichenden Studien erleichtert, sondern auch – und insbesondere – die Durchführung Ihrer eigenen Vergleichsforschung. Sie lernen acht verschiedene *Modi des Vergleichs* kennen, von denen Sie sechs vermeiden sollten, drei Ebenen des *Maßstabs* eines Vergleichs und drei verschiedene *Analyserahmen*. Außerdem werden Sie mit den fünf Arbeitsschritten eines Vergleichsprozesses vertraut gemacht: *Selektion, Beschreibung und Analyse, Gegenüberstellung, Neubeschreibung* und *Theoretisierung*. Ich kann Ihnen versprechen, dass all diese Begriffe, die Ihnen im Moment sicher noch unklar erscheinen, im Zusammenhang des Kapitels Sinn ergeben und sich als überaus nützlich erweisen werden.

Das letzte Kapitel des Buches hat zwei separate Teile. Im ersten Teil wird vorgeführt, wie eine Vergleichsstudie unter Zuhilfenahme des Vokabulars aus Kapitel 5 praktisch durchgeführt werden kann. Spätestens bei der Lektüre dieses Kapitels, so meine Hoffnung, wird Ihnen klar werden, dass auch Sie vergleichende Forschung betreiben können und dass diese spannend und bereichernd ist – für sie selbst und für das Fach Religionswissenschaft. Im zweiten Teil des Kapitels und zum Abschluss des Buches trete ich einen Schritt zurück und stelle die „So what?"-Frage. Was ist die Relevanz des Religionsvergleichs – zum einen für die Wissenschaft und zum anderen für die Gesellschaft im Allgemeinen? Warum ist er wichtig? Ich deute in dem Kapitel nur einige Antworten an, denn diese Art der Fragestellung ist mit grundsätzlichen Überlegungen zur Relevanz von Geistes- und Kulturwissenschaften verknüpft, die auf so engem Raum nicht erschöpfend erörtert werden können.

Unter anderem schlage ich dort vor, dass man sich von einem verengten ökonomischen Verständnis des Begriffs „Relevanz" lösen sollte. Zumindest idealerweise muss man dann nicht mehr defensiv argumentieren, sondern kann selbstbewusst und konstruktiv auftreten. Denn der Religionsvergleich trägt dazu bei, eine lebendige und wirkmächtige kulturelle Dimension, die wir *Religion* nennen, besser zu verstehen, die Überzeugungen und Haltungen religiöser Menschen, ihre Hoffnungen und Wünsche, ihre Erzählungen, ihre religiöse Praxis, die Aktivitäten religiöser Institutionen, die manchmal spannungsvollen Beziehungen zwischen religiösen Gruppen wie auch die Beziehungen zwischen dem religiösen Bereich und anderen gesellschaftlichen Bereichen – und vieles mehr.

Doch nun zurück zu diesem ersten Kapitel. Um uns zunächst generell zu orientieren, beginnen wir mit einer Betrachtung des Begriffs „Religionsvergleich". Welche Arten von Religionsvergleich gibt es? Wir können vier verschiedene Lesarten des Begriffs unterscheiden, die uns helfen werden, zu erkennen, was jeweils mit dem Vergleich beabsichtigt wird. Im zweiten Teil fragen wir, mit welchen Motiven man Religionsvergleich betreiben kann und konzentrieren uns dabei auf religiöse und nicht-religiöse Motive. Welche Auswirkungen haben solche Motive auf die vergleichende Methode und ihre Ergebnisse?

Dieses Buch ist eine Einführung in den Religionsvergleich. Es soll Sie mit der Funktionsweise der vergleichenden Methode vertraut machen, ihre Stärken wie auch ihre Grenzen darlegen und Sie befähigen, Vergleiche produktiv und verantwortungsvoll durchzuführen. Sie üben sich dadurch auch in der kritischen Beurteilung bereits existierender Vergleiche und werden deren Stärken und Schwächen präziser identifizieren können. Wenn Sie nach der Lektüre nicht davon überzeugt sind, dass es keinen spannenderen Studiengegenstand als den der Religion gibt, muss das Buch überarbeitet werden.

1.1. Der Begriff „Religionsvergleich"

Gibt man das Wort „Religionsvergleich" in eine Internet-Suchmaschine ein, ist das Ergebnis kaum überraschend. Der Begriff erscheint im Umfeld von Büchern, die allgemeine Überblicke zu den sogenannten Weltreligionen bieten, den interreligiösen Dialog zum Thema haben oder konkrete religiöse Gegenstände vergleichen. Er erscheint auch in Vortrags-, Seminars- und Tagungsankündigungen religionswissenschaftlicher Institute. Abgesehen von einer weiteren, sehr spezifischen Verwendung, die unten kurz angesprochen wird – „Vergleich" im Sinne eines juristischen Kompromisses –, scheint das Alltagsverständnis des Wortes nicht sehr kontrovers zu sein. Grob gesagt, geht es um „die Religionen" (nicht nur um eine), und sie werden in irgendeiner Weise miteinander verglichen. So weit, so gut. Schaut man aber genauer hin, erkennt man, dass der Begriff „Religionsvergleich" ganz verschiedene Vorgänge bezeichnen kann, die in letzter Konsequenz zu recht unterschiedlichen Ergebnissen führen.

Wir können grob vier Lesarten des Begriffs „Religionsvergleich" unterscheiden, die auf vier Aspekte oder Ansätze verweisen. Alle vier werden uns in der einen oder anderen Form im Laufe des Buches wieder beggnen. Hier will ich sie nur kurz erwähnen, um Sie dafür zu sensibilisieren, welche Dimensionen und Perspektiven mit dem Kompositum „Religionsvergleich" verbunden werden können.

Kapitel 1 Was ist Religionsvergleich?

Religionsvergleich als Vergleich von Religionen

Erstens kann man Religionsvergleich als Vergleich von Religionen verstehen. Zum Beispiel wird zuweilen gefragt: Was haben Christentum und Buddhismus gemeinsam, und was unterscheidet sie? Nimmt man dies wörtlich und bedenkt, dass das Christentum ca. 2000 Jahre alt ist und der Buddhismus noch ca. 400 Jahre älter, dass sich beide Religionen in diesem langen Zeitraum über die ganze Welt verbreitet haben, dass es zahllose Ausprägungen und Facetten beider Traditionen gibt und dass sich im Laufe ihrer Geschichte Milliarden von Menschen mit sehr unterschiedlichen Haltungen zu ihnen bekannt haben, kann man leicht verzweifeln. Wie soll man das alles auf einmal vergleichen? Bei genauer Betrachtung stellt sich heraus, dass Bücher und Studien, die abstrakt von einem Vergleich von „Religionen" sprechen, in Wirklichkeit nur ganz bestimmte Aspekte vergleichen.

Zum einen gibt es Studien, die quantitativ vorgehen. Sie untersuchen zum Beispiel, wie viele Menschen sich weltweit (oder in einem bestimmten geographischen Raum) als Christen und als Buddhisten verstehen. Solche Studien basieren auf Umfragen und statistischen Daten und beziehen sich meist auf die Gegenwart und die jüngste Vergangenheit, in der solche Daten empirisch erhoben wurden. Sie sind außerdem durch ihre Methoden begrenzt, denn sie erlauben keine tieferen Erkenntnisse etwa über die Frage, was genau die befragten Individuen meinen, wenn sie sich als Christen oder Buddhisten bezeichnen. Wie wir noch sehen werden (Kapitel 5.2.), können solche Makrovergleiche interessante Ergebnisse hervorbringen, aber sie haben auch Grenzen im Erkenntniswert, die leider zuweilen illegitim überschritten werden.

Andere – erheblich häufigere – Studien arbeiten mit einem qualitativen Ansatz. Sie vergleichen Religionen anhand bestimmter Qualitäten, die sie in ihnen erkennen. So erscheint zum Beispiel das Christentum als eine Religion der Barmherzigkeit und der Buddhismus als eine Religion der Selbsterlösung. Oder dem Christentum wird Mission und Gewaltbereitschaft zugeschrieben, während der Buddhismus tolerant und friedfertig sei. Man ahnt schon anhand dieser Beispiele, dass solche Vergleiche sehr stark generalisieren. So werden hier etwa friedfertige Christen und gewalttätige Buddhisten ausgeblendet, um gewisse „generelle" Grundzüge der jeweiligen Religion herauszustellen. Solche Grundzüge werden manchmal als das „Wesen" oder die „Essenz" der jeweiligen Religion dargestellt.

Kritiker nennen diesen Vorgang Essenzialisierung. Was das „Wesen" einer Religion sei, so argumentieren sie, kann man nicht mit empirisch-wissenschaftlicher Forschung herausfinden. Vielmehr ist dies eine *religiöse* Festlegung, über die zudem innerhalb von Religionsgemeinschaften selten Konsens besteht. Wenn man also in einer wissenschaftlichen Studie von außen das Wesen einer Religion bestimmt, grenzt man damit all jene Anhänger dieser Religion aus, die nicht mit dieser speziellen Wesensbestimmung übereinstimmen. (Mehr zur Kritik in Kapitel 3.1.) Eine mildere Form der Generalisierung ist die Religionstypologie, die bestimmte Typen von Religionen (zum Beispiel missionarische und nicht-missionarische Religionen) unterscheidet. Dies kann auch zu Essenzialisierungen führen, aber manche Religionstypologien können für bestimmte Zwecke nützlich sein.

Der Ansatz, Religionen zu vergleichen, hat noch eine weitere Spielart, mit der nicht das Wesen einzelner Religionen bestimmt wird, sondern das Wesen von Religion als solcher. Die Vertreter dieser Richtung fragen: Was haben *alle* Religionen gemeinsam? Lehren sie dieselben moralischen Wahrheiten? Streben sie letztendlich alle auf dasselbe Ziel hin? Bei dieser Suche nach dem eigentlichen Kern und Wesen von Religion sind die offenkundigen Unterschiede zwischen Religionen bloß kulturell bedingt und daher von sekundärer Bedeutung – der gemeinsame Kern sei nicht an bestimmte kulturelle oder sprachliche Formen gebunden. Diese Form der Essenzialisierung wird von Kritikern als besonders problematisch betrachtet, weil sie am wenigsten empirisch abgesichert ist (siehe Kapitel 3.1.). Aber Bücher, die die genannten Fragen stellen, sind nach wie vor überaus populär, vermutlich weil es im Kern religiöse und keine empirischen Fragen sind.

Religionsvergleich als der von Religionen betriebene Vergleich

Der Begriff Religionsvergleich kann auch Vergleichsvorgänge bezeichnen, die innerhalb religiöser Traditionen zu beobachten sind. Hier vergleichen religiöse Menschen – häufig religiöse Expert:innen oder Theolog:innen – ihre eigene Religion mit einer anderen. Genauer müsste man formulieren: Sie vergleichen Aspekte ihrer eigenen Tradition mit religiösen Vorstellungen oder Praktiken, die sie als „anders" wahrnehmen. In manchen Fällen würde man letztere konventionell einer anderen Religion zuordnen, etwa wenn eine christliche Theologin Jesus Christus mit dem Buddha vergleicht. In anderen Fällen ist die Zuordnung schwieriger, etwa wenn dieselbe Theologin Mormonen oder Zeugen Jehovas als „Andere" versteht. Ob diese zum Christentum gehören oder nicht, ist innerhalb der christlichen Tradition umstritten – es hängt davon ab, wen man fragt.

Diese Vergleiche können apologetisch geprägt sein, das heißt, sie können zur Verteidigung des eigenen Standpunkts dienen. Das ist kurioserweise immer dann der Fall, wenn behauptet wird, die eigene Religion sei „unvergleichbar" und „einzigartig". Damit ist gemeint, dass sie *in bestimmter Hinsicht* anders sei als alle anderen, zum Beispiel weil sie allein die wahre oder finale Offenbarung besitze. Aber um das sagen zu können, muss man sie natürlich verglichen haben, und zwar mit anderen Exemplaren derselben „Art" (nämlich mit anderen Religionen – und nicht etwa mit Staatsformen oder Wirtschaftssystemen). Die Adjektive „einzigartig" und „unvergleichbar" sind also nicht ganz korrekt. Sie sollen lediglich unterstreichen, dass die eigene Religion die eigentliche und letztgültige Wahrheit besitze – im Unterschied zu allen anderen Religionen.

Der Vergleich soll hier also die eigene Überlegenheit erweisen und ist dementsprechend methodisch voreingenommen. Manchmal wird das Andere auch einfach zum Eigenen erklärt und damit vereinnahmt. Hier dient der Vergleich dazu, zu erklären, dass Unterschiede nur oberflächlich sind und sich hinter der Fassade dieselbe Wahrheit verbirgt. Wenn zum Beispiel römische Beamte in den Provinzen ihres Reiches auf die Verehrung einer fremden Gottheit trafen, verglichen sie diese mit der eigenen Götterwelt und konnten dann aufgrund einiger festgestellter Ähnlichkeiten erklären, dass die Gottheit lediglich eine lokale Erscheinungsform einer ihrer Gottheiten sei. Diese Form der Interpretation, die man *interpretatio romana* nennt, hat Vorläufer schon in der griechischen Kultur (*interpretatio graeca*). Sie integriert vormals fremde Kulte, deren Ausübung somit weitgehend unverändert fortgesetzt werden konnte. Dieses Vorgehen minimierte religiöse Konflikte und war somit vor allem politisch nützlich. Während dieser recht oberflächliche Vergleich die betreffenden Kulte nicht in ihrer Eigenart ernst nimmt, sollen andere von religiösen Menschen betriebene Vergleiche dazu dienen, ein tieferes Verständnis des Anderen im Kontext von interreligiösem Gespräch oder Dialog zu erlangen. All diese Ansätze werden unten, in Abschnitt 1.2. diskutiert.

Schließlich gehört zu diesem Verständnis von Religionsvergleich auch eine sehr spezifische Verwendung des Wortes, die einen Kompromiss bezeichnet. Historiker sprechen von „Religionsvergleich", wenn religiöse Parteien in einem Konflikt einen Vergleich im juristischen Sinne schließen. Zum Beispiel musste im 16. Jahrhundert der österreichische Erzherzog Karl II., der als gläubiger Katholik eigentlich die Gegenreformation vorantreiben wollte, den innerösterreichischen Ständen Zugeständnisse einräumen, was eine gewisse Duldung des Protestantismus erforderte. Da dieser Duldung ein Vergleichen und Abwägen von Kosten und Nutzen, von Interessen und Machtpotentialen der religiösen Parteien vorausgeht, nennt man das Schließen eines solchen Kompromisses „Religionsvergleich". Diese besondere Verwendungsweise des Wortes spielt im vorliegenden Buch keine weitere Rolle, aber es ist nützlich, sie zu kennen.

Religionsvergleich als Vergleich von Religion mit Nicht-Religion

Eine dritte Art, Religionsvergleich zu verstehen, zeigt sich im Vergleich von Religion mit Nicht-Religion. Da beides sehr abstrakte Begriffe sind, ist es hier besonders wichtig darzulegen, worin genau das Erkenntnisinteresse besteht. Aus der Sicht soziologischer Systemtheorie könnte man das „religiöse System" einer Gesellschaft mit anderen Systemen, etwa Politik, Wirtschaft oder Recht vergleichen und untersuchen, wo Unterschiede und Gemeinsamkeiten in Struktur oder Dynamiken erkennbar sind. In solchen Theorien ist Religion klar definiert und aus analytischen Gründen deutlich von den anderen Systemen abgegrenzt.

In weniger abstrakter Perspektive kann Religion auf unterschiedliche Weise definiert werden, woraus sich jeweils ergibt, was Nicht-Religion ist. Als Startpunkt kann dies erhellend sein, wenn man etwa Rituale im Fußballstadion – welches normalerweise nicht als religiöser Ort verstanden wird – mit Ritualen vergleicht, die man üblicherweise als religiöse Rituale versteht. Festgestellte Unterschiede und Gemeinsamkeiten, etwa die Arten und Weisen, wie Rituale Gemeinschaftsgefühl produzieren und erneuern, können beide Gegenstände erhellen. Manche würden vielleicht von vornherein den Religionsbegriff so weit fassen, dass auch der Fußballkult darunterfällt – dass es sich also dabei gar nicht um „Nicht-Religion" handelt –, aber das ist nicht zwingend notwendig.

Religion wird auch mit Nicht-Religion verglichen, wenn Religion als ein *sui generis-Phänomen* verstanden wird, als ein Phänomen „eigener Gattung". Es gibt verschiedene Ansätze, die dies vertreten. Der wohl bekannteste erwuchs aus einer Kritik an sogenannten reduktionistischen Theorien, die Religion als (problematisches) Phänomen verstehen, das lediglich aufgrund bestimmter psychischer oder sozio-ökonomischer Umstände entstehe – und irrelevant würde, wenn diese überwunden seien (etwa bei Sigmund Freud und Karl Marx). Manche Religionsforscher erklären demgegenüber, dass Religion einen Bezug zum Heiligen enthalte, der nicht auf solche Faktoren reduzierbar sei, was sie zu einem *sui generis-Phänomen* mache (etwa Rudolf Otto und Mircea Eliade). Dieser Bezug zum Heiligen zeichne Religion insbesondere aus, wenn man sie mit dem Profanen (oder Nicht-Religiösen) vergleiche, zum Beispiel einen heiligen Baum mit einem gewöhnlichen Baum. Diese wissenschaftlichen Werke sind manchmal uneindeutig in der Frage, ob sie die tatsächliche Existenz der heiligen Wirklichkeit annehmen oder diese nur als eine Vorstellung religiöser Menschen betrachten. Viele Kritiker lesen sie in ersterem Sinne und werfen ihnen religiöse Voreingenommenheit vor. Eine solche Voreingenommenheit propagiert allerdings oft nicht eine bestimmte Religion als die einzig wahre, sondern spricht *Religion als solcher* eine tiefere Wahrheit zu, eben wegen ihres Bezugs zum Heiligen. Mit dieser Haltung wäre Religion tatsächlich einzig-artig im wörtlichen Sinne (*sui generis*), aber nur in dieser einen Hinsicht, und man könnte fragen, ob es außer der Erfahrung des Heiligen nicht noch viele andere, vielleicht sogar interessantere Aspekte von Religion gibt, die man erforschen kann und sollte. So betrachtet könnte man den betreffenden Werken selbst Reduktionismus vorwerfen. Sie reduzieren Religion auf die Begegnung mit dem Heiligen und bestimmen damit das Wesen von Religion *an sich* (siehe oben, Essenzialisierung).

Religionsvergleich als Vergleich religiöser Gegenstände

Das vorliegende Buch verzichtet auf eine Erörterung der Frage, was Religion in ihrem Wesen sei. Überhaupt müssen wir uns für die Erläuterung der vergleichenden Methode in der Religionswissenschaft nicht für eine bestimmte Definition von Religion entscheiden. Es gibt deren sehr viele, und das ist durchaus sinnvoll, weil man damit ganz verschiedene Aspekte des Feldes, das wir mit dem abstrakten Begriff „Religion" bezeichnen, erforschen und damit jeweils hervorheben kann. Für die allermeisten Dinge, mit denen sich die Religionswissenschaft beschäftigt, ist unumstritten, dass sie zu ihrem Gegenstandbereich gehören und damit für die Erforschung von Religion im weiteren Sinne zu berücksichtigen sind. Aber manchmal stoßen Forschende in Bereiche vor, die man normalerweise nicht als Religion versteht, sei es in die Kunst, Musik und Literatur, in den Sport, in die Politik, in die Popkultur oder in andere Bereiche. Hier ist es besonders wichtig zu zeigen, warum dies für die Erforschung von Religion interessant ist. Über all dies wird im Fachdiskurs gestritten, durchaus auch kontrovers. Dieser lebendige und dynamische Prozess bringt die Wissenschaft weiter – und damit unser Verständnis von Religion. Völlige Einigkeit darüber, was Religion sei, ist weder realistisch noch erstrebenswert.

Dieses Buch versteht daher „Religionsvergleich" als den Vergleich von Gegenständen, die als religiös betrachtet werden. Mit *Gegenständen* sind hier alle Arten von Forschungsgegenständen gemeint. Das können ganze Religionen sein (allerdings mit Vorbehalt, siehe oben), bestimmte Vorstellungen und Konzepte, bestimmte

Praktiken und Rituale, materielle Gegenstände (wie Ritualobjekte, Bildnisse, Tempel) und viele andere Dinge. Diese Gegenstände müssen *als religiös betrachtet* werden, das heißt, die Forscherin muss gegebenenfalls begründen, warum sie zum Gegenstandsbereich der Religionswissenschaft gehören, indem sie ihre Definition von Religion offenlegt. Wie wir sehen werden, ist es für einen Vergleich auch ganz bedeutend, *woraufhin* die zu vergleichenden Dinge (*Comparanda*) verglichen werden. Äpfel und Birnen kann man etwa auf den Geschmack, das Aussehen, die Farbe oder das Gewicht hin vergleichen und erhält bei jedem Vergleich andere Erkenntnisse über Gemeinsamkeiten und Unterschiede. Diesen Aspekt, auf den hin vergleichen wird, nennt man *Tertium Comparationis*, das „Dritte des Vergleichs" (neben den beiden Comparanda), und in ihm spiegelt sich das Erkenntnisinteresse einer Studie. Präziser ausgedrückt müsste man also sagen, dass dieses Buch Religionsvergleich versteht als einen Vergleich, dessen Comparanda dem Gegenstandbereich der Religionswissenschaft und dessen Tertium Comparationis ihrem Forschungsinteresse zugeordnet werden.

Es könnte sein, dass Ihnen das jetzt etwas zu schnell ging und auch ein wenig abstrakt vorkam. Die Theorie des Vergleichs wird in Kapitel 4 Schritt für Schritt und anhand von Beispielen erläutert. Hier ging es mir nur darum, darauf hinzuweisen, wie in diesem Buch der Begriff „Religionsvergleich" theoretisch verankert ist, auch damit Sie es später leicht in diesem Abschnitt zu den Arten des Religionsvergleichs wiederfinden.

Teil 2

1.2. Religiöse und nicht-religiöse Motive für den Religionsvergleich

Wie wir oben gesehen haben, kann man das Wort „Religionsvergleich" unterschiedlich verstehen, und in manchen der kurz erwähnten Ansätze deuteten sich schon verschiedene Motive für den Vergleich an. In diesem Abschnitt möchte ich diese Motive etwas stärker beleuchten. Was bringt uns dazu, religiöse Gegenstände zu vergleichen? Was versprechen wir uns davon? Was sind unsere Motive und Ziele? Einige der oben diskutierten Aspekte werden uns hier erneut begegnen.

Religiöse Motive für den Religionsvergleich

Es lassen sich grob religiöse und nicht-religiöse Motive für den Religionsvergleich unterscheiden. Ein Vergleich, dem religiöse Motive zugrunde liegen, basiert – meist explizit, manchmal implizit – auf einem bestimmten religiösen Standpunkt. Wie oben angedeutet, hat es solche Vergleiche in der Geschichte der Religionen immer schon gegeben. Sie dienen oft dazu, die Überlegenheit des eigenen Standpunkts zu demonstrieren. Nicht selten sind solche Vergleiche von unzureichenden Kenntnissen über das religiös Andere geprägt, manchmal ist aber auch bewusste Irreführung im Spiel, etwa wenn das konkrete Handeln des Gegenübers nicht etwa mit dem eigenen Handeln, sondern vielmehr mit den eigenen moralischen Prinzipien verglichen wird. Ein simples Beispiel wäre: „Ihr islamischer Glaube bringt diese Terroristen dazu, Menschen zu töten. Jesus Christus dagegen lehrt, dass man sogar seine Feinde lieben soll." Weder wird hier die muslimische Lehre erläutert, die angeblich den Gewalttaten zugrunde liegt, noch wird umgekehrt erwähnt, dass auch Christen aus religiösen Gründen töten, trotz der von Jesus geforderten Feindesliebe. Nicht immer sind sich Menschen darüber bewusst, was sie tun, wenn sie solche „schiefen" Vergleiche anstellen. Aber wenn sie es sind, kann man von Polemik sprechen – im Sinne einer bewussten Falschdarstellung des Anderen zum eigenen Nutzen. Wohlgemerkt, diese Art des Vergleichens ist nicht nur in christlichen Kreisen, sondern genauso auch in allen anderen religiösen Traditionen zu beobachten.

Viele religiöse und theologische Gelehrte der Gegenwart, die Religionsvergleich betreiben, vermeiden solche Polemik. Sie legen ihre religiösen Motive offen und versuchen, das Eigene dem Anderen sachlich und wissenschaftlich fundiert gegenüberzustellen. Ich möchte drei Beispiele vorstellen, in denen verschiedene religiöse Motive für Religionsvergleich erkennbar sind: (1) Apologetische Abgrenzung des Eigenen vom Anderen, (2) Aneignung/Inklusion des Anderen und (3) Bereicherung des Eigenen durch das Studium des Anderen. Zu einer differenzierteren Analyse verschiedener vergleichender Ansätze in christlich-theologischen Teildisziplinen siehe Bochinger (2003: 268–280).

Beispiel 1: Apologetische Abgrenzung. Das erste Beispiel ist ein im Jahr 2005 veröffentlichter Aufsatz des evangelischen Theologen Werner Thiede, welcher zu jener Zeit Chefredakteur des „Evangelischen Sonntagsblatts aus Bayern" war und zuvor unter anderem bei der Evangelischen Zentralstelle für Weltanschauungsfragen gearbeitet hatte. Der Titel des Aufsatzes beschreibt sein Vorhaben sehr klar: „Buddha und Jesus: Gemeinsamkeiten und Differenzen". Der Autor verweist zu Beginn auf mehrere aktuelle „Buddha-Jesus-Bücher", die versuchten, „Buddha und Jesus möglichst nahe zusammenzurücken bzw. auf einen gemeinsamen religiösen Nenner zu bringen" (Thiede 2005: 34). Neben spiritualistischen und esoterischen Ansätzen sei auch in theologischen und religionswissenschaftlichen Büchern zum Thema zu erkennen, dass sich ihr leitendes Interesse eher auf die Gemeinsamkeiten als auf die Unterschiede richte und sie oft von der Idee einer „Einheit in der Verschiedenheit" geprägt seien. Demgegenüber sei es Thiedes Anliegen, sowohl Gemeinsamkeiten als auch Unterschiede der beiden Religionsstifter vorzustellen. Er tut dies in zehn thematischen Punkten, fünf zu den beiden historischen Gestalten selbst, und fünf zu ihren Lehren.

Diskutiert werden die Kindheit beider Männer mit angeblich nur einem Elternteil (was tiefenpsychologisch betrachtet für den Buddha regressive und für Jesus progressive Tendenzen gefördert habe), ihre Anknüpfung an religiöse Reformbewegungen (die in Indien eine methodische Suche nach Spiritualität und in Palästina eine Suche nach dem erbarmenden Richtergott gewesen seien), ihre moderat asketische Lebensweise (die beim Buddha das Aufspüren der Weltgesetze, bei Jesus aber die Übertretung bestehender Gesetze erlaubte), ihre Überschreitung normaler Wirklichkeitserfahrung (der Buddha in seiner Erleuchtung, Jesus in seinen Heilungswundern) und ihre Leidenswege, die jedoch zu völlig unterschiedlichen Arten des Todes geführt hätten: der eine stirbt erst mit 80 Jahren, was keine Heilsbedeutung habe, der andere wird viel jünger am Kreuz hingerichtet, was Christen als zentrales Heilsereignis verstünden.

Die anschließend genannten fünf Punkte sind dem Vergleich der Lehren gewidmet: Der Anspruch beider Gestalten, Heilswissen zu besitzen (das des Buddha eine von jedem Menschen selbst erreichbare Erkenntnis, das von Jesus die mit seiner Person verknüpfte Offenbarung), ihre Betonung der Erlösungsnotwendigkeit des Menschen (wobei der buddhistischen „Selbsterlösung" die christliche Begegnung mit der Liebe Gottes gegenüber stehe), beider Drängen auf die Überwindung von Egozentrismus (durch Güte, die ein Ergebnis buddhistischer Meditation sei, oder durch christliche Güte, die aus der Gewissheit der Liebe Gottes fließe), ihre Aufmerksamkeit gegenüber dem Leiden der Menschen (das buddhistisch durch Negierung der Welt zu überwinden sei, christlich durch liebevolle Zuwendung zur Welt und durch den Anbruch des Reiches Gottes) und ihre Vorstellung, dass der Tod des Individuums nicht sein Ende sei (die Aufhebung alles Seienden im Nirvana gegenüber der christlichen bejahenden Erlösung des Einzelnen in der Vollendung alles Seienden).

Trotz dieser sehr knappen Zusammenfassung ahnen Sie vielleicht schon, zu welchem Ergebnis Thiedes Religionsvergleich kommt. Ich möchte Teile davon wörtlich wiedergeben (Thiede 2005: 49–51):

> Das Resümee fällt eindeutig aus: Siddhartha Gautama und Jesus von Nazareth ähneln einander nur in einigen groben Umrissen. Bei näherer Betrachtung wird schnell deutlich, dass die beiden Gestalten divergierenden religiösen Paradigmen angehören. Mit dem Religionswissenschaftler Hans Wolfgang Schumann gesprochen: „Buddhismus und Christentum ... sind grundsätzlich unvereinbar." [...] Aus christlich-theologischer Sicht kann die Erleuchtung des Buddha zwar ein Stück weit respektiert werden als Resultat eines durchaus eindrücklichen menschlichen Versuchs, mit eigener Kraft zu entdecken, was die Welt im Innersten zusammenhält. Worauf Siddhartha Gautama dabei gestoßen ist, das lässt sich aus christlich-theologischer Perspektive freilich nicht als letztgültige Wahrheit akzeptieren. Allenfalls dürfte es sich dabei gewissermaßen um eine „Maske" des Geistes Gottes handeln, der [...] nicht anders wahrheitsgemäß erkennbar [ist] als durch die Offenbarung, die sich in der Begegnung mit Jesus Christus ereignet.

Der letzte Satz in diesem Zitat expliziert das apologetische Motiv, das Thiedes Religionsvergleich zugrunde liegt. Es geht darum, die Unterschiede der beiden Religionsstifter hervorzuheben, sie klar voneinander abzugrenzen, um letztlich die Überlegenheit der christlichen Wahrheit festzustellen. Dass ein christlicher Theologe die Botschaft Jesu für wahrer hält als die des Buddha, ist weder überraschend noch illegitim. Was uns hier interessiert, ist die vergleichende Methode, deren Anwendung allerdings einige Schwächen aufweist.

Thiede verweist auf umfangreiche Sekundärliteratur – sein zwanzigseitiger Aufsatz hat stolze 107 Fußnoten! –, aber insbesondere die angeführte religionswissenschaftliche Literatur zum Buddhismus war schon 2005 nicht mehr auf dem neuesten Stand. Das mag etwa den Versuch erklären, die Persönlichkeit des Buddha tiefenpsychologisch zu analysieren. Die jüngere Forschung betont, dass die

Quellen zum Leben des Buddha weitgehend legendarisch sind, was solche tiefgreifenden Schlüsse kaum zulässt. (Thiede erwähnt dies sogar selbst in Fußnote 41, erklärt jedoch nicht, was das für seine Interpretation bedeuten mag.) Auch die Persönlichkeit des historischen Jesus kann auf der Basis der vorhandenen Quellen nur sehr vorsichtig skizziert werden.

Es ist weiterhin zu beobachten, dass als Belege für buddhistische Lehren immer wieder auch christlich-theologische Werke eingestreut werden, ohne dass dies kenntlich gemacht würde. So wird etwa als Beleg für die angeblich regressive Haltung des Buddha der katholische Theologe Georg Siegmund zitiert, der erklärte, der Buddhismus sei „rückwärts gerichtet, er will das Gegenwärtige wieder abbauen, um wieder im Anfang unterzutauchen" (Fn. 45) – eine Aussage, deren Bedeutung vermutlich für allgemein gebildete Leser:innen ebenso rätselhaft ist wie für die diejenigen, die den Buddhismus gut kennen. Man kann sich des Eindrucks nicht erwehren, dass in Thiedes Aufsatz (angebliche) Autoritäten selektiv zitiert werden, um bestimmte Vorannahmen zu bestätigen, die in einer christlich-apologetischen Haltung wurzeln.

Es gibt in dem Essay viele Belege dieser Art, aber hier sei zuletzt nur noch der Verweis auf Hans Wolfgang Schumann im oben zitierten Abschnitt genannt. Schumanns gut lesbare Bücher zum Buddhismus waren schon in den 1990er Jahren umstritten, wie in dem Urteil des Buddhismusforschers Christoph Kleine zu erkennen ist: „Wenn Schumann von Buddhismus spricht, spricht er immer nur von einem Ideal, das niemals und nirgendwo historische Realität geworden ist und nur im Kopf seines Schöpfers existiert" – das heißt, in Schumanns Kopf (Kleine 1998: 14). Diese Einschätzung stammt aus Kleines Replik auf ein Interview Schumanns mit dem Magazin *Der Spiegel*, genau auf jenes Interview, aus dem auch Thiede hier zitiert. Darin bemerkt Schumann, wie oben erwähnt: „Buddhismus und Christentum [...] sind grundsätzlich unvereinbar." Thiede präsentiert Schumann als religionswissenschaftliche Autorität, aber abgesehen von dessen allgemein problematischen Ansatz ist diese spezielle Aussage gar keine religionswissenschaftliche. Was „grundsätzlich" und was „unvereinbar" ist, kann die Religionswissenschaft als empirische Wissenschaft nicht entscheiden. Das sind vielmehr Überzeugungsfragen, die innerhalb von religiösen Traditionen auf vielerlei Weise beantwortet werden. Schumanns Aussage ist somit lediglich seine persönliche Meinung, aber kein religionswissenschaftliches Forschungsergebnis. Thiedes problematische, selektive Zitiermethode kann man sich daran gut klarmachen, dass er eine Religionswissenschaftlerin, die persönlich der Auffassung ist, dass beide Religionen sehr gut vereinbar seien, sicher nicht als Autorität zitiert hätte.

All diese methodischen Probleme in Thiedes Studie schwächen das Erkenntnispotenzial des Religionsvergleichs. Der Autor formuliert eingangs den Anspruch, sowohl die Gemeinsamkeiten als auch die Unterschiede von Jesus und dem Buddha zu untersuchen, aber es bleibt völlig unklar, von welchem Jesus und welchem Buddha er spricht – dem der frühesten Quellen, dem in späteren Legenden, dem einer modernen Auslegung? Und die selektiven Verweise auf Studien, die teils überholt oder umstritten, teils fachfremd sind, scheinen allein dem Ziel zu dienen, Jesus als sympathischer darzustellen und die christliche Wahrheit als die überlegene zu präsentieren. Thiede sagt, dass es ihm um Analysen gehe, „die das Trennende weder künstlich klein- noch herbeireden" und die eine „aufklärende Funktion" haben (Thiede 2005: 38), doch seine sehr kurzen und holzschnittartigen Gegenüberstellungen, die zudem auch sprachlich der christlichen Seite immer eine positivere Note geben, haben einen geringen Erkenntniswert für die sachliche Auseinandersetzung mit beiden Gestalten. Vielmehr bestimmt Thiedes exklusivistische Haltung sein Vorgehen und sein Ergebnis.

Es sei noch einmal ausdrücklich darauf hingewiesen, dass man solche Religionsvergleiche, denen ein apologetisches Motiv zugrunde liegt, mühelos auch in anderen religiösen Traditionen finden kann. Es geht mir hier um eine kritische Betrachtung nicht der christlichen Theologie, sondern einer bestimmten Anwendung der vergleichenden Methode. Religiöse bzw. theologische Vorannahmen können die akkurate Durchführung der Methode kompromittieren, was wiederum die Ergebnisse beeinträchtigt. Das Problem ist nicht das Vergleichen als solches, sondern die manipulative methodische Ausführung.

Beispiel 2: Aneignung/Inklusion. Eine andere Art des religiösen Vergleichs geht genau umgekehrt vor. Sie betont nicht die Unterschiede, sondern die Gemeinsamkeiten, aber ebenfalls von einem bestimmten religiösen Standpunkt aus. Um den Kontrast klar erkennbar zu machen, habe ich ein Beispiel gewählt, in dem ebenfalls Jesus Christus und der Buddha verglichen werden: Das Buch *Living Buddha, Living Christ* (Nhat Hanh 1995) von Thich Nhat Hanh, dem kürzlich mit 95 Jahren verstorbenen buddhistischen Mönch und Friedensaktivisten aus Vietnam, der fast fünf Jahrzehnte im Exil in Frankreich lebte und dessen zahlreiche Schriften und Aktivitäten den Buddhismus im Westen bis heute maßgeblich prägen. Er stellt in diesem Buch Jesus und den Buddha nicht, wie Thiede, systematisch anhand bestimmter Charakteristika gegenüber, sondern vielmehr – im Stil des Zen-Lehrers – in kurzen, meditativen Reflexionen.

Nhat Hanh bemerkt kurz, dass der Buddha, wenn er in einer ähnlichen gesellschaftlichen Situation wie Jesus gelebt hätte, wohl auch gekreuzigt worden wäre (Nhat Hanh 1995: 100) und dass beide schon in ihrer Kindheit verstanden hätten, dass das Leben voller Leiden sei, und sich deshalb später bemühten, einen Ausweg anzubieten (Nhat Hanh 1995: 91). Aber es geht ihm weniger um die historischen Gestalten als um das, was er den „lebendigen Buddha" und den „lebendigen Christus" nennt, ihre Präsenz im Glauben der Menschen: „The enduring Buddha has become the living Buddha, the Buddha of faith. This is very much like the Christ of faith, the living Christ" (Nhat Hanh 1995: 95). Beide lebten in uns allen als eine Energie, die die Buddhisten „Achtsamkeit" nennen und die Christen „Heiliger Geist" (Nhat Hanh 1995: 53):

> Mindfulness relieves suffering because it is filled with understanding and compassion. When you are really there, showing your loving-kindness and understanding, the energy of the Holy Spirit is in you. That is why I told the priest in Florence that mindfulness is very much like the Holy Spirit. Both of them help us touch the ultimate dimension of reality.

Und so wiesen auch beide, Christus und der Buddha, den Weg zu dieser letztgültigen Dimension der Wirklichkeit (Nhat Hanh 1995: 78f.):

> We read in The Lord's Prayer that we do not go to the Kingdom of God, but the Kingdom of God comes to us: "Thy Kingdom come…" Jesus said, "I am the door." He describes Himself as the door of salvation and everlasting life, the door to the Kingdom of God. Because God the Son is made of the energy of the Holy Spirit, He is the door for us to enter the Kingdom of God. The Buddha is also described as a door, a teacher who shows us the way in this life. In Buddhism such a special door is deeply appreciated because that door allows us to enter the realm of mindfulness, lovingkindness, peace, and joy.

Diese Gemeinsamkeit sieht Thich Nhat Hanh auch in der religiösen Praxis verwirklicht. Er versteht etwa das Abendmahl als eine Praxis, die der Entwicklung von Achtsamkeit dient (Nhat Hanh 1995: 67f.):

> In Christianity, when we celebrate the Eucharist, sharing the bread and the wine as the body of God, we do it in the same spirit of piety, of mindfulness, aware that we are alive, enjoying dwelling in the present moment. […] So when Jesus broke the bread and poured the wine, he said, This is My body. This is My blood. Drink it, eat it, and you will have life eternal. It was a drastic way to awaken His disciples from forgetfulness. […] When a priest performs the Eucharistic rite, his role is to bring life to the community. The miracle happens not because he says the words correctly, but because we eat and drink in mindfulness.

Somit könnten Christen und Buddhisten das Abendmahl gemeinsam feiern, in der Gegenwart des Heiligen Geistes, der, wie gesagt, mit Achtsamkeit identisch sei (Nhat Hanh 1995: 70f.). Eine solche Interpretation beinhaltet somit eine Überwindung der Grenzen der beiden Religionen: „When we are in touch with the highest spirit in ourselves, we too are a Buddha, filled with the Holy Spirit, and we become very tolerant, very open, very deep, and very understanding" (Nhat Hanh 1995: 77). Und so überrascht es kaum, dass Thich Nhat Hanh an seinem privaten Altar nicht nur buddhistische Heilige, sondern auch Jesus Christus verehrt: „As I have mentioned, on the altar of my hermitage in France, I have statues of Buddhas and bodhisattvas and also an image of Jesus Christ. I do not feel any conflict within me. Instead I feel stronger because I have more than one root" (Nhat Hanh 1995: 162).

Thich Nhat Hanh betont die von ihm wahrgenommenen Gemeinsamkeiten, bis hin zu einer Gleichsetzung beider Religionen. Dies ist einer apologetischen Haltung wie der von Werner Thiede diametral entgegengesetzt, welcher übrigens im Blick auf Thich Nhat Hanhs Buch nur spöttisch bemerkt: „Wer dennoch beide mit synkretistischer Intention auf einen gemeinsamen Nenner bringen will, der beweist nicht etwa einen besonderen Tiefblick; vielmehr lässt seine Oberflächlichkeit tief blicken" (Thiede 2005: 49). Oberflächlichkeit ist in der Tat eine zentrale methodische Schwäche in Thich Nhat Hanhs Vergleich. Er setzt sich mit christlich-theologischen Interpretationen etwa der Vorstellung des Heiligen Geistes oder des Abendmahls nicht auseinander und kann auf diese Weise in unbestimmt bleibender Sprache vermeintliche Gemeinsamkeiten benennen.

Aber das methodische Problem geht über Oberflächlichkeit hinaus. Nhat Hanh interpretiert christliche Vorstellungen und Praktiken konsequent in buddhistischer Begrifflichkeit und nimmt sie damit nicht in ihren christlichen Deutungen (von denen es natürlich auch viele verschiedene gibt) wahr. Wenn er etwa sagt, dass das Abendmahl ausschließlich oder primär dem Zweck diene, Achtsamkeit zu entwickeln, reduziert er dieses Ritual auf nur einen Aspekt und setzt sich mit anderen Aspekten nicht auseinander. Die Religionswissenschaftlerin Kristin Beise Kiblinger bemerkt dazu: „Nhat Hanh seems to radically reinterpret the ritual, leaving it unrecognizable to Christians, telling Christians what it ‚really' is, which is therefore highly questionable and offensive to many Christians" (Kiblinger 2008: 39).

Ich überlasse es christlichen Theolog:innen, die inhaltliche Fragwürdigkeit von Nhat Hanhs Interpretation zu bewerten. Mir geht es hier wiederum nur um die Vergleichsmethodik. Ähnlich wie bei Thiede, wenn auch mit ganz anderen Vorzeichen, bestimmt Thich Nhat Hanhs religiöse Agenda das methodische Vorgehen. Christliche Vorstellungen und Praktiken werden so gedeutet, dass sie in den buddhistischen Rahmen inkorporiert werden können und somit als Gemeinsamkeiten erscheinen. Anders als man aufgrund der liebevollen Sprache vermuten würde, ist dies keine pluralistische Haltung, die beide Religionen in ihren eigenen Selbstverständnissen gelten ließe, sondern eine aneignende, inkludierende oder auch inklusivistische Haltung (so auch Kiblinger 2008: 38f.). Auch hier beeinträchtigt die religiöse Agenda die Ergebnisse des Religionsvergleichs.

Beispiel 3: Bereicherung. Das dritte Beispiel soll ein weiteres Motiv religiösen Vergleichs verdeutlichen: die Bereicherung des Eigenen. Dieses Motiv findet man etwa in der sogenannten Komparativen Theologie, wenn deren Studien bestimmte ausgewählte Gegenstände in der eigenen und in einer anderen Tradition vergleichen und diese zunächst akribisch studieren, ohne dabei gleich Werturteile zu fällen. Es gibt verschiedene Ansätze Komparativer Theologie, aber den meisten ist gemein, dass der Vergleich primär dazu dienen soll, die eigene Tradition im Licht der anderen zu betrachten und die eigene religiöse Haltung dadurch zu bereichern. Damit geht aber keine programmatische Relativierung der eigenen religiösen Wahrheit einher, mit welcher man sich weiterhin fest verbunden fühlt. Vielmehr stellt die Komparative Theologie „Mittel und Wege bereit", „die Treue zum eigenen Wahrheitsanspruch mit der Wertschätzung von Andersheit zu verbinden" (Bernhardt/von Stosch 2009b: 8; siehe zur Komparativen Theologie einführend neben diesem Band auch Clooney 2010, von Stosch 2012, Clooney/von Stosch 2017).

Als Beispiel für diese Art des religiösen Vergleichs soll ein kurzer und gut zugänglicher Aufsatz des katholischen Theologen und Indologen Francis X. Clooney, S.J. dienen. Clooney ist Jesuit, Harvard-Professor, Experte für theologische Hindutexte in den Sprachen Sanskrit und Tamil, und weltweit einer der einflussreichsten

Vertreter der Komparativen Theologie. Der Aufsatz mit dem Titel „Encountering the (Divine) Mother in Hindu and Christian Hymns" (Clooney 2008) ist ein Auszug aus einem Kapitel seines Buchs *Divine Mother, Blessed Mother: Hindu Goddesses and the Virgin Mary* (Clooney 2005). Es geht in dem Aufsatz um einen Vergleich zweier Hymnen, von denen eine an die Hindu-Göttin Devi (Devī) und die andere an die Jungfrau Maria gerichtet ist.

Erstere ist die Sanskrit-Hymne *Saundarya Lahari* (*Saundarya Laharī*, „Woge der Schönheit"), die dem Philosophen Shankara (Śaṅkara) im 8. Jahrhundert zugeschrieben wird, ihre konzeptuellen Wurzeln im indischen Tantra-System hat und bis heute weithin bekannt ist und oft rezitiert wird. Sie preist die Schönheit und Freigebigkeit der Göttin und präsentiert sie als einerseits tiefgründig, andererseits aber auch zugänglich für diejenigen, die sie anrufen und sich vergegenwärtigen. Wer sich auf sie einlasse, könne an ihrer göttlichen Welt partizipieren.

Die andere Hymne ist das lateinische Gedicht *Stabat Mater* („Es stand die Mutter"), das vermutlich aus dem 13. Jahrhundert stammt und von vielen klassischen wie auch modernen Komponisten vertont wurde. Es wendet sich an die trauernde Mutter Jesu, die ihren Sohn am Kreuz sterben sieht, drückt das Mit-Leiden des Sprechenden aus und bittet sie um Schutz und Geleit am Jüngsten Tag. Clooney beschreibt die vielen Unterschiede zwischen beiden Hymnen und beiden göttlichen Gestalten, die unterschiedlichen Funktionen für die Erlösung und die verschiedenen Qualitäten von Göttlichkeit, Freude und Glückseligkeit gegenüber Leid und Trauer. Aber er findet auch interessante Parallelen (Clooney 2008: 241f.):

> In an odd way, then, Mary standing near her deceased son is in striking parallel with Devi who is usually seated near or on Her consort Shiva. Jesus has died and Mary still stands there. Shiva is a God bereft of any power or energy apart from Devi. The path of bliss and beauty runs parallel to the path of sorrow and love. Neither the *Saundarya Lahari* nor *Stabat Mater* denies the enduring importance of the male deity, but in neither hymn is the male able to satisfy the viewer's desire. Shiva had been active and powerful at some earlier time, elsewhere, and now Devi stands before us. Jesus and His Father have been famously active, but now the Father is silent and the Son is dead. Mary stands there, alive and able to mediate the gift. In neither hymn is the climax fully described. In both, it occurs after the hymn is over [...] Both dramas engage the spectator as participant, both are completed only after words are finished. Her unimaginable bliss and her unimaginable sorrow transport the viewer somewhere else, somewhere unthought of before.

Das Ziel dieses Vergleichs ist es zu zeigen, wie eine solche hinduistische Hymne „can assist in awakening our Catholic religious and inter-religious imaginations" (Clooney 2008: 230), oder, anders ausgedrückt, „to see Mary in light of Devi" (Clooney 2008: 242). Hinduistisch-theologische Texte aufmerksam vergleichend zu lesen bedeutet für Clooney, den eigenen, katholisch-christlichen Glauben zu bereichern und das Göttliche besser zu verstehen. Vergleiche der Komparativen Theologie werden in der Regel methodisch sorgfältig durchgeführt, meist fokussiert auf ganz konkrete Gegenstände (wie hier diese beiden Hymnen), die sprachlich und kontextuell gründlich analysiert werden. Denn es geht nicht darum, abschließend zu einem apologetischen Urteil zu gelangen, sondern darum, Neues zu entdecken.

Es gibt Überschneidungen zwischen Komparativer Theologie und interreligiösem Dialog, einem weiteren Feld, in dem religiöser Vergleich stattfindet und generell als bereichernd empfunden wird. Beide sind – wenigstens nach dem üblichen Verständnis – daran interessiert, etwas über die jeweils andere Religion zu lernen. Durch ihre tiefgehende Auseinandersetzung mit dem Anderen beinhaltet die Komparative Theologie in jedem Fall bereits einen „inneren Dialog" der:des Theolog:in. Es ist aber nicht immer der Fall, dass sich diese Forschenden auch in anderer Weise im interreligiösen Dialog engagieren, etwa in öffentlichen Veranstaltungen oder Diskussionsrunden mit Vertretern anderer Religionen. Zwar ist eine Voraussetzung für interreligiösen Dialog, dass man generell offen ist für eine Erweiterung der eigenen Perspektive, aber es wird auch erwartet, dass man eine klare Position vertritt, eben um in den *inter*-religiösen Dialog eintreten zu können. Dies sind die ersten beiden der fünf Bedingungen für einen erfolgreichen interreligiösen Dialog, die die Theologin Catherine Cornille formuliert: *humility, commitment, interconnection, empathy, hospitality* (Cornille 2013, ausführlicher in Cornille 2008).

Manche Dialogsituationen sind überwiegend praktischer Natur, etwa wenn sich zwei Religionsgemeinschaften in einem gemeinsamen sozialen Projekt engagieren. Vergleiche werden in solchen Situationen eher schnell und pragmatisch vorgenommen: Man findet Gemeinsamkeiten in der ethischen Haltung, die diesem Projekt zugrunde liegt, und geht dann daran, praktische Schritte zu unternehmen. Vergleiche zwischen den Religionen stehen darin dann nicht mehr im Vordergrund. Für einen tiefergehenden interreligiösen Dialog kann hingegen die Komparative Theologie nützlich sein, weil sie ein genaues Studium der jeweils anderen Religion vornimmt und durch den Vergleich die eigene Position entweder besser zu verstehen oder zu modifizieren wünscht. Interessante Reflexionen zum Verhältnis von Komparativer Theologie und interreligiösem Dialog finden sich bei Tietz (2009) und Clooney (2013).

Noch einen Schritt weiter als die hier beschriebene Komparative Theologie geht die pluralistische Theologie der Religionen (oder „interreligiöse Theologie"). Sie will nicht nur das Eigene im Lichte des Anderen besser verstehen, sondern geht davon aus, dass andere Religionen ebenso wahr sein können. Pluralistische Ansätze „geben sowohl den Anspruch auf die alleinige Wahrheit der eigenen Tradition als auch den auf ihre alleinige Überlegenheit auf und rechnen damit, dass es in anderen religiösen Traditionen gleichwertige, wenn auch anders verfasste Formen heilbringender Transzendenzerkenntnis gibt" (Schmidt-Leukel 2022: 43). Der Religionsvergleich dient dazu, solche Parallelen herauszuarbeiten und dabei auch die Vielgestaltigkeit jeder Tradition zu würdigen. Siehe dazu jüngst den Vergleich von Buddhismus und Christentum des interkulturellen Theologen und Religionswissenschaftlers Perry Schmidt-Leukel (Schmidt-Leukel 2022).

Wir sehen, dass religiöse Motive nicht nur in der persönlichen religiösen Haltung der betreffenden Autoren zu verorten sind. Vielmehr spielen kulturelle Umstände (etwa der jeweilige Kontext des interreligiösen Dialogs) und der akademische Rahmen (etwa bestimmte theologische Fragestellungen) eine ebenso große Rolle. Dasselbe gilt für die im Folgenden diskutierten nicht-religiösen Motive. Wie in Kapitel 4.4. ausführlicher erörtert wird, sind Forschende immer von diversen persönlichen, kulturellen und akademischen Faktoren geprägt.

Nicht-religiöse Motive für den Religionsvergleich

Neben religiösen Motiven wie den oben genannten (apologetische Abgrenzung, Aneignung/Inklusion und Bereicherung) gibt es auch nicht-religiöse – oder säkulare – Motive für den Religionsvergleich. Diese Motive sind verknüpft mit wissenschaftlichen Disziplinen, die bestimmte Aspekte von Kultur und Gesellschaft untersuchen. So werden religiöse Gegenstände manchmal verglichen, um soziale und wirtschaftliche Zusammenhänge zu analysieren (Soziologie), um sprachliche und literarische Phänomene zu erforschen (Sprach- und Literaturwissenschaft), um psychische Vorgänge zu untersuchen (Psychologie), um künstlerischen Austausch oder ikonographische Einflüsse herauszuarbeiten (Kunstgeschichte) und einiges mehr. Bei keiner dieser Disziplinen steht jedoch Religion selbst im Zentrum des Erkenntnisinteresses. Das Fach, dessen zentrales Anliegen es ist, Religion besser zu verstehen, ist die Religionswissenschaft.

Religionswissenschaftler:innen erkennt man unter anderem daran, dass sie wohl die Einzigen sind, die ein Interesse daran hätten, den direkt vorangehenden Satz zu hinterfragen. Was soll „Religion besser verstehen" bedeuten? Was meinen wir überhaupt, wenn wir „Religion" sagen? Und was genau heißt „verstehen"? Dies sind wichtige Fragen, die diskutiert werden müssen. Hier möchte ich die Aussage in einem einfachen, allgemeinen Sinne verstanden wissen: Die Religionswissenschaft erforscht Religion (wie immer man diesen Begriff in konkreten Forschungssituationen definieren will), um sie besser zu verstehen (das heißt, um mehr über sie zu lernen). „Religion" bezeichnet hierbei eine bestimmte Dimension von Kultur, ähnlich wie Politik, Wirtschaft, Kunst oder Sport, und es geht darum, diese Dimension als Produkt menschlichen Denkens und Handels zu erforschen.

Die Religionswissenschaft hat dezidiert kein religiöses Erkenntnisinteresse. Anders als die (Komparative) Theologie setzt sie keinen bestimmten religiösen Standpunkt voraus und strebt nicht danach, das Göttliche zu studieren oder zu verstehen. Vielmehr ist sie eine empirische Disziplin, in dem Sinne, dass sie ihre Quellen (Texte, Gegenstände, Verhaltensweisen etc.) mit empirischen Methoden studiert. Es geht ihr weder um die Frage, ob bestimmte religiöse Aussagen, etwa über den Ursprung der Welt, über die Macht von Göttern und anderen übermenschlichen Wesen oder über das Leben nach dem Tod *wahr* sind, noch ob ein bestimmtes Verhalten ethisch vertretbar oder verwerflich ist. Sie untersucht vielmehr die religiösen Diskurse *über* solche Fragen. Sie beobachtet, beschreibt und klassifiziert religiöse Gegenstände und entwickelt Theorien, die ein besseres Verständnis bestimmter Aspekte, Aktivitäten, Prozesse usw. ermöglichen.

Sie merken an der Ausdrucksweise, dass ich hier eine programmatische Beschreibung des Faches vornehme. Nicht alle Religionswissenschaftler:innen der Gegenwart würden all dem vorbehaltlos zustimmen, aber ich denke, dass es grob den zurzeit vorherrschenden Konsens beschreibt. Vergleichende religionswissenschaftliche Studien der Gegenwart haben in der Regel ein nicht-religiöses, säkulares Erkenntnisinteresse. Zu anderen Zeiten der Fachgeschichte wurde der religionswissenschaftliche Vergleich durchaus auch mit religiösen Motiven betrieben, zum Beispiel in der Suche nach dem Wesen aller Religion (siehe hierzu Mohn 2009 und Kapitel 2 des vorliegenden Buches). Es ist noch wichtig zu erwähnen, dass es bei dem säkularen Ansatz um die programmatische, explizierte Haltung geht. Ob sich in einer Studie versteckt doch religiöse oder auch noch andere Motive finden lassen, ist eine andere Frage, auf die ich weiter unten zurückkomme (Kapitel 4.4. und 4.5.).

Welche (säkularen) Motive hat die Religionswissenschaft für den Religionsvergleich? Jede Studie besitzt ein spezifisches Erkenntnisinteresse, aber wir können grundlegend zwei Motive (oder Ziele) des Vergleichs identifizieren: *Beschreibung* und *Klassifikation*. Erstens kann ein Vergleich vorgenommen werden, um einen bestimmten religiösen Gegenstand A zu analysieren und besser zu *beschreiben*. Man stellt ihn dazu einem ähnlichen Gegenstand B gegenüber, der somit als Kontrastfolie dient. Durch die Herausarbeitung von Gemeinsamkeiten und Unterschieden kann Gegenstand A genauer beschrieben werden. Dies mag zunächst abstrakt klingen, ist aber als Vorgang in der Wissenschaft allgegenwärtig, zum Beispiel wenn man in einem medizinischen oder psychologischen Experiment der Experimentalgruppe von Probanden eine Kontrollgruppe gegenüberstellt, die sich in nur bestimmten Merkmalen unterscheidet (indem diese zum Beispiel ein Placebo statt eines Medikaments erhält). Erst durch den Vergleich mit der Kontrollgruppe können seriöse Aussagen über die Experimentalgruppe getroffen werden.

Auch in nicht-experimentellen sozialwissenschaftlichen und historischen Studien ist diese Art des Vergleichs üblich. Zwei kurze Beispiele: Wenn man herausfinden will, warum eine neue religiöse Bewegung viele Menschen anzieht, vergleicht man ihre religiösen Vorstellungen und Praktiken, ihr Auftreten und ihre Marketingstrategien mit anderen religiösen Angeboten desselben sozialen Kontexts. Mit Hilfe dieses Vergleichs kann man ihre Attraktivität genauer beschreiben. Oder wenn man untersucht, warum in einer bestimmten historischen Situation göttliche Gestalten nicht künstlerisch abgebildet werden dürfen, kann der Vergleich mit Bilderverboten in einer anderen Kultur – wie auch mit möglichen bilderfreundlichen Haltungen in derselben Kultur – interessante Aspekte offenlegen, die man vielleicht vorher kaum bemerkt hat. Diese Art von Vergleich kann also den primär untersuchten Gegenstand *erhellen* und ermöglicht damit eine differenziertere Analyse und Beschreibung dieses Gegenstands. Wenn man mit dem Ziel der *Beschreibung* vergleicht, tut man es daher in einem illuminativen (erhellenden) Modus. Dies wird unten, im Kapitel 5.1.2. näher ausgeführt.

Zweitens dient der religionswissenschaftliche Vergleich zur *Klassifikation* religiöser Gegenstände. Hier ist das primäre Interesse nicht, einen bestimmten Gegenstand in seinem historischen und sozialen Kontext besser zu beschreiben, sondern eine übergreifende religionswissenschaftliche Kategorie zu entwickeln, zu hinterfragen, zu verbessern oder zu verfeinern. Solche Kategorien stellen das wissenschaftliche Vokabular der Religionswissenschaft dar, mit dem sie religiöse Gegenstände analysiert und klassifiziert. Ich möchte einige willkürlich ausgewählte Beispiele solcher oft verwendeter Kategorien nennen, um das große Spektrum dieses Vokabulars anzudeuten: Opfer, Kanonisierung, Initiationsritual, Bettelschale, Hagiographie, Hybridität, Synkretismus, Säkularität, Fundamentalismus, interreligiöser Dialog, Askese, Votivgabe, Götter, Ethik, Tempel, Wiedergeburt, Divination, religiöses Recht, kosmogonischer Mythos, Gebetskette, Mystik.

Sie werden bemerken, dass diese Begriffe unterschiedliche Dinge bezeichnen: religiöse Vorstellungen und Praktiken, soziale und historische Prozesse, materielle Gegenstände. Manche sind mit einer komplexeren Theorie verknüpft als andere, aber es sind alles theoretische Begriffe – in dem Sinne, dass sie eine „Theorie" des bezeichneten Phänomens voraussetzen. Anders gesagt, jeder Begriff muss *definiert* werden können, und zwar so, dass er mehr als nur einen einzigen Gegenstand in dessen eigenem religiösen Kontext bezeichnen kann. Ein Beispiel: „Vaterunser" wäre kein sehr geeigneter Begriff für eine religionsübergreifende Kategorie, „Gebet" schon. Man vergleicht religiöse Gegenstände, zum Beispiel das christliche Vaterunser und das vedisch-hinduistische Gayatri-Mantra (Gāyatrī-Mantra) und analysiert Unterschiede und Gemeinsamkeiten, um eine Kategorie (hier: Gebet) zu prüfen, zu hinterfragen oder zu verfeinern, was etwa zur Entwicklung einer neuen Definition oder zur Bestimmung verschiedener Unterkategorien führen kann. Mit dieser so verbesserten Kategorie kann man dann wiederum neue Gegenstände vergleichend prüfen. Eine Studie mit diesem Ziel der *Klassifikation* vergleicht in einem taxonomischen (klassifizierenden) Modus, der wie der illuminative Modus im Kapitel 5.1.2. erläutert wird.

Um es noch einmal zusammenzufassen: Man kann grob religiöse und nicht-religiöse/säkulare Motive für den Religionsvergleich unterscheiden. Als religiöse Motive nannte ich die apologetische Abgrenzung vom Anderen, die Aneignung oder Inklusion des Anderen in das Eigene und die Bereicherung des Eigenen durch das Andere. Bei den säkularen Motiven (oder Zielen) hob ich besonders die Beschreibung und die Klassifikation religiöser Gegenstände hervor, weil diese aus meiner Sicht die zurzeit wichtigsten Ziele vergleichender Religionswissenschaft sind und das vorliegende Buch aus dieser Perspektive geschrieben ist.

Dieses Kapitel sollte zur ersten Orientierung im Themenfeld dienen. Wir haben gesehen, dass es verschiedene Möglichkeiten gibt, den Begriff Religionsvergleich zu verstehen und dass sich manche Ansätze den Fächern Theologie und Religionswissenschaft zuordnen lassen, wenn man diese auf bestimmte Weise programmatisch definiert. Zwar hat dieses Buch einen dezidiert religionswissenschaftlichen Zugang, aber es geht im Folgenden nicht primär um die Abgrenzung von anderen Fächern, sondern um die vergleichende Methode selbst. Wie können wir Vergleichsstudien erstellen, die der Kritik standhalten, die die Forschungsgegenstände verantwortungsvoll behandeln und die ein Ergebnis erzielen, das wissenschaftlich produktiv ist?

Kapitel 1 Was ist Religionsvergleich?

Das Fach Religionswissenschaft hat in seiner Geschichte eine Vielfalt von vergleichenden Ansätzen hervorgebracht, von denen manche bis heute nachwirken, positiv oder negativ. Einige unserer akademischen Vorfahren waren kluge Köpfe und stellten sich bereits viele der Fragen, die uns auch heute beschäftigen. Im folgenden Kapitel werde ich eine Auswahl bedeutender Ansätze vorstellen und erörtern, zu welchen Schlüssen diese Gelehrten kamen, welche Einsichten wertvoll sind und welches Vorgehen heute kritisch beurteilt wird.

Empfohlene Begleitlektüre

BL a. Bochinger, Religionsvergleiche in religionswissenschaftlicher und theologischer Perspektive (2003)

BL b. Thiede, Buddha und Jesus (2005); Clooney, Encountering the (Divine) Mother (2008)

Selbsttestfragen

1a. Fassen Sie die vier Lesarten des Begriffs „Religionsvergleich" in Ihren eigenen Worten zusammen.

1b. Worin genau unterscheiden sich die drei religiösen Motive von den genannten nicht-religiösen?

Diskussionsfragen

2.a. Formulieren Sie mindestens drei Synonyme für den Begriff „Religionsvergleich", die den Ansatz dieses Buches möglichst genau beschreiben. Diskutieren Sie Vor- und Nachteile dieser Synonyme.

2.b. Ist Thich Nhat Hanhs Vergleichsansatz toleranter als der von Werner Thiede?

Reflexionsfragen

3.a. Wie hätten Sie den Begriff „Religionsvergleich" vor der Lektüre dieses Kapitels definiert? Hat sich Ihr Verständnis durch die Lektüre verändert? Wenn ja, wie?

3.b. Manche halten die genannten nicht-religiösen Motive für unbefriedigend. Geht es Ihnen auch so? Wenn ja, wie würden Sie beschreiben, was Ihnen dabei fehlt? Wenn nicht, was würden Sie auf diesen Einwand entgegnen?

Kapitel 2 Eine kurze Geschichte des Religionsvergleichs

> **Zusammenfassung**
>
> Dieses Kapitel skizziert die Geschichte des Religionsvergleichs und erkundet damit einige der Wurzeln, aus denen der gegenwärtige Umgang mit ihm erwachsen ist. Im ersten Abschnitt zur „Vorgeschichte" geht es darum, zu zeigen, dass bedeutende Aspekte, die wir heute manchmal kritisch der europäischen Wissenschaft des 19. Jahrhunderts zuweisen, auch zu früheren Zeiten und auch in anderen Weltgegenden zu beobachten sind. Dies betrifft insbesondere die Kategorie „Religion" (bzw. ihre außereuropäischen Äquivalente) und die Unterscheidung verschiedener Religionen. Anschließend werden fünf bedeutende Gelehrte vorgestellt, die mit ihrer Arbeit die heutige Diskussion um den Religionsvergleich noch immer prägen – positiv und negativ –, angefangen mit Friedrich Max Müller und James George Frazer. In Teil 2 des Kapitels setzt sich dieser selektive historische Überblick mit Joachim Wach, Mircea Eliade und Jonathan Z. Smith bis in die Gegenwart fort. Abschließend wird kurz angesprochen, wie die Methode des Religionsvergleichs am Ende des 20. und am Anfang des 21. Jahrhunderts aufgrund umfassender Kritik weitgehend marginalisiert war und erst in den letzten Jahrzehnten eine vorsichtige Wiederbelebung erfuhr.

Die akademischen Faktoren, die uns prägen, sind Teil und Produkt einer Wissenschaftsgeschichte, die bis ins 19. Jahrhundert – und in mancher Hinsicht erheblich weiter – zurückreicht. Diese Geschichte enthält unzählige Einzelstudien zu bestimmten religiösen Gegenständen, immer neue Erkenntnisse, kluge Überlegungen, wichtige theoretische Entwürfe, aber auch Vorgehensweisen und Schlussfolgerungen, die heute von vielen als problematisch empfunden werden. Manche Ansätze sind nicht weiterverfolgt worden, manche waren eine Zeitlang bestimmend und wurden dann stark kritisiert und von anderen überlagert, wieder andere sind weitgehend vergessen, und manche werden wiederentdeckt und gelangen zu neuer Blüte.

Wie ein bestimmter wissenschaftlicher Ansatz beurteilt wird, hängt von der jeweils aktuellen Debatte, dem historischen Kontext und der fachlichen Ausrichtung derjenigen Person ab, die dieses Urteil fällt. Aber um den betreffenden Ansatz erst einmal möglichst korrekt zu verstehen und von ihm zu lernen – positiv oder negativ –, muss man ihn kontextualisieren, das heißt versuchen zu ergründen, was genau seine Intention war und wie diese im betreffenden historischen Kontext einzuordnen ist. Es ist einfach, Forscher:innen früherer Generationen anhand einiger aus dem Zusammenhang gelöster Zitate, die heute anstößig klingen, lächerlich zu machen oder zu verurteilen, und man kann sich damit in manchen Kreisen sogar recht erfolgreich profilieren. Aber es ist nicht nur unfair jenen Personen gegenüber, sondern auch wissenschaftlich wenig ergiebig.

Aus meiner Sicht muss die Beschäftigung mit der Fachgeschichte von dem Bemühen geleitet sein, daraus etwas für unsere eigene Forschung zu lernen. Dazu gehört zunächst ein grundsätzlicher Respekt vor dem umfangreichen Wissen und der Gelehrsamkeit vieler unserer fachlichen Vorfahren (an die wenige von uns heute heranreichen), dann das sorgfältige und möglichst unvoreingenommene Studium ihrer wissenschaftlichen Werke, das Bemühen, ihre Intentionen und Fragestellungen genau zu verstehen und auch mögliche Brüche oder Entwicklungen in ihrem Werdegang zur Kenntnis zu nehmen, und schließlich die Bereitschaft, sie nicht auf einen Aspekt ihres wissenschaftlichen Ansatzes oder ihres kulturellen Umfeldes zu reduzieren und sie pauschal danach zu beurteilen. Eine besondere Gefahr besteht darin, sie zu wenig als Individuen und zu sehr als Vertreter:innen einer angeblich vorherrschenden Wissenschaftskultur ihrer Zeit zu betrachten. Damit können ihnen leicht Haltungen oder Positionen untergeschoben werden, die sie vielleicht gar nicht teilten. Dies wiederum kann zu Zirkelschlüssen führen: „Man kann davon ausgehen, dass Forscher XY, weil er in jener Wissenschaftskultur wirkte, die betreffende Haltung hatte. Das belegt, dass diese Haltung in jener Wissenschaftskultur weit verbreitet war." Solche Schlüsse sagen mehr über diejenigen aus, die sie ziehen, als über die Wissenschaftsgeschichte.

Die Mahnung, unsere akademischen Vorfahren sorgfältig, respektvoll und fair zu studieren und Pauschalisierungen zu vermeiden, ist aber keine Aufforderung zu kritikloser Verehrung. Ganz im Gegenteil! Die Fachgeschichte muss kritisch studiert werden, damit wir aus ihr lernen können – aus ihren Errungenschaften und ihren Fehlern. Wir müssen uns allerdings darüber im Klaren sein, dass wir selbst Teil dieser Fachgeschichte sind, dass unsere Urteile also nicht objektiv sein können, sondern ebenfalls in einem bestimmten Kontext stehen, den unsere Nachfahren genauso historisieren werden, wie wir es mit unseren Vorfahren tun. Dies zu reflektieren, schwächt weder unsere Kritik noch relativiert es unsere Überzeugungen, aber es hilft dabei, uns in historischer Sorgfalt und Bescheidenheit zu üben.

Dieses Kapitel gibt einen kleinen Einblick in die Forschungsgeschichte. Da es völlig unmöglich ist, in einem Kapitel eine umfassende Geschichte des Religionsvergleichs zu präsentieren und eine bloße Auflistung von Namen und Werken weder lesefreundlich noch besonders erhellend wäre, präsentiere ich nur einige ausgewählte Forscher aus verschiedenen Perioden der Fachgeschichte. Vorweg sei kurz etwas zur Vorgeschichte des religionswissenschaftlichen Vergleichs gesagt.

2.1. Vorgeschichte

Wie in Kapitel 4 weiter ausgeführt wird, ist es sinnvoll und wichtig, über den eigenen wissenschaftlichen Standort und die Faktoren, die ihn prägen, zu reflektieren. So ist in den vergangenen Jahrzehnten oft betont worden, dass das Fach Religionswissenschaft – und mit ihm die Idee des säkularen Vergleichs religiöser Gegenstände, um den es in diesem Buch primär geht – ein Produkt der europäischen Geistesgeschichte sei. Die Denker der Aufklärung hatten im 17. und 18. Jahrhundert mit ihrer Forderung nach rationalem Denken, das allein auf Vernunft beruhen solle, Wahrheits- und Absolutheitsansprüche religiöser Traditionen (besonders der christlichen) kritisiert und in Frage gestellt. Sie interessierten sich für Religionen der europäischen Antike ebenso wie für außereuropäische Religionen, über die sie zunehmend mehr erfuhren. In einer heute weit verbreiteten Erzählung kamen dann im 19. Jahrhundert verschiedene Faktoren zusammen: der Impuls der Aufklärung; die grenzüberschreitenden Ideen der Romantik; eine Fülle von nach Europa einströmendem Wissen über außereuropäische Kulturen in Form von Reiseberichten, ethnographischen Studien und religiösen Quellentexten; ein neuer Religionsbegriff, der ganz nach dem europäischen, insbesondere christlichen Modell geformt und nun auf andere Kulturen angewandt worden sei; und die weltpolitische Situation einer expandierenden europäischen Kolonialherrschaft, in der sich das Verhältnis zwischen Forschenden und Erforschten als ein politisches Machtverhältnis dargestellt habe (was die Forschungsergebnisse beeinflusst und letztlich kompromittiert habe). Im Zusammenwirken dieser Faktoren sei in der zweiten Hälfte des 19. Jahrhunderts die Religionswissenschaft als ein Fach entstanden, das mit einem einzigartigen, exklusiv europäischen Konzept von Religion andere Kulturen herabsetzend klassifiziert und damit dem „kolonialen Projekt" gedient habe – so die verbreitete Erzählung (siehe hierzu zum Beispiel King 1999; Fitzgerald 2000; Dubuisson 2003; Fitzgerald 2007).

In jüngerer Zeit wurden verschiedene Aspekte dieser Erzählung hinterfragt, insbesondere diejenigen, die eine generalisierende und essenzialisierende Sichtweise begünstigten (siehe jüngst Seiwert 2020). Wie oben angedeutet, sind die Werke und Motive einzelner Forscher:innen nicht immer präzise genug analysiert oder umfassend gewürdigt worden. Das Bestreben, eine in bestimmten Grundhaltungen einheitliche Wissenschaftskultur jener Zeit zu erweisen, führt manchmal dazu, dass die tatsächliche Vielfalt an Ansätzen und Haltungen aus dem Blick gerät. Dieses problematische Bild von einer Homogenität „des 19. Jahrhunderts" – wie oft verkürzt zu lesen ist, als ob damit alles gesagt sei – kann außerdem eurozentrische Züge annehmen. Die zentralen Kategorien – so auch „Religion" bzw. der Plural „Religion*en*" – seien erst im 19. Jahrhundert als Kategorien „erfunden" worden (ein häufig gebrauchtes Verb) und hätten damit einen exklusiv europäischen Charakter. Damit, so die Schlussfolgerung, seien sie eigentlich nicht für die Beschreibung außereuropäischer Phänomene geeignet. Man habe sie diesen aber dennoch aufgezwungen, und andere Kulturen hätten sie dann aus bestimmten, oft politisch opportunen, Gründen von sich aus übernommen und teilweise neu interpretiert. Es ist interessant, letztere Entwicklung als historischen Prozess zu untersuchen, aber das beantwortet noch nicht die Frage, wie genau eine bestimmte europäische Kategorie ein bestimmtes außereuropäisches Phänomen verfälscht haben soll. Auch hier sind aus meiner Sicht Einzelstudien, die dies an konkreten Quellen zu zeigen versuchen und Alternativen vorschlagen, dem allgemeinen, pauschalen Urteil „nicht anwendbar, weil europäisch" vorzuziehen.

Es ist unbestritten, dass die Religionswissenschaft als akademisches Fach, wie wir es heute kennen, in der zweiten Hälfte des 19. Jahrhunderts in Europa entstanden ist und dass viele der oben genannten Faktoren dabei eine Rolle spielten. Doch wie fast überall werden die Dinge komplexer, je genauer man hinschaut. In diesem kurzen Überblick ist das nicht möglich, aber ich möchte immerhin, mit einem Fokus auf den Religionsvergleich, kurz einige manchmal übersehene Aspekte nennen, die vielleicht die Perspektive etwas erweitern können.

Religiöse Religionsvergleiche gab es schon immer

Viele Studien zur Bildung religiöser Identität zeigen, dass Menschen in ganz verschiedenen Kulturen, von antiken Epochen bis in die Gegenwart, Aspekte der eigenen Religiosität mit denen anderer verglichen haben, von Vorstellungen über das Wesen und den Charakter von Göttern zu religiösen oder rituellen Handlungen. Wie in Kapitel 1 ausgeführt, ist ein häufiges Motiv für religiöse Vergleiche, die Überlegenheit der eigenen Haltung zu bestätigen. Wir finden solche apologetischen Vergleiche oft in Konkurrenzsituationen, etwa wenn eine religiöse Gemeinschaft mit anderen um Ressourcen und materielle Unterstützung wetteifert oder wenn sie sich von einer anderen in ihrer gesellschaftlichen Stellung bedroht sieht. Auch die etwas mildere Form religiösen Vergleichens durch Aneignung/Inklusion, die das Andere als eine (unvollkommene) Variante des Eigenen darstellt, ist in der Religionsgeschichte häufig anzutreffen. Und hin und wieder finden sich in der Geschichte auch Stimmen, die den Vergleich mit dem Anderen als Bereicherung betrachten. Auch dies ist kein Phänomen, das erst in der Moderne oder nur in westlichen Kulturen auftritt. Beispiele für die zuweilen komplexe Dynamik der Religionsbegegnung im vormodernen Asien (Südasien, Südostasien, Zentralasien und Ostasien) findet man in den Studien von Deeg et al. (2019).

Die Unterscheidung „wir–sie" beruht auf einer Pluralitätsannahme

Wenn etwas als das „religiös Andere" wahrgenommen wird und man sich damit auseinandersetzt, zieht man eine Grenze zwischen „uns" und „denen", zwischen „unseren" und „deren" religiösen Vorstellungen oder Praktiken. Unabhängig davon, wie man das Andere bewertet, setzt man implizit eine übergreifende Kategorie voraus, einen Oberbegriff, unter den beide fallen. Wenn etwa behauptet wird, dass „unser" Ritual im Stande sei, Regen zu erzeugen, „deren" Ritual aber nicht, basiert das auf der Annahme, dass es verschiedene *Regenrituale* gibt. Wenn man überzeugt ist, dass „unser" Gott uns in der Schlacht beschütze und den Sieg beschere, „deren" Gott aber dafür zu schwach sei, setzt das voraus, dass man von der *Existenz* beider Götter ausgeht. Selbst wenn behauptet wird, dass nur „unser" Gott existiere und „deren" Götter bloße Einbildung seien, nimmt man doch an, dass „sie" genau wie „wir" *Vorstellungen von Göttern* haben.

Die Auseinandersetzung mit „anderen" Vorstellungen oder Praktiken setzt also die Annahme voraus, dass eine Pluralität der betreffenden Vorstellung oder Praxis existiert, in der „unsere" Variante eine unter mehreren ist (wenn sie auch vielleicht als die einzig „wahre" bewertet wird). Das heißt, dass nur diejenigen Aspekte, die als wahrhaft einzigartig betrachtet werden – meist sehr wenige, grundsätzliche –, keinem religiösen Vergleich unterzogen werden können. Zum Beispiel würde es vielen Muslimen wohl schwerfallen, den Propheten Mohammed mit „anderen" *Siegeln der Propheten* zu vergleichen, da es für sie nur ein Siegel der Propheten gibt, nämlich Mohammed. Ebenso verhält es sich für viele Christen mit Jesus Christus, der für sie der einzige *Sohn Gottes* ist, oder mit dem buddhistischen Dharma, der für viele Buddhisten als *Wahrheit über den Kosmos* schwerlich mit anderen „Wahrheiten" verglichen werden kann, da solche Vorstellungen eben aus ihrer Sicht von vornherein gar nicht wahr sind. Selbstverständlich werden

Mohammed, Jesus Christus und der Dharma in anderer Hinsicht durchaus verglichen, nur nicht im Hinblick auf die Eigenschaften, durch die sie als einzigartig wahrgenommen werden. Und selbst hierbei gibt es Ausnahmen.

Es ist wichtig zu betonen, dass religiöse Individuen und Gemeinschaften Einzigartigkeit sehr unterschiedlich zuschreiben. Ob ein bestimmter Aspekt der eigenen Religion als einzigartig gilt oder als eine (bzw. die „wahre") Variante eines Phänomens, das es auch anderswo gibt, hängt von der jeweiligen Perspektive der Befragten ab. Generell greift man zum Mittel des Vergleichs nur dann, wenn es eine spezifische Situation oder Argumentation notwendig erscheinen lässt. Es sei an dieser Stelle allgemein festgehalten, dass solche religiösen Vergleiche zu vielen Zeiten der Religionsgeschichte zu beobachten sind und dass, *wenn* ein Vergleich zwischen „uns" und „denen" vorgenommen wird, ein Oberbegriff impliziert ist (Regenrituale, existierende Götter, Vorstellungen von Göttern), was die Annahme von Pluralität anzeigt.

Die Pluralität von Religionen – auch in vormoderner Zeit und außerhalb Europas

Neben dem Vergleich bestimmter einzelner Vorstellungen und Praktiken findet sich schon früh auch der Vergleich von Religionen. Wie der Gräzist Andreas Schwab umfassend darlegt, beschrieb der griechische Historiker Herodot schon im 5. Jahrhundert v. Chr. detailreich verschiedene Dimensionen der Religionen von Persern und Ägyptern (Schwab 2020). Der Religionshistoriker Giovanni Casadio zeigt anhand zahlreicher Quellen, dass auch römische Autoren in vorchristlicher Zeit Unterschiede zwischen Religionen feststellten und dass sie dafür den Plural *religiones* verwendeten. Sie stellten ihrer eigenen Religion „andere Religionen" (*aliae religiones*) gegenüber und verglichen sie miteinander (Casadio 2010). Mittelalterliche christliche Quellen verwenden zwar, wie der Historiker Peter Biller anhand vieler Beispiele darlegt (Biller 1985), das Wort *religiones* nicht so prominent, aber sie unterscheiden *Christianismus, Judaismus, gentilitas, paganismus, Saracenismus* (für Islam) etc. und gebrauchen diese Wörter häufig in einer ganz ähnlichen Weise wie wir heute. Sie beschreiben deren jeweiligen Kult (das heißt, religiöse Praxis und Rituale), ihre Glaubensinhalte, ihre Geschichte und ihre Lebensweise. Manche Autoren sprechen in diesem Zusammenhang von der *religio Christiana*, die von anderen bedroht werde, und andere Autoren, wie etwa Roger Bacon im 13. Jahrhundert, vergleichen mehrere große Religionen der Welt. Auch wenn das Wort *religio* selbst nicht so oft in dieser Bedeutung erscheint, ist doch ersichtlich, dass die mittelalterlichen Autoren davon ausgingen, dass es neben dem Christentum verschiedene (konkurrierende) Religionen gibt, die man vergleichen kann.

Auch in außereuropäischen Kulturen wurden lange vor dem Kontakt mit „dem Westen" Systeme unterschieden, die wir heute Religionen nennen. Natürlich existierte das lateinische Wort *religio* in den Sprachen jener vormodernen Kulturen nicht, aber es gab zum Teil ungefähre semantische Äquivalente. Doch ganz wie in den europäischen mittelalterlichen Quellen war es nicht nötig, einen Sammelbegriff zu verwenden, um verschiedene Religionen zu unterscheiden. Wie zum Beispiel die in Schalk et al. (2013) enthaltenen Studien zeigen, werden in Konkurrenzsituationen, etwa zwischen Buddhisten, anderen Asketengruppen und Brahmanen im alten Indien, zwischen Konfuzianern, Daoisten und Buddhisten in China oder zwischen einheimischen religiösen Spezialisten und tibetisch-buddhistischen Mönchen in der mongolischen Region Zentralasiens, deutliche Grenzen zwischen Religionen gezogen und oft auch Begriffe gebildet, die diese Grenzen anzeigen und mit deren Hilfe man sie gegenüberstellen und vergleichen konnte.

Religion als Kategorie

Die genannten Beispiele zeigen auch, dass die betreffenden Texte implizit oder explizit eine Kategorie voraussetzen, die nicht nur die jeweils unterschiedenen Religionen umfasst, sondern auch die gesellschaftliche Sphäre der Religion von anderen Sphären unterscheidet, zum Beispiel von Handel und Wirtschaft, von weltlicher Justiz und Recht oder von Politik und Herrschaft. Nach Casadio ist für den römischen Historiker Titus Livius (59 v. Chr.-17 n. Chr.) *religio* „a general category that can be used as a notional umbrella for various kinds of *religiones*/religions" (Casadio 2010: 319). Und über den römischen Gelehrten Marcus Terentius Varro (116–27 v. Chr.) sagt Casadio: „For Varro (as for his contemporaries) facts of cult were considered as pertaining to a definite field, that of *religio*, regulated by its own laws which were different from those of other life compartments like philosophy or economy" (Casadio 2010: 313). Casadio gibt weitere Beispiele aus lateinischen Quellen für solche Verwendungsweisen des Wortes. Insgesamt gelte: „*Religio* is not only a notion defining a separate sphere of the Roman view of the world but also a term with the value of an independent category, on a par with the economical or political categories" (Casadio 2010: 310).

Wenn also bereits im römischen Reich *religio* als Kategorie verwendet wurde, die durchaus einem modernen Verständnis von Religion ähnelt, fällt es schwer, „den modernen Religionsbegriff" als eine exklusive Schöpfung (oder Erfindung) der Neuzeit seit der Aufklärung zu begreifen. Noch ein anderer Umstand stellt diese These in Frage. Jüngere Studien haben gezeigt, dass auch außereuropäische Kulturen lange vor dem Kontakt mit westlichen Mächten eine religiöse Sphäre von anderen gesellschaftlichen Sphären unterschieden (Schalk et al. 2013; Deeg et al. in Vorb.). Wie etwa der Religionswissenschaftler Christoph Kleine gezeigt hat, wurden im mittelalterlichen Japan nicht nur Buddhismus, Konfuzianismus, Daoismus, Shinto und später auch das Christentum derselben Klasse zugeordnet, sondern auch eine religiöse Sphäre von einer säkularen Sphäre unterschieden. Basierend auf der Analyse vormoderner japanischer Quellen stellt er fest, dass „the pre-modern Japanese classified sociocultural formations in roughly the same way as their European contemporaries and thus had a notion of ‚religion' as a distinct social field. Furthermore, they pressed their social world into a binary schema of ‚mundane' and ‚supra-mundane', which resembles the modern Western ‚religious-secular divide', or at least the early modern doctrine of the ‚Two Kingdoms'" (Kleine 2018: 30).

Kleine legt dar, dass die japanischen Klassenbegriffe in ihrem Bedeutungsfeld weder untereinander noch mit dem Begriff dieses binären Schemas völlig übereinstimmen. Verschiedene japanische Autoren zu verschiedenen Zeiten hatten –

kaum überraschend – verschiedene Konzepte. Darin stimmt aber der Befund aus Japan durchaus mit der Situation in Europa überein, denn auch hier hat es nie einen einheitlichen, allgemein akzeptierten Religionsbegriff gegeben, sondern immer eine Vielzahl von manchmal stark unterschiedlichen Konzepten. Von „dem" europäischen Religionsbegriff zu sprechen, sollte sich daher eigentlich schon nach einem sorgfältigen Blick in die europäische Geistesgeschichte verbieten.

Auch wenn es somit in Japan und in anderen außereuropäischen Kulturen sowohl das Konzept von Religionen als auch das von Religion im Singular gab, heben diese Konzepte zum Teil andere Aspekte hervor als die europäischen. So spielt die Ethik als ein bestimmendes Merkmal von Religionen manchmal eine größere Rolle als etwa der Glaube an einen Gott. Das Studium der vielen außereuropäischen Konzeptualisierungen von Religion kann die Religionswissenschaft daher enorm bereichern, weil es zuvor weniger beachtete Aspekte dessen beleuchtet, was Religion sein kann.

Säkulare Religionsvergleiche – innerhalb und außerhalb Europas

In den genannten europäischen und außereuropäischen Beispielen findet meist ein religiöser, apologetischer Religionsvergleich statt. Ist daher vielleicht wenigstens der säkulare Religionsvergleich, der in der modernen Religionswissenschaft ab dem 19. Jahrhundert entwickelt wird, ein rein europäisches, modernes Phänomen? Auch bei dieser Frage verkompliziert ein genaues Hinschauen die Antwort. Wie wir sahen, gab es schon in der früheren europäischen Geschichte Vorläufer. Nach Giovanni Casadio sind Varro und Cicero im 1. Jahrhundert v. Chr. „the founders of the (scientific) study of religion in ancient Rome" (Casadio 2010: 308), und im 13. Jahrhundert verglich und klassifizierte der Franziskaner Roger Bacon verschiedene Religionen, einschließlich des Christentums (!), mit den Oberbegriffen *secta* und *lex* (Gesetz) (Biller 1985: 367). Wie der Religionswissenschaftler Ulrich Berner anhand zahlreicher Beispiele anmerkt, ist eine aufklärerische *Haltung*, die sich ihm zufolge in der Bereitschaft zu Vorurteils- und Ideologiekritik sowie zum interkulturellen Vergleich ausdrückt, in der europäischen Religionsgeschichte lange vor der *Epoche* der Aufklärung nachweisbar (Berner 2007). So verglich etwa der italienische Gelehrte Gerolamo Cardano (1501–1576), wie Heidentum, Judentum, Christentum und Islam einander sehen, und ließ dabei offen, welcher der Religionen eine Vorrangstellung zukäme (Berner 2007: 164f.; Lessing 1825).

Zweitens ist die Aufklärung selbst, in der der säkulare Vergleich angeblich wurzelt, keineswegs ein rein europäisches Phänomen. Wie der Sinologe Heiner Roetz gezeigt hat, waren viele Denker der Aufklärung in ihrer Kritik an der christlichen Tradition und der Suche nach einer rationalen, vernünftigen Weltanschauung fasziniert und inspiriert von China, insbesondere von Konfuzius. Sie priesen und zitierten konfuzianische Schriften und integrierten chinesische Ideen in ihre eigenen Philosophien. Roetz kommt zu dem Schluss, dass „the development of Enlightenment secular thought, to which we owe our modern democratic institutions, was not simply the offspring of the cultural genes of the Occident. It was the outcome of a trans-cultural joint-venture" (Roetz 2013: 30). Dies ist vielleicht etwas überspitzt formuliert, aber es weist zumindest darauf hin, dass schon die europäischen Aufklärer erkannten, dass es außereuropäische Weltsichten gab, die Parallelen zu ihrer eigenen aufwiesen.

Drittens existieren auch außerhalb Europas Vergleichsvorgänge, die man als säkulare Religionsvergleiche betrachten kann. Zum einen findet man sie in Texten, die nicht primär religiös bzw. nicht aus der Perspektive einer bestimmten religiösen Tradition verfasst sind. Ein frühes Beispiel sind die Inschriften des berühmten indischen Kaisers Ashoka (Aśoka) im 3. Jahrhundert v. Chr. In ihnen entwirft er, aus seiner Sicht als Herrscher, einen zivilreligiösen Rahmen, den er *dharma* nennt (nicht zu verwechseln mit dem buddhistischen *dharma*). Er vergleicht implizit die verschiedenen „Religionen" seines Reiches (der verwendete Oberbegriff ist hier ein Wort, das im Sanskrit *pāṣaṇḍa* lautet), und weist ihnen gemeinsame gesellschaftlichen Aufgaben zu, unter anderem „das Gute" zu lehren und seine pluralistische Religionspolitik, seinen Dharma, zu fördern (Freiberger 2013: 33–37).

Eine außereuropäische Parallele für den wissenschaftlichen Religionsvergleich stellen die intellektuellen Entwicklungen der japanischen Tokugawa-Zeit dar, hier besonders die Werke des Gelehrten Nakamoto Tominaga (1715–1746), der die vier bedeutenden Religionen Japans untersuchte (Konfuzianismus, Buddhismus, Daoismus und Shinto) und dazu explizit erklärte, dass er keiner der Traditionen angehöre. Mit seiner historisch-kritischen Methode stellte er zum Beispiel – ganz so wie die heutige Buddhismusforschung – die traditionelle Überzeugung in Frage, dass die frühen Texte (Sūtras) des Mahāyāna-Buddhismus auf den Buddha selbst zurückgingen. In seinem Vergleich der Religionen, in den er auch sogenannte Häresien und Dissidentengruppen gleichwertig einbezog, betonte er ihre Unterschiede, nicht nur ihre Gemeinsamkeiten, ohne aber selbst für eine der Religionen Stellung zu beziehen. Dass er dabei trotzdem, wie oft auch europäische Forscher, bestimmte eigene Interessen hatte, ist nicht weiter überraschend. Tominaga war ein Zeitgenosse der europäischen Aufklärer des frühen 18. Jahrhunderts, hatte aber keinerlei Kontakt zu europäischen Diskursen. (Siehe zu den Anfängen der Religionswissenschaft in Japan Pye 2003 und zu Tominaga Pye 1990, hier besonders die Einleitung, und Kleine 2018: 18–22.)

In diesem Abschnitt ging es um die Vorgeschichte des säkularen Religionsvergleichs, der im Fach Religionswissenschaft ab dem 19. Jahrhundert entwickelt wurde (dazu mehr im folgenden Abschnitt). Es war aus Platzgründen völlig ausgeschlossen, die vielen europäischen Stränge nachzuzeichnen, die in diese Entwicklung einmündeten (siehe dazu zum Beispiel Sharpe 1986, Wießner 1994, Capps 1995, Kippenberg 1997). Stattdessen habe ich einige Aspekte genannt, die manchmal übersehen werden und die Zweifel an der verbreiteten Erzählung wecken, die Kategorie „Religion" und der säkulare Religionsvergleich seien genuin europäische und rein moderne Phänomene oder „Erfindungen". Diese Erzählung beruht auf einer überaus kritischen Grundhaltung gegenüber europäischer Forschung in der Kolonialzeit, eine Haltung, die (vielleicht ironischerweise) die Gefahr birgt, selbst eurozentrische Züge anzunehmen. Wenn wir andere, vormoderne Kulturen studieren, erkennen wir, dass nicht nur Europäer die Fähigkeit besaßen, Religionen zu unterscheiden, eine religiöse Sphäre der Gesellschaft von anderen Sphären abzugrenzen und religiöse Gegenstände zu vergleichen. Dass dies mit unterschiedlichen sprachlichen Begriffen und, genau wie in Europa, auf viele verschiedene Weisen geschah, ist gerade spannend zu untersuchen, und dies kann wiederum die wissenschaftliche Debatte über Religion bereichern.

2.2. Ausgewählte Ansätze des Religionsvergleichs im 19. und 20. Jahrhundert

Im Folgenden möchte ich fünf Religionsforscher vorstellen, deren Ansätze einerseits verschiedene Phasen in der Wissenschaftsgeschichte repräsentieren und andererseits verschiedenartige Facetten des Religionsvergleichs, die in modifizierter Form bis heute im Wissenschaftsdiskurs präsent sind. Die ausgewählten Forscher sind Friedrich Max Müller, James George Frazer, Joachim Wach, Mircea Eliade und Jonathan Z. Smith. Sie sind bedeutsam in dem Sinne, dass sich viele andere, zum Teil noch heute, auf sie beziehen und sich mit ihnen auseinandersetzen. Auch wenn sie für ihre jeweiligen Haltungen von Gegnern kritisiert wurden (und werden), teilweise in scharfer Form, hatten doch alle diese Forscher den Anspruch, nicht-religiöse, säkulare Religionsvergleiche vorzunehmen und prägten damit die Geschichte der Religionswissenschaft.

Dass diese fünf hier ausgewählt wurden, hat hauptsächlich praktische Gründe. Es gab seit Ende des 19. Jahrhunderts bis heute viele Komparatist:innen in der Religionswissenschaft, und man könnte mühelos andere Namen anführen, die manchen sicher mindestens ebenso bedeutsam erscheinen, zum Beispiel Rudolf Otto, Max Weber, Gerardus van der Leeuw, Friedrich Heiler, Gustav Mensching, Wilfred Cantwell Smith, Jacques Waardenburg, Jan Platvoet, Ninian Smart, William Paden und andere. Für einen ersten Überblick zu Leben und Werk dieser und anderer Religionswissenschaftler siehe zum Beispiel Sharpe 1986, Michaels 1997, Waardenburg 1999.

Aus Platzgründen werde ich mich im Folgenden auf den Aspekt des Religionsvergleichs beschränken und andere Forschungsfelder und Verdienste in den umfangreichen Werken dieser fünf Gelehrten nur kurz erwähnen. Für das weitere Studium seien am Ende des Kapitels jeweils einige einführende Überblicke, aber besonders ihre eigenen Werke empfohlen.

Friedrich Max Müller

Friedrich Max Müller (1823–1900) gilt zu Recht als einer der Väter der Religionswissenschaft. In der zweiten Hälfte des 19. Jahrhunderts, als es das Fach als solches noch nicht gab, trat er programmatisch für eine wissenschaftliche Erforschung von Religionen ein, die nicht einer Religion (das heißt dem Christentum) eine Sonderstellung einräumt, sondern vielmehr alle „mit demselben Maß misst" – eine Haltung, die die Religionswissenschaft bis heute bestimmt. Seinen Entwurf einer wissenschaftlichen Disziplin, die konzipiert ist als „comparison of all the religions in the world, in which none can claim a privileged position" (Müller 1872: 7), nannte er „Science of Religion", ein Name, der sich im englischsprachigen Raum allerdings nicht durchgesetzt hat, vermutlich weil „science" eine zunehmend naturwissenschaftliche Konnotation erhielt.

Müller wurde 1823 als Sohn des Dichters Wilhelm Müller in Dessau geboren und studierte ab 1841 in Leipzig neben Griechisch und Latein auch Sanskrit bei Hermann Brockhaus und anschließend in Berlin vergleichende Sprachwissenschaft bei Franz Bopp und Philosophie bei Friedrich Schelling. 1845 lebte er ein Jahr in Paris, um seine Sanskritstudien bei dem Indologen Eugène Burnouf zu vertiefen. Dieser ermutigte ihn, den ältesten erhaltenen Text der indischen Literatur, den Rigveda (Ṛgveda), auf der Basis der in England zugänglichen Handschriften herauszugeben. Müller ging 1846 nach London, um Sanskrittexte in der Sammlung der East India Company zu studieren, und 1848 nach Oxford, wo er 1854 zunächst eine Professur für moderne europäische Sprachen erhielt. 1868 wurde eigens für ihn eine Professur für Vergleichende Philologie eingerichtet, die er bis zu seinem Tod im Jahr 1900 innehatte.

Abb. 1: Friedrich Max Müller

Max Müller hinterließ ein umfangreiches Werk. Neben der großen Rigveda-Edition in sechs Bänden, deren Erstellung mehr als 25 Jahre in Anspruch nahm, einigen Übersetzungen aus dem Sanskrit, und einer Reihe von Büchern zu indischer Religion, Philosophie, Literatur und Sprache sind besonders seine Vortragsreihen hervorzuheben, die an ein allgemein gebildetes Publikum gerichtet waren und in gedruckter Form weite Verbreitung fanden. Sie sind nicht nur ein Zeugnis seiner Stellung als herausragender Kenner des indischen Altertums und als Gestalt des öffentlichen Lebens im viktorianischen England, sondern auch Anlass für Anfeindungen aus mehreren Lagern, aus der Theologie, Sprachwissenschaft und

Anthropologie bis zur Indologie und später auch aus der Religionswissenschaft. Müller versuchte, verschiedene Ansätze in einem System zusammenzuführen, was bei manchen Fachwissenschaftlern Widerstand hervorrief.

In seinem Buch mit dem damals provokanten Titel *India: What can it teach us?* (1883), einer publizierten Vortragsreihe für angehende Kolonialbeamte an der Universität Cambridge, wendet sich Müller gegen die damals verbreitete Vorstellung, dass das westliche Denken – das heißt, das der britischen Kolonialmacht – dem indischen überlegen sei. Sein 50-bändiges Übersetzungsprojekt *Sacred Books of the East*, in dem angesehene Philologen bedeutende religiöse Texte aus Asien und dem mittleren Osten ins Englische übersetzten – manche zum ersten Mal – war ebenfalls Gegenstand einer Kontroverse, weil er auch das Alte und das Neue Testament der Bibel in die Reihe aufnehmen wollte. Dies jedoch konnten einflussreiche christliche Kreise seiner Zeit, die ihre heilige Schrift nicht auf einer Stufe mit anderen religiösen Texten publiziert sehen wollten, verhindern (Molendijk 2016: 87f.).

Friedrich Max Müllers Idee des Religionsvergleichs wurzelt in der vergleichenden Sprachwissenschaft. Sein berühmtes Diktum „Wer eine kennt, kennt keine" geht auf Goethe zurück, der dies über Sprachen gesagt haben soll. Wenn man nur eine Sprache beherrsche, so der Gedanke, könne man wenig über Sprache als solche sagen. Müller erklärt, dass „the most eloquent speaker and the most gifted poet, with all their command of words and skillful mastery of expression, would have but little to say if asked what language really is! The same applies to religion" (Müller 1872: 11). Selbst die frömmsten religiösen Menschen kennten zwar ihren eigenen Glauben sehr gut, könnten aber wenig über Religion als solche sagen. Wie es nicht nur verschiedene Sprachen gebe, die man unterscheiden und erlernen kann, sondern auch die allgemeine Sprachfähigkeit des Menschen, so gebe es nicht nur unterscheidbare Religionen, sondern auch eine „faculty of faith" des Menschen, welche „enables man to apprehend the Infinite under varying disguises […] if we will but listen attentively, we can hear in all religions a groaning of the spirit, a struggle to conceive the inconceivable, to utter the unutterable, a longing after the Infinite, a love of God" (Müller 1872: 12). Müller geht also davon aus, dass alle Religionen verschiedene Ausdrucksweisen desselben Strebens nach dem Unendlichen darstellten – ganz wie die Sprachen verschiedene Ausdrucksformen derselben Kommunikationsfähigkeit des Menschen seien.

Vor dem Entstehen der vergleichenden Sprachwissenschaft, so Müller, war man davon ausgegangen, dass Hebräisch die Ursprache der Menschheit sein müsse, und habe versucht, durch bloße Ähnlichkeiten im Klang oder in der Bedeutung von Wörtern die Abhängigkeit anderer Sprachen vom Hebräischen zu beweisen. Mit der sprachwissenschaftlichen Methode des Vergleichs der Grammatik und Struktur von Sprachen sei aber dieses „Schlafwandeln" überwunden worden, denn sie habe es ermöglicht, mit wissenschaftlichen Methoden tatsächliche Sprachfamilien und -verwandtschaften herauszuarbeiten. Diese Erkenntnisse, so Müller, hätten aber weder das Studium des Hebräischen noch die Ausdruckskraft irgendeiner Sprache beeinträchtigt. Und man liebe seine eigene Sprache nicht weniger, wenn man anerkenne, dass alle Sprachen, sogar die der „lowest savages", Ordnung und Weisheit enthielten (Müller 1872: 9f.).

Wir ahnen schon, worauf Müller hinauswill – dasselbe müsse auch für das Studium der Religionen gelten. Nur durch einen unvoreingenommenen Vergleich könne man Religionen adäquat studieren. Sein Aufruf, der als Gründungsmoment der Religionswissenschaft gelesen werden kann, ist mehr als deutlich (Müller 1872: 21):

> With all the genuine documents for studying the history of the religions of mankind that have lately been brought to light, and with the great facilities which a more extensive study of Oriental languages has afforded to scholars at large for investigating the deepest springs of religious thought all over the world, a comparative study of religions has become a necessity. A science of religion, based on a comparison of all, or, at all events, of the most important religions of mankind, is now only a question of time. It is demanded by those whose voice cannot be disregarded.

Es ist Müller wichtig, dies als „true science" zu verstehen, als ernsthafte, unparteiische Forschung. Er schreibt (Müller 1872: 21):

> Those who would use a comparative study of religions as a means for debasing Christianity by exalting the other religions on mankind, are to my mind as dangerous allies as those who think it necessary to debase all other religions in order to exalt Christianity. Science wants no partisans.

Religionswissenschaftler:innen der Gegenwart können sicher mit diesen Grundhaltungen übereinstimmen. Müller führt zahlreiche Beispiele aus religiösen Texten an, die den Anspruch der Einzigartigkeit des Christentums auf vielen Ebenen in Frage stellen. Aber so programmatisch klar Müller ist, findet sich all dies doch eingebettet in einen Rahmen, in dem er immer wieder von sich selbst als Christ spricht und von „unserer" Religion. Er sagt sogar: „I make no secret that true Christianity seems to me to become more and more exalted the more we appreciate the treasures of truth hidden in the despised religions of the world", auch wenn er sofort hinzufügt: „But no one can honestly arrive at that conviction, unless he uses honestly the same measure for all religions" (Müller 1872: 22).

Hierbei sind zwei Punkte zu beachten. Zum einen wird aus seinen Schriften ersichtlich, dass Müller sich als Christ (im frühchristlichen Sinne) verstand, aber den christlichen Kirchen seiner Zeit eher kritisch gegenüberstand. Vielmehr sah er das „wahre" Christentum als einen erst zukünftigen Zustand, der eben durch das Studium und den Vergleich aller Religionen erreicht würde. Zum anderen muss der Rahmen seiner Äußerungen berücksichtigt werden. Die hier angegebenen Zitate stammen aus seinen vier öffentlichen Vorträgen zur „Science of Religion", in denen er mit vielen rhetorischen Kniffen ein Publikum zu überzeugen versucht, von dem, wie er selbst eingangs ausführt, Widerstand gegen seine Thesen zu erwarten ist, insbesondere von Seiten konservativer Christen. Man muss sich also bei der Lektüre immer fragen, ob er für sich selbst spricht oder vielmehr seine

Zuhörerschaft in ihrer Voreingenommenheit erst rhetorisch bestätigt, um dieselbe dann zu dekonstruieren. Das ist oft eine Frage der Interpretation. Ich möchte hier zwei kurze Beispiele anführen.

An einer Stelle preist Müller das Christentum für seine Offenheit (Müller 1872: 22f.):

> No other religion, with the exception, perhaps, of early Buddhism, would have favored the idea of an impartial comparison of the principal religions of the world – would have tolerated our science. Nearly every religion seems to adopt the language of the Pharisee rather than of the publican. It is Christianity alone which, as the religion of humanity, as the religion of no caste, of no chosen people, has taught us to respect the history of humanity, as a whole, to discover the traces of a divine wisdom and love in the government of all the races of mankind, and to recognize, if possible, even in the lowest and crudest forms of religious belief, not the work of demoniacal agencies, but something that indicates a divine guidance, something that makes us perceive, with St. Peter, „that God is no respecter of persons, but that in every nation he that feareth Him and worketh righteousness is accepted with Him."

Ist dies nun eine Überhöhung des Christentums als einzigartiger Religion, durch die allein die Religionsforschung möglich sei? Oder umgekehrt ein Appell an die Christen im Publikum (samt Beleg aus ihrer heiligen Schrift!), *als Christen* göttliche Führung nicht nur im Christentum zu erwarten? Oder in gewissem Sinne beides?

Das zweite Beispiel scheint auf den ersten Blick ebenfalls aus christlich-apologetischer Perspektive formuliert zu sein (Müller 1872: 116):

> If we bear in mind that religion must accommodate itself to the intellectual capacities of those whom it is to influence, we shall be surprised to find so much of true religion where we only expected degrading superstition or an absurd worship of idols. The intention of religion, wherever we meet it, is always holy. However imperfect, however childish a religion may be, it always places the human soul in the presence of God; and however imperfect and however childish the conception of God may be, it always represents the highest ideal of perfection which the human soul, for the time being, can reach and grasp.

Wie schon im ersten Beispiel, wo Müller von den „lowest and crudest forms of religious belief" sprach, finden sich auch hier mehrere Begriffe, die abwertend erscheinen: „degrading superstition", „an absurd worship of idols", „childish", „imperfect". Ist dies nun eine arrogante europäisch-christliche Erniedrigung der religiösen Vorstellungen und Praktiken antiker oder außereuropäischer Kulturen? Oder hält Müller mit diesen Formulierungen dem Publikum nur einen Spiegel vor, um dann zu erklären, dass alle diese *scheinbar* minderwertigen Phänomene in

Wirklichkeit in ihrer Intention „always holy" seien und die menschliche Seele „in die Präsenz Gottes" stellten?

Einen möglichen Hinweis gibt eine Anekdote, die zeigt, dass für ihn „childish" eher „kindlich" als „kindisch" bedeutet und kindliche Wahrheit sogar biblische übertreffen kann (Müller 1872: 117):

> I well recollect the dismay which was created by a child exclaiming: „O! I wish there was at least *one* room in the house where I could play alone, and where God could not see me!" People who heard it were shocked; but to my mind, I confess, this childish exclamation sounded more wonderful than even the Psalm of David, „Whither shall I go from thy Spirit? or whither shall I flee from thy presence?"

Diese Zitate lassen vielleicht schon erahnen, wie sorgfältig man lesen muss, um Autoren wie Müller in ihren Intentionen gerecht zu werden. Oft ist es wegen des rhetorischen Rahmens schwer, ein letztgültiges Urteil zu fällen, zumal manches auch ambivalent gemeint sein könnte. All dies macht es für heutige Interpreten leicht, einzelne Aussagen aus dem Zusammenhang zu lösen und den Verfasser damit als eindimensional, als heimlichen christlichen Missionar, als Gehilfen der Kolonialmacht oder ähnliches hinzustellen. An den wenigen hier zitierten Passagen zeigt sich hoffentlich schon, dass pauschale Verurteilungen fehl am Platz sind und dass ein genaueres Studium dieser Werke auch heute noch sehr bereichernd sein kann.

Was aus diesen kurzen Ausführungen erkennbar werden sollte, ist Müllers starkes Eintreten für einen unvoreingenommenen Religionsvergleich, der nach seiner Überzeugung belegt, „that there is no religion which does not contain some grains of truth" (Müller 1872: 105f.). Und diese Wahrheit gelte es durch die vergleichende Methode aufzudecken. Da die Vorannahme, dass es eine solche Wahrheit tatsächlich gebe, selbst eine religiöse Überzeugung ist, kann man hier von einem religionsaffirmativen Ansatz sprechen. Dass der Religionsvergleich auch einem gegenteiligen Zweck dienen kann, werden wir nun bei Müllers jüngerem Zeitgenossen James George Frazer sehen.

James George Frazer

James George Frazer (1854–1941) ist heute weithin als Verfasser umfangreicher, mehrbändiger Werke bekannt, in denen er eine Fülle von religionsgeschichtlichem, mythologischem, ethnographischem und folkloristischem Material gesammelt und verglichen hat. Er gilt als einer der Väter der Ethnologie (oder Sozialanthropologie), aber Kritikern auch als Inbegriff eines „armchair anthropologist", der selbst keine Feldforschung betrieb und seine Bücher über andere Kulturen von seinem Sessel in Cambridge aus verfasste.

Frazer wurde am Neujahrstag 1854 in Glasgow geboren und wuchs in einer frommen christlichen Familie auf. 1869 begann er, klassische Philologie an der Universität Glasgow zu studieren und setzte nach dem Master-Abschluss 1874 sein Studium in Cambridge fort. Die noch heute erhaltene Leseliste seiner Lektüre von

Originaltexten in Griechisch und Latein ist enorm. Nachdem er 1878 das Studium mit Auszeichnung abgeschlossen hatte, bot ihm das Trinity College in Cambridge wegen der Qualität seiner Dissertation (zur Ideenlehre Platons) ein Fellowship mit einem bescheidenen Gehalt an, das er bis zu seinem Tod innehatte. Von 1878 bis 1882 absolvierte Frazer „nebenbei" ein Jurastudium, wohl zur Beruhigung seines Vaters, und erhielt sogar die Zulassung als Rechtsanwalt, wandte sich aber anschließend wieder seinen Kulturstudien zu. 1907 erhielt er eine (unbezahlte) Honorarprofessur für Social Anthropology in Liverpool, wirkte aber weiterhin hauptsächlich in Cambridge, wo er seine voluminösen Werke verfasste. 1914 wurde Frazer aufgrund seiner Verdienste zum Ritter geschlagen, 1921 hat man, neben anderen Ehrungen, die ihm zuteilwurden, eine öffentliche Vorlesungsreihe nach ihm benannt. 1931 erblindete er, arbeitete und publizierte aber mit Hilfe von Sekretären noch weitere zehn Jahre bis zu seinem Tod 1941.

Abb. 2: James George Frazer

Obwohl Frazer heute vor allem durch seine umfangreichen Sammlungen ethnologischer und volkskundlicher Daten bekannt ist, spielt sein Studium des klassischen Altertums eine zentrale Rolle in seinem Schaffen und, wie wir sehen werden, auch in seinem vergleichenden Blick auf Religion. Seine Buchveröffentlichungen in diesem Gebiet umfassen nicht nur seine Dissertation (1930), sondern auch eine sechsbändige Übersetzung mit Kommentar von Pausanias' „Beschreibung Griechenlands" (2. Jh.) (1898), eine zweibändige Ausgabe mit Übersetzung der Mythensammlung *Bibliotheke* des Apollodorus (1. Jh.) (1921) und eine fünfbändige Edition der *Fasti* des berühmten römischen Dichters Ovid (43 v. Chr.-17/18 n. Chr.) (1931), beide in der bekannten Loeb Classical Library.

Wer auf ein solches Lebenswerk zurückblicken kann, gilt heute als außerordentlich produktiv. Für Frazer umfasst dies jedoch quantitativ nicht einmal die Hälfte seines Gesamtwerks. Neben einigen anderen Büchern sind hier sein *Totemism and Exogamy* (1910) hervorzuheben, das u.a. Sigmund Freud in seinem *Totem und Tabu* (1913) ausgiebig zitiert, und sein wohl berühmtestes Werk, *The Golden Bough* (deutsch *Der Goldene Zweig*). Zuerst in zwei Bänden erschienen (1890), wuchs es in der zweiten Ausgabe auf drei Bände an (1900) und in der dritten gar auf zwölf (1905–1915). Dies erklärt sich vor allem durch neues Material, das Frazer in seine Argumentation integrierte, aber zum Teil auch durch neue Interpretationen. So fehlt etwa in der ersten Ausgabe noch seine berühmte Reihung Magie–Religion–Wissenschaft (siehe unten), und der ursprüngliche Untertitel, *A Study in Comparative Religion*, wurde ab der zweiten Ausgabe durch *A Study in Magic and Religion* ersetzt. 1922 erschien eine von Frazer selbst radikal gekürzte, einbändige Ausgabe, die immer noch 756 Seiten umfasst und aus der im Folgenden zitiert wird.

The Golden Bough enthält neben seinem zentralen Argument, auf das ich gleich zu sprechen komme, eine umfangreiche Sammlung von Mythen und Praktiken, die oft als Volksglaube, Aberglaube, Folklore oder Magie bezeichnet worden sind. Frazer wurde im Fach Ethnologie schon früh für seine eklektische Methode, der assoziativen Gegenüberstellung ähnlich erscheinender Phänomene und der oft abwertenden Darstellung kritisiert – und ebenso für seinen kunstvollen, literarischen Schreibstil (siehe einige Zitate unten). Aber viele hat das Werk auch inspiriert, von Psychoanalytikern wie Sigmund Freud und Carl Gustav Jung über Schriftsteller wie James Joyce, D. H. Lawrence, T. S. Eliot und Ernest Hemingway bis zu dem Sänger der Doors, Jim Morrison, und dem Regisseur Francis Ford Coppola.

Ich konzentriere mich hier auf den Aspekt des Religionsvergleichs. Frazer eröffnet *The Golden Bough* mit der Beschreibung eines rätselhaften Phänomens aus der römischen Antike. In einem Heiligtum der Göttin Diana nahe dem Ort Nemi in den Albaner Bergen (südöstlich von Rom) habe der Priester in ständiger Angst gelebt, ermordet zu werden. Denn diese Priesterwürde des „Königs des Waldes" konnte man nur erlangen, indem man den aktuellen Amtsinhaber erschlug – aber nicht ohne zuvor einen bestimmten Zweig (den *golden bough*) von einem bestimmten Baum abgebrochen zu haben. Frazer merkt an, dass diese grausame Praxis keine Parallele in der klassischen Antike besitze und durch deren (sekundäre) mythologische Erzählungen nicht befriedigend erklärt werden könne. Dafür müsse man vielmehr einen „survey of a wider field" unternehmen, eine „voyage of discovery, in which we shall visit many strange foreign lands, with strange foreign peoples, and still stranger customs. The wind is in the shrouds: we shake out our sails to it, and leave the coast of Italy behind us for a time" (Frazer 1922: 1–9, hier: 8f.).

Das Rätsel von Nemi bietet den Anlass für die folgende Beschreibung und Gegenüberstellung von zahllosen Phänomenen aus vielen Kulturen, die sich, wie Frazers metaphorisches Schiff, auch sehr weit von der ursprünglichen Frage entfernt. Erst kurz vor Schluss des Werks kommt Frazer auf dieses Problem zurück und erklärt, dass im Baum eine Macht vermutet werde, die sich in eben jenem (goldenen)

Mistelzweig konzentriere. Der Priester, der diese Macht beschütze und zugleich mit ihr identifiziert werde, müsse einem neuen weichen, sobald er Schwäche zeige. Er repräsentiere einen alten Himmelsgott, der immer wieder geboren werde, und die hier verehrte Diana der klassischen Zeit gehe auf eine alte Göttin, die Königin des Himmels, zurück.

Die Lösung des ursprünglichen Rätsels ist allerdings letztlich nebensächlich, denn es geht Frazer darum, zu zeigen, dass über die Kulturen und Zeiten hinweg Parallelen für viele Vorstellungen und Praktiken existieren, welche aus heutiger Sicht seltsam und grausam anmuten. Er kann problemlos antike lateinische Texte, die nordische Mythologie und die gegenwärtige Praxis australischer Aborigines oder auch beliebige andere Phänomene aus Geschichte und Gegenwart assoziativ nebeneinanderstellen, weil er davon ausgeht, dass die Entwicklungsgeschichte der Menschheit letztlich überall dieselbe ist. Im letzten Kapitel erklärt er (Frazer 1922: 711):

> If then we consider, on the one hand, the essential similarity of man's chief wants everywhere and at all times, and on the other hand, the wide difference between the means he has adopted to satisfy them in different ages, we shall perhaps be disposed to conclude that the movement of the higher thought, so far as we can trace it, has on the whole been from magic through religion to science.

Magie stelle den Versuch des Menschen dar, die Welt durch vermutete assoziative Gesetze zu erklären und beherrschbar zu machen. Darin sei sie der Wissenschaft strukturell nicht unähnlich, nur dass ihre Annahmen über die Ordnung der Welt, im Unterschied zu denen der Wissenschaft, eben nicht zuträfen. Nachdem einige Menschen die Fehlerhaftigkeit und Wirkungslosigkeit der Magie erkannt hatten, so Frazer, vermuteten sie nun, dass mächtige, unsichtbare Wesen die Welt nach ihrem Willen lenkten. So wurde Magie durch Religion abgelöst. Auch die religiöse Erklärung der Welt sei aber für manche unbefriedigend geblieben, was schließlich zum Entstehen von Wissenschaft geführt habe (Frazer 1922: 711f.).

Auch wenn dieses Schema an das zu Frazers Zeit verbreitete Interesse an Evolutionstheorien erinnert, sind für ihn jene drei Entwicklungsstufen in der Menschheitsgeschichte jedoch nicht einfach linear hintereinandergeschaltet, sondern verhalten sich eher wie verschiedenfarbige Fäden in einem „Gewebe des Denkens" (*web of thought*). Während zu Beginn die schwarzen und weißen Fäden von falschen und richtigen Annahmen über die Welt (Magie und Wissenschaft) vorherrschten, sei in der Mitte ein tiefroter Fleck (*stain*, „Befleckung"?) zu sehen, der sich im Laufe der Zeit durch die weißen Fäden der Wissenschaft aufhelle. Rote Fäden stehen für Religion. Wichtig an diesem Bild ist, dass laut Frazer bis heute alle drei Fäden, das heißt alle drei Welterklärungen, existieren. Viele seiner Beispiele für Magie stammen aus ethnologischen Studien und somit aus dem gegenwärtigen Volksglauben. Es sei weder abzusehen, wie sich das Gewebe weiterentwickle, noch könne man einfach davon ausgehen, dass die Wissenschaft die letztgültige Welterklärung bleibe (Frazer 1922: 712f.).

Frazers kritische Haltung gegenüber Religion ist hier klar ersichtlich. Seine umfangreiche Sammlung von Beispielen aus Mythologie und Volksglauben beschreibt er abschließend als ein „melancholy record of human error and folly" (Frazer 1922: 711). Religion sei nur eine Übergangsphase, eine fehlerhafte Welterklärung, die grausame Züge besitze und die kluge Menschen zugunsten der Wissenschaft überwunden hätten. Der letzte Absatz des *Golden Bough*, in dem er uns zurückführt zum Heiligtum der Diana in den beschaulichen Albaner Bergen des heutigen Italiens, endet mit einer vielsagenden Bemerkung (Frazer 1922: 714):

> The place has changed but little since Diana received the homage of her worshippers in the sacred grove. The temple of the sylvan goddess, indeed, has vanished and the King of the Wood no longer stands sentinel over the Golden Bough. But Nemi's woods are still green, and as the sunset fades above them in the west, there comes to us, borne on the swell of the wind, the sound of the church bells of Aricia ringing the Angelus. *Ave Maria!* Sweet and solemn they chime out from the distant town and die lingeringly away across the wide Campagnan marshes. *Le roi et mort, vive le roi! Ave Maria!*

Die Torheiten und Irrtümer von Magie und Religion, so scheint er anzudeuten, setzen sich bis in unsere Zeit nahtlos fort. Die Kritik am Christentum, die hier zu spüren ist, findet sich an anderen Stellen des *Golden Bough* deutlich expliziter, doch in seiner gekürzten Version von 1922 hat Frazer die meisten dieser provokanten Passagen herausgestrichen. Eine andere einbändige Auswahl, die der britische Historiker Robert Fraser 1994 herausgab, stellt genau diese Passagen zusammen, zum Beispiel Frazers Interpretation der Kreuzigung Jesu (Frazer 1994: xl–xliii und 666–676), für die er von Zeitgenossen wie dem Ethnologen Andrew Lang scharf angegangen wurde (Lang 1901; Berner 2004).

Frazers kritische Haltung zu Religion steht somit in diametralem Gegensatz zu Friedrich Max Müllers Ansatz, der mit seinem Vergleich religiöser Gegenstände die eine Wahrheit in allen Religionen belegen wollte. Frazer versucht vielmehr, anhand unzähliger Vergleichsbeispiele zu zeigen, dass religiöse Welterklärungen ebenso irrig seien wie magische, wenn man sie wissenschaftlichen Erkenntnissen gegenüberstellt. Müller hatte einen religionsaffirmativen Ansatz, Frazer einen religionskritischen, aber beide eint, dass ihre Vergleiche von bestimmten Vorannahmen ausgingen. Dadurch waren auch die Ergebnisse vorgezeichnet. Was nicht in das jeweilige Schema passte, wurde entweder ignoriert oder umgedeutet. Beide heben außerdem die Gemeinsamkeiten der Vergleichsobjekte hervor und sind weniger an Unterschieden interessiert – jedenfalls in den Punkten, auf die es für sie ankommt.

Wie wir in der weiteren Diskussion um die vergleichende Methode in diesem Buch sehen werden, können wir einiges von diesen Ansätzen lernen, sowohl im Positiven – etwa darin, alle Religionen mit demselben Maß zu messen oder Erzählungen und Mythen mit einem kritischen Blick zu untersuchen –, als auch im Negativen, zum Beispiel genau zu prüfen, ob man bestimmte Vorannahmen über das Verhältnis der zu vergleichenden Gegenstände mitbringt, die das Ergebnis vorwegnehmen. Dazu unten mehr, doch zunächst zu einem weiteren Komparatisten, der schon im frühen 20. Jahrhundert eine Methode vorzeichnete, die in mancher Hinsicht noch heute relevant ist: Joachim Wach.

Teil 2

Joachim Wach

Joachim Wach (1898–1955) ist heute vor allem durch seine Tätigkeit an der University of Chicago und sein Spätwerk zur religiösen Erfahrung bekannt sowie als Vertreter einer „verstehenden Religionswissenschaft". Sein Frühwerk setzt jedoch andere Schwerpunkte und ist, obwohl erstaunlich selten zitiert, ein Meilenstein in der Geschichte des Fachs und von großer Bedeutung auch für den Religionsvergleich.

Wach wurde 1898 in Chemnitz als Sohn des Juristen Felix Wach geboren. Er stammt aus der berühmten jüdischen Familie Mendelssohn-Bartholdy und war ein Urenkel des Komponisten Felix Mendelssohn-Bartholdy, dessen Großvater wiederum der Aufklärungsphilosoph Moses Mendelssohn war. Nach dem Notabitur in Dresden zog er als Offizier in den Ersten Weltkrieg und begann nach Ende des Krieges 1918 ein Studium in Leipzig. Nach einigen Semestern in München, Freiburg und Berlin kehrte er 1920 nach Leipzig zurück und studierte dort Theologie, Philosophie und orientalische Sprachen.

Erst vierzig Jahre nachdem Friedrich Max Müller 1872 eine eigenständige „Science of Religion" vorgeschlagen hatte, wurde erstmals in Deutschland an der Theologischen Fakultät der Universität Leipzig ein „Seminar für Religionsgeschichte" gegründet. Als erster Inhaber eines Lehrstuhls für Religionswissenschaft in Deutschland überhaupt wurde 1912 der schwedische Theologe und Iranforscher Nathan Söderblom berufen. Allerdings kehrte er schon 1914 mit Beginn des Weltkriegs nach Schweden zurück (und wurde Erzbischof und später Friedensnobelpreisträger). Sein Nachfolger war Hans Haas, ein Experte für japanischen Buddhismus. Joachim Wach studierte bei Haas und anderen, wurde 1922 promoviert, ging dann für zwei Jahre für weitere Forschungen nach Heidelberg und habilitierte sich 1924 mit einer programmatischen Arbeit, die im selben Jahr publiziert wurde.

Wach erhielt in Leipzig zunächst einen Lehrauftrag für Religionssoziologie – ein Fachgebiet, das in Deutschland noch nie zuvor unter diesem Namen gelehrt worden war – und wurde 1929 zum Honorarprofessor ernannt. 1930 wurde er in Heidelberg nochmals promoviert, nun zum Dr. theol. Er war aktives Mitglied intellektueller und philosophischer Kreise, publizierte viel und lehrte in Leipzig bis ins Jahr 1935, als ihm die Professur und die Lehrbefugnis entzogen wurden, weil er aus einer jüdischen Familie stammte. Dass diese Familie schon vor Generationen zum Christentum konvertiert und auch Wach selbst getauft war, spielte in der Rassenideologie der Nationalsozialisten keine Rolle.

Im selben Jahr erhielt er die Einladung zu einer Gastprofessur an der renommierten Brown University in Providence, Rhode Island (USA). Dort konnte er bleiben und für die nächsten zehn Jahre lehren, zunächst als Gastprofessor, dann mit einer Festanstellung. 1945 wurde er an die Divinity School der University of Chicago berufen, um das History of Religions-Studienprogramm zu leiten. Dies betrachten manche heute als den Beginn der sogenannten Chicago-Schule in der Religionswissenschaft. Wach lehrte und forschte dort zehn Jahre lang. 1955 lud er den rumänischen Religionswissenschaftler Mircea Eliade (siehe unten) zu einer Vortragsreihe ein, konnte dieser aber nicht mehr beiwohnen. Er starb auf einer Reise in der Schweiz unerwartet an einem Herzinfarkt mit nur 57 Jahren.

Abb. 3: Joachim Wach

Im Unterschied zu Müller und Frazer hatte Wach kein primäres religionshistorisches Forschungsfeld (etwa die indische oder europäische Antike), für das er Texteditionen oder Übersetzungen erstellte. Er war mehr an theoretischen, philosophischen und soziologischen Fragen interessiert. Seine Dissertation (1922) diskutiert die Deutung des Erlösungsgedankens, und seine Habilitationsschrift bietet eine theoretische Grundlegung für das Fach Religionswissenschaft (siehe unten). Er publizierte eine religionssoziologische Studie zu *Meister und Jünger* (1925), das große, dreibändige Werk *Das Verstehen: Grundzüge einer Geschichte der hermeneutischen Theorie im 19. Jahrhundert* (1926, 1929, 1933), mit dessen zweitem Band er zum Dr. theol. promoviert wurde, eine *Einführung in die Religionssoziologie* (1931) und das Werk *Typen religiöser Anthropologie* (1932).

Diese frühere Phase muss, wie Rainer Flasche gezeigt hat (Flasche 1978, 1997), von der späteren, amerikanischen Phase seines Schaffens unterschieden werden. In Letzterer tritt „die (eigene) Religiosität auch in seinen wissenschaftlichen Arbeiten immer mehr in den Vordergrund, und die ‚religiöse Erfahrung' wird zum Leitgedanken seines religionswissenschaftlichen Wirkens" (Flasche 1997: 293). In Chicago publizierte Wach *Sociology of Religion* (1944), *Types of Religious Experience* (1951) und (posthum) *The Comparative Study of Religions* (1958). Mit letzterem Werk gibt Wach „entgegen den Forderungen seiner Habilitationsschrift den empirischen Charakter der Religionswissenschaft weitgehend auf und macht die Religionswissenschaft zu einer Art Religionstheologie" (Flasche 1997: 298). Nach Flasche erweist sich Wachs Verstehende Religionswissenschaft „in ihrer späten Form also als Glaubenswissenschaft und verliert jeden Bezug zu den historischen und konkreten Religionen. Sie gerät zu einer Art Selbstinterpretation der eigenen religiösen Erfahrung, die absolut gesetzt und als universal ausgegeben wird" (Flasche 1997: 300).

Die wissenschaftliche Biographie Wachs ist ein mahnendes Beispiel dafür, dass Forscher:innen sich in ihrem Denken entwickeln können und dass man sie nicht pauschal auf der Grundlage ausgewählter Werke beurteilen, sondern vielmehr jedes Werk in seinem Kontext würdigen sollte. Wenn ich amerikanischen Kolleg:innen von Wachs interessanter Vision für die Religionswissenschaft erzähle (und mich damit auf seine Habilitationsschrift beziehe), ernte ich regelmäßig ein Stirnrunzeln. Denn in den USA wird er meist im Lichte seiner späteren Werke gesehen, die in der heutigen Religionswissenschaft überwiegend kritisch beurteilt werden. Seine Habilitationsschrift von 1924 wurde erst 1988 ins Englische übersetzt, und zudem nicht sehr elegant. Gerade in diesem frühen Werk finden wir aber bedeutende Gedanken zum religionswissenschaftlichen Ansatz und zum säkularen Religionsvergleich.

Der volle Titel des Werks lautet *Religionswissenschaft: Prolegomena zu ihrer wissenschaftstheoretischen Grundlegung*. Wach beginnt diese „Vorbemerkungen" (Prolegomena) mit der folgenden nüchternen Feststellung (Wach 1924, 1f.):

> Der Prozeß der Emanzipation der Religionswissenschaft von anderen, sie bevormundenden Geisteswissenschaften zieht sich in Deutschland durch das gesamte 19. Jahrhundert hin und ist auch heute noch nicht abgeschlossen. Noch immer wird von der Theologie der beiden großen Konfessionen der Anspruch erhoben, daß die religionswissenschaftliche Forschung sich ihrem Arbeitsgebiete eingliedere [...] Die Religionswissenschaft ist heute noch systematisch durchaus ungenügend fundiert.

Wachs *Prolegomena* widmen sich genau dieser Fundierung. Seine programmatischen Gedanken zur Aufgabe des Fachs waren wegweisend, und manche sagen heute, dass viele seiner Nachfolger:innen – und auch er selbst in seinem Spätwerk – hinter diese Forderungen zurückgefallen seien. Er schreibt (Wach 1924: 68f.):

> Die Aufgabe der Religionswissenschaft ist die *Erforschung und Darstellung der empirischen Religionen*. Sie ist eine beschreibend-verstehende, keine normative Wissenschaft. Mit der historischen und systematischen Bearbeitung der konkreten Religionsbildungen ist ihre Aufgabe erfüllt. [...] Die Philosophie und Theologie haben *auch* – normierenden, „prophetischen" Charakter, die Religionswissenschaft entbehrt dieses Charakters völlig. [...] Es ist ja seltsam genug, daß über diesen rein empirischen Charakter der Religionswissenschaft überhaupt ein Zweifel herrschen kann.

Dass die Religionswissenschaft eine rein empirische Wissenschaft sei, sich also strikt auf die nicht-normative Analyse von Quellen beschränke, die man als menschliche Erzeugnisse betrachtet, wurde erst in der zweiten Hälfte des 20. Jahrhunderts zu einem verbreiteten Konsens im Fach (der allerdings in jüngerer Zeit wieder in Frage gestellt wird). Wach deutet in diesem Zitat auch schon seine Unterscheidung von zwei Aspekten religionswissenschaftlichen Arbeitens an, dem historischen und dem systematischen Forschungszugang. Es gelte, die Mannigfaltigkeit der empirischen Religionen zu erforschen, „und zwar wesentlich nach zwei Seiten hin" (Wach 1924: 21):

> nach ihrer Entwicklung und nach ihrem Sein, „längsschnittmäßig" und „querschnittmäßig". Also eine *historische* und eine *systematische* Untersuchung der Religionen ist die Aufgabe der allgemeinen Religionswissenschaft.

Diese Einteilung hat sich anschließend in der Religionswissenschaft weitgehend durchgesetzt und spiegelt sich noch heute in den Curricula vieler Studiengänge an deutschsprachigen Universitäten. Während sich für Wach die historische Forschung auf „die Entwicklung, das Werden" konzentriert, ist die systematische Religionswissenschaft am „Gewordenen" interessiert.

Die zentrale Methode für die systematische Religionswissenschaft sei der Religionsvergleich (Wach 1924: 179), für den Wach einige Prinzipien darlegt. Jede zu vergleichende Erscheinung müsse man zunächst „aus sich zu verstehen und darzustellen suchen", das heißt, sie „um den ihr *eigentümlichen* Sinn" zu befragen, weil ständig die Gefahr bestehe, „die Eigenart der betreffenden Erscheinung nicht zu ihrem Rechte kommen zu lassen" (Wach 1924: 182f.). Weiterhin sei die Frage nach Natur, Wesen und Bedeutung von „Parallelen" zu klären. Inwiefern genau ist ein Phänomen einem anderen ähnlich? Man müsse bestimmte Punkte fixieren, die als „Träger der Komparation fungieren", also als Tertium Comparationis. Jede Erscheinung müsse dabei in ihrem jeweiligen Sinnzusammenhang – in ihrer „Bündigkeit" – betrachtet werden, denn: „Was hier peripher ist, kann dort entscheidend wichtig sein" (Wach 1924: 184f.). Mit anderen Worten, jedes Comparandum muss angemessen kontextualisiert werden. Schließlich dürfe man aus festgestellten Übereinstimmungen nicht voreilig schließen, dass zwei Kontexte historisch miteinander verknüpft seien (Wach 1924: 185f.).

Wach weist der „formalen Religionssystematik" zwei Aufgaben zu: „abstrakte, idealtypische Begriffe zu bilden und Regelmäßigkeiten, Gesetzmäßigkeiten der Entwicklung aufzuweisen" (Wach 1924: 186). Er stellt dazu fest, dass die in der religionswissenschaftlichen Forschung gebildeten Begriffe „aus der Erfahrung gewonnen" seien und der empirischen Klassifikation dienten. Als Beispiel führt er den Begriff „Mönchtum" an (Wach 1924: 186f.):

> Den Begriff des abendländischen Mönchtums, an dem wir arbeiten, haben wir an verschiedenen historischen Ausprägungen des mönchischen Ideals kennengelernt. Wir vergleichen nun das abendländische mit dem orientalischen Mönchtum, lassen die Züge fallen, die nur individuell sind, und

gewinnen so, indem sich die gemeinsamen Züge zu einem Gesamtbilde schließen, eine Vorstellung davon, was Mönchtum ist. Die Philosophen werden uns sagen: das genügt nicht, das „Wesen" des Mönchtums werdet ihr auf diese Weise nicht fassen. Ganz recht, uns Religionsforscher interessiert aber gar nicht „das Wesen", sondern uns interessiert die historische Erscheinung und nächstdem das, was diesen Erscheinungen gemeinsam ist.

Wichtig ist Wach hier, dass der Begriff „Mönchtum", dessen Definition aus dem Vergleich verschiedener Kulturen erwächst, nichts über das Mönchtum „schlechthin" – was immer das sei – aussagt, sondern eine empirisch-klassifizierende Kategorie bleibt. Nun kann man kritisch anmerken, dass Wach hier vom „abendländischen" Mönchtum als Muster ausgeht und dann Parallelen im „Orient" findet. Wach ist das epistemologische Problem, dass bereits der Auswahl zweier Vergleichsobjekte die Vorannahme zugrunde liegt, diese gehörten in die gleiche Kategorie und seien somit vergleichbar, durchaus bewusst, schiebt aber dessen Lösung in den Bereich der Philosophie ab (Wach 1924: 187). Dieses Problem wird uns noch beschäftigen.

Mit der zweiten genannten Aufgabe, Regel- und Gesetzmäßigkeiten aufzuweisen, könne die „Religionssystematik" dazu beitragen, die Bildung und den Aufbau von Religionen besser zu verstehen (Wach 1924: 189f.). Wiederum betont Wach, dass die „systematische" Erforschung von Religion, die auf dem Vergleich beruhe, nicht von der Religionsgeschichte, das heißt den empirischen Daten, zu trennen sei. Sie biete keine letzten Wahrheiten, sondern passe sich den immer neuen empirischen Erkenntnissen an (Wach 1924: 192):

> Sie führt über die religionsgeschichtliche Arbeit hinaus und ergänzt sie, weist aber im Grunde auf diese als auf ihren Ursprung, Heimatboden zurück. So ist auch die Systematik wieder nichts Letztes, sondern wird in gewisser Weise von der Geschichte umgriffen. […] Um im Strom des Werdens das Lotblei des Erkennens senken zu können, müssen wir Ankerpunkte wählen und bezeichnen, aber die Bewegung des Lebens geht weiter, und wir müssen ihr folgen.

Das Ziel des Religionsvergleichs, auf der Grundlage von empirischem Material Kategorien zu bilden, die religiöse Phänomene ordnen und so zu einem besseren Verständnis von Religionen beitragen, ist bis heute für die Religionswissenschaft essenziell. Wachs Frühwerk setzte damit bleibende Maßstäbe, auch wenn er selbst in seinen späten Jahren davon abgerückt ist. Sein Wirken in Chicago wurde von seinem Nachfolger Mircea Eliade, zu dem wir nun kommen, aufgegriffen und in neue Bahnen gelenkt.

Mircea Eliade

Mircea Eliade (1907–1986) ist wohl der umstrittenste Religionswissenschaftler des 20. Jahrhunderts und in vielerlei Hinsicht eine schillernde Gestalt. Sein wissenschaftliches Werk hat – wie das von Frazer – weit außerhalb des Fachs Verbreitung gefunden, und noch im Jahre 2020 kann es vorkommen, dass ein exzellenter junger Archäologe Eliade als Autorität erwähnt, um einem vorwiegend religionswissenschaftlichen Publikum zu zeigen, dass er Verbindungen zu diesem Fach knüpfen kann. (Eine wahre Begebenheit, die mit einer Mischung aus Kopfschütteln und Faszination aufgenommen wurde.) Eliade hat bis heute auch im Fach eine große Wirkung, die sich u.a. in der Schärfe der Kritik spiegelt, mit der sich viele an ihm abarbeiten. Seinem Namen wurde sogar die (zweifelhafte) Ehre zuteil, als Adjektiv zu fungieren – im Englischen wird manchmal von *Eliadean* und *post-Eliadean approaches* gesprochen. Er war eine schillernde Persönlichkeit auch wegen seiner Unterstützung der rechtsextremen Eisernen Garde in Rumänien in seiner Jugend, wegen retrospektiver Vorwürfe von Antisemitismus und Sexismus, aber auch wegen seines ungewöhnlichen „Doppelwerks" (Berner). Neben seiner wissenschaftlichen Arbeit ist Eliade nämlich auch als überaus erfolgreicher Romanschriftsteller bekannt, der in seinen Erzählungen oft religionsgeschichtliche Motive verarbeitete und dessen Romane in viele Sprachen übersetzt wurden. Eines seiner Bücher hat der Oscar-Preisträger Francis Ford Coppola noch 2007 als *Youth Without Youth* verfilmt (mit Tim Roth, Alexandra-Maria Lara und Bruno Ganz).

Mircea Eliade wurde 1907 in Bukarest geboren und absolvierte dort von 1925 bis 1928 ein Philosophiestudium. Anschließend reiste er nach Indien, wo er bis 1931 indische Philosophie und Yoga studierte und die Grundlagen für seine Dissertation legte, die 1933 als *Yoga, essai sur les origines de la mystique indienne* erschien. An der Universität Bukarest arbeitete Eliade dann vier Jahre als Assistent des Philosophen Nae Ionescu, dessen politisch rechtsextreme und antisemitische Haltung besonders vor Beginn des zweiten Weltkriegs deutlich wurde, und engagierte sich für die faschistische Bewegung Eiserne Garde. Von 1940 bis 1945 war Eliade an den rumänischen Botschaften in London und Lissabon tätig und zog dann nach Paris, wo er seine ersten großen religionswissenschaftlichen Werke verfasste, insbesondere *Traité de l'histoire des religions* (1949, deutsch *Die Religionen und das Heilige*), *Le Mythe de l'éternel retour* (1949, deutsch *Kosmos und Geschichte: Der Mythos der ewigen Wiederkehr*), *Le Chamanisme et les techniques archaïques de l'extase* (1951, deutsch *Schamanismus und archaische Ekstasetechnik*).

1955 lud Joachim Wach Eliade zu einer Vortragsreihe, den Haskell-Lectures, nach Chicago ein. Als Wach überraschend starb, wurde Eliade zu seinem Nachfolger ernannt. Er übernahm an der Universität das von Wach entwickelte Curriculum und konnte aus der umfangreichen Bibliographie schöpfen, die dieser über viele Jahrzehnte hinweg erstellt hatte. Eliade begründete außerdem 1961 die Fachzeitschrift *History of Religions*, veröffentlichte seine vierbändige *Geschichte der religiösen Ideen* und war Generalherausgeber der bedeutenden 16-bändigen *Encyclopedia of Religion* (1987). Er forschte und lehrte in Chicago fast 30 Jahre lang bis zu seinem Tod 1986.

Abb. 4: Mircea Eliade

Mircea Eliade wird oft der klassischen Religionsphänomenologie zugerechnet, die unter anderem von Rudolf Ottos Buch *Das Heilige* (1917) inspiriert war und mindestens bis in die 1960er Jahre hinein die dominante Form der Religionswissenschaft im deutschsprachigen Raum darstellte. Eliades Werk *Die Religionen und das Heilige* (Eliade 1998) hat Ähnlichkeiten mit den großen Phänomenologien von Gerardus van der Leeuw (*Phänomenologie der Religion*, 1933) oder Friedrich Heiler (*Erscheinungsformen und Wesen der Religion*, 1961), in denen religiöse Erscheinungen aus vielen Kulturen nach „Phänomenen" geordnet werden. Das griechische Wort *phainómenon* bedeutet wörtlich „das sich Zeigende", und auch Eliade geht davon aus, dass sich in religiösen Phänomenen ein Wesen der Religion, das Heilige, zeige. Angelehnt an den christlichen Begriff Epiphanie prägt Eliade dafür den Begriff „Hierophanien", Erscheinungen des Heiligen (Eliade 1990:14f.):

> Man könnte sagen, daß die Geschichte der Religionen – von den primitivsten bis zu den hochentwickelten – sich aus einer Vielzahl von Hierophanien, d.h. Manifestationen heiliger Realitäten, zusammensetzt. Von der elementarsten Hierophanie (etwa der Manifestation des Heiligen in irgendeinem Gegenstand, einem Stein oder einem Baum) bis zur höchsten Hierophanie (für einen Christen die Inkarnation Gottes in Jesus Christus) gibt es keinen Bruch. Es handelt sich immer um denselben geheimnisvollen Vorgang: das „Ganz andere", eine Realität, die nicht von unserer Welt ist, manifestiert sich in Gegenständen, die integrierende Bestandteile unserer „natürlichen", „profanen" Welt sind.

Bereits in diesem Zitat deutet sich eine für Eliade grundlegende Dualität an, die sich in verschiedenen Begriffspaaren wiederfindet: religiös und profan, archaischer und moderner Mensch, religiöser Mensch (*homo religiosus*) und säkularer Mensch, sakralisierter Kosmos und entsakralisiertes Chaos. Es gehe um „zwei Arten des In-der-Welt-Seins". Der religiöse Mensch lebe in einem geordneten Kosmos, in dem sein (rituelles) Handeln eine mythische Zeit präsent werden lasse (die „ewige Wiederkehr"). Während für den modernen, profanen Menschen die Welt chaotisch sei – jeder Baum ist nicht mehr als ein Baum –, erkenne der archaische, religiöse Mensch die Hierophanien – manche Bäume sind heilig –, was die Welt/den Kosmos ordne und dem Menschen Orientierung gebe (Eliade 1990: 23f.).

Zwar bezeichnet sich Eliade selbst als Religionshistoriker und insistiert auf dem Geschichtsbegriff (etwa in den Titeln der Zeitschrift *History of Religions* oder seiner *Geschichte der religiösen Ideen*), aber er interessiert sich selten für den historischen, sozialen, politischen oder wirtschaftlichen Kontext eines Phänomens. Den Versuch, religiöse Phänomene auf solche Aspekte zu reduzieren, etwa indem man erklärt, dass bestimmte Rituale oder Glaubensinhalte lediglich sozialen oder psychischen Funktionen dienten, lehnt er strikt ab. Ihm geht es „immer um die ‚tiefere' Bedeutung der religiösen Phänomene, die sich – wie er meint – am besten durch den Vergleich erschließt" (Berner 1997: 348).

Ich möchte an einem Beispiel zeigen, wie Eliade den Religionsvergleich durchführt. Am Anfang seines Kapitels über „Himmelsheiligkeit" in *Die Religionen und das Heilige* sagt er (Eliade 1998: 65):

> Bevor wir einige göttliche Figuren uranischer [d.h. himmelsbezogener, O.F.] Struktur betrachten, versuchen wir die religiöse Bedeutung des Himmels an sich zu verstehen.

Man sollte nicht zu viel in bestimmte Ausdrücke hineininterpretieren, aber wenn Eliade hier von der „Bedeutung des Himmels *an sich*" spricht, scheint er ein universales Wesen von „Himmelsheiligkeit" vorauszusetzen. Er erläutert das weiter und schreibt dann (Eliade 1998: 67):

> Der Himmel „symbolisiert" die Transzendenz, die Macht, die Unveränderlichkeit schon durch sein bloßes Sein. Er *ist*, indem er *hoch, unendlich, unveränderlich* und *machtvoll* ist. Daß die bloße Tatsache, „erhöht" zu sein, soviel bedeutet wie (im religiösen Sinn des Wortes) „mächtig" zu sein und somit von Sakralität durchdrungen – das erweist auch die Etymologie gewisser Götternamen.

Es folgen einige Beispiele dafür aus der Religionsgeschichte:

> Den Irokesen heißt alles, was *orenda* hat, *oki*, und der Sinn des Wortes *oki* scheint zu sein: „was in der Höhe ist". Wir begegnen sogar einem höchsten Himmelswesen unter dem Namen Oke. [...] Die höchste Gottheit der Maori heißt Iho; *iho* hat den Sinn von „erhöht, in der Höhe". Die Akposo-Neger kennen ein höchstes Wesen Uvolavu; dieser Name bezeichnet

„was in der Höhe ist, die höheren Regionen". Man könnte die Beispiele vermehren.

Dieses Vorgehen ähnelt dem anderer klassischer Religionsphänomenologien. Zunächst wird das „Phänomen" (oder die Hierophanie) „als solches", das heißt abgelöst von bestimmten historischen „Manifestationen" skizziert, und anschließend werden Beispiele aus der Religionsgeschichte aufgelistet. Letzterem liegt ein Religionsvergleich zugrunde, der aber nicht im Einzelnen erläutert wird und dessen präsentiertes Ergebnis nur die Gemeinsamkeiten offenlegt (hier: Gottesnamen mit Bezug zu Erhöhtheit). Dies mag den Eindruck vermitteln, als seien die Namen von höchsten Gottheiten immer oder in der Regel etymologisch mit „Höhe" verbunden. Weder werden Gegenbeispiele genannt noch mögliche Diskurse oder Kontroversen über die betreffende Frage in den jeweiligen Kontexten berücksichtigt. Was, wenn es etwa in einem Kontext andere Stimmen gibt, die sich gegen eben jenen „himmlischen" Gottestitel wenden und stattdessen erklären, dass Gott in allen Dingen – oder im menschlichen Herzen – zu finden sei? Von solchen Aspekten, die die Komplexität des Einzelfalls andeuten würden, erfahren wir nichts.

Diese Kritik soll nicht in Frage stellen, dass es in der Religionsgeschichte die Vorstellung einer „Himmelsheiligkeit" gibt oder dass manche Götternamen etymologisch mit Erhöhtheit verknüpft sind. Auch die zahllosen anderen Phänomene, die Eliade untersucht, von Sonnen- und Mondkulten über Wasser-, Erd- und Vegetationssymbolik bis zu heiligen Räumen und Zeiten sind legitime Forschungsobjekte, und die kurzen Zitate oben lassen vielleicht schon ahnen, warum so viele Menschen von Eliades Stil fasziniert sind und seine Ausführungen plausibel finden.

Seine Kritiker sagen, dass sein Werk in gewissem Sinne selbst religiös sei, dass das Heilige, das sich angeblich in den Hierophanien „zeige", empirisch nicht nachweisbar und daher ein Glaubensinhalt sei und dass Eliade den modernen Menschen in die idealisierte archaische Zeit zurückführen wolle. Ob das Heilige für ihn – wie etwa für Friedrich Heiler – eine objektive Realität war oder ob er nur sagen wollte, dass Menschen es als solches wahrnehmen (zum Beispiel in einem Baum), ist eine Frage der Interpretation, denn seine Formulierungen sind oft ambivalent. Und statt von der Forderung nach einer Rückkehr in archaische Religiosität kann man bei Eliade besser von einer „kreativen Hermeneutik" sprechen (Berner 1981): Die religionswissenschaftliche Forschung soll die Kreativität des modernen Menschen dazu anregen, Lösungen für existenzielle Probleme zu finden und einen „neuen Humanismus" zu entwickeln (Eliade 1976).

Für die Methode des Religionsvergleichs können wir zwei allgemeine Dinge festhalten. Die vielen Phänomene, die Eliade diskutiert, bieten wertvolle Anregungen für weitere vergleichende Studien. Schon allein deswegen lohnt sich die Lektüre seiner Werke. Und seine Kategorien, zum Beispiel „heiliger Ort", können – empirisch und analytisch verwendet – durchaus nützlich sein (siehe etwa Berner 2020 zu Bergen als heiligen Orten). Zweitens ist festzustellen, dass stark ausgeprägte Vorannahmen die Möglichkeiten des Religionsvergleichs erheblich einschränken. Wenn man von einem abstrakten *homo religiosus* ausgeht, der in seiner archaischen Welt lebt, ist es schwierig, auch „profane" Dinge zu berücksichtigen, die das Handeln der einzelnen Person ebenso leiten wie religiöse. Ebenso schwierig ist es, Kontroversen *innerhalb* religiöser Gemeinschaften wahrzunehmen. Bei dieser Art von Religionsvergleich steht nicht, wie in den frühen Werken Wachs, die empirische Forschung im Mittelpunkt, sondern er dient primär zur Bestätigung der These, dass sich das Heilige in verschiedenen Kontexten und Kulturen auf bestimmte Weise manifestiere. Bei diesem Vergleich werden also die *Gemeinsamkeiten* der verglichenen Erscheinungen hervorgehoben. Unterschiede – und damit auch Aspekte, die vielleicht die allgemeine Aussage über eine Hierophanie verkomplizieren würden – erfahren dagegen wenig Beachtung. Genau diese Vernachlässigung der Differenz im Vergleichsvorgang kritisiert Jonathan Z. Smith, zu dem wir im nächsten Abschnitt kommen.

Jonathan Z. Smith

Jonathan Z. Smith (1938–2017) war ein einflussreicher nordamerikanischer Religionswissenschaftler, der besonders mit seinen theoretischen Überlegungen eine große Anhängerschaft gewinnen konnte. Kurioserweise wird er manchmal als fundamentaler Kritiker des Religionsvergleichs dargestellt, obwohl er selbst eine Reihe von wegweisenden Beiträgen zum Vergleich verfasst hat. Er gilt in den USA als bedeutender Theoretiker, dessen Autorität so anerkannt ist, dass – eine wahre Begebenheit – ein Professor einem Doktoranden bei Fertigstellung der Dissertation empfehlen kann, noch zwei bis drei Aufsätze von J. Z. Smith in die Bibliographie aufzunehmen, um die Arbeit theoretisch „aufzupeppen". Da in dieser Situation nicht ganz klar war, wie das genau zum Thema der Dissertation passen sollte, kann man vermuten, dass es dem Professor nicht so sehr um den Inhalt der Aufsätze, sondern primär um den Namen ging. Wer Smith zitiert, so der Eindruck, belegt allein damit nicht nur einen Sinn für Theorie, sondern muss auch keine fachlichen Anfeindungen fürchten, denn Smiths Reputation ist, zumindest derzeit, in Nordamerika weitgehend unangefochten. Wie intensiv sich manche von Smiths Verehrern mit seinen zum Teil schwierigen und dichten Texten auseinandersetzen, ist eine andere Frage.

Jonathan Z. Smith wurde 1938 in New York City geboren und studierte Philosophie am Haverford College in Pennsylvania. Nach seinem B.A.-Abschluss 1960 ging er nach Yale, schloss dort einen weiteren Bachelorstudiengang ab und wurde 1969 im Religious Studies-Department promoviert. Das Thema seiner Dissertation war eine Analyse von James George Frazers *The Golden Bough*. Noch vor der Promotion lehrte Smith am Dartmouth College in New Hampshire und der University of California, Santa Barbara und wurde 1968 an die University of Chicago berufen. Er begann in der Divinity School und wurde von Eliade unterstützt, mit dem er persönlich viele Jahre befreundet blieb – trotz seiner scharfen Kritik an der Art von Religionswissenschaft, die Eliade vertrat.

Smith war unzufrieden mit dem Curriculum der Divinity School und entwickelte einen neuen Studiengang, „Religion and the Humanities", der ab 1973 im College angeboten wurde. Das „College" ist eine separate Einheit an der University of Chicago, die einzige ausschließlich für Bachelorstudierende bestimmte, welche dort eine Art Studium Generale („Core Curriculum") durchlaufen und daneben einen fachlichen Schwerpunkt wählen. Aufgrund anhaltender Spannungen mit der Divinity School wechselte Smith 1977 vollständig ins College über, wo er von 1977 bis 1982 als Dekan das Core Curriculum grundlegend überarbeitete. 1982 wurde er zum „Distinguished Service Professor in the Humanities" ernannt und lehrte im College bis zu seiner Pensionierung 2013.

Die Lehre, insbesondere der Unterricht für Bachelorstudierende, sogenannte „Undergraduates", war Smith sehr wichtig. Hier brachte er gewichtige Argumente für die Relevanz allgemeiner geisteswissenschaftlicher Bildung vor. 1986 erhielt er einen Preis für „Excellence in Undergraduate Teaching". Im Unterschied zu den meisten Professor:innen war Smith wenig daran interessiert, Master- oder gar Promotionsstudierende zu betreuen. Wegen seines wissenschaftlichen Rufs erhielt er zahlreiche Anfragen, aber nahm im Laufe seiner Karriere nur eine Handvoll Doktorand:innen an.

Smith wurde im Jahr 2000 zum Mitglied der American Academy of Arts and Sciences berufen und war Präsident der North American Association for the Study of Religion (1996–2002) und der Society for Biblical Literature (2008). 2013 wurde er Ehrenmitglied auf Lebenszeit der International Association for the History of Religions. Er war in Chicago bis zu seinem Tod bekannt als jemand, der das Telefon und den Computer verabscheute, sowie als Kettenraucher. Smith starb Ende 2017 mit 79 Jahren.

Abb. 5: Jonathan Z. Smith

Smiths Interesse an der Lehre spiegelt sich in gewisser Weise auch in der Gestalt seiner Publikationen. Im Unterschied zu den oben vorgestellten Forschern hat er keine „dicken Bücher" verfasst – nicht einmal seine Dissertation wurde als Buch veröffentlicht. Fast alle Publikationen sind auf Vorträgen basierende Aufsätze, von denen einige nach der Erstveröffentlichung nochmals in Sammelbänden erschienen. Diese Bände werden heute oft zitiert: *Map Is Not Territory: Studies in the History of Religions* (1978), *Imagining Religion: From Babylon to Jonestown* (1982), *To Take Place: Toward Theory in Ritual* (1987), *Drudgery Divine: On the Comparison of Early Christianities and the Religions of Late Antiquity* (1990), *Relating Religion: Essays in the Study of Religion* (2004) und *On Teaching Religion: Essays by Jonathan Z. Smith* (2013).

Smith beschäftigt sich in seinen Aufsätzen mit verschiedenen religiösen Kontexten, insbesondere dem antiken Judentum, dem frühen Christentum und anderen Religionen in hellenistischer Zeit, aber auch mit Gegenständen aus ganz anderen religiösen Traditionen, wenn sie ihm als Fallbeispiele nützlich erscheinen. Der Schwerpunkt seiner Beiträge liegt meist nicht auf der detaillierten Diskussion von Originalquellen, sondern auf der Frage, wie die religiösen Gegenstände bislang erforscht wurden und inwiefern dies vielleicht problematisch ist. Er diskutiert dafür jeweils verschiedene Ansätze und stellt Querverbindungen zu anderen Fachgebieten und literarischen Werken her, die oft anregend sind, aber in ihrer Komplexität keine leichte Kost darstellen, wenn man mit den betreffenden Gebieten nicht vertraut ist. Seine langen und ausführlichen Fußnoten belegen seine Vertrautheit mit einem breiten Spektrum wissenschaftlicher Literatur aus Vergangenheit und Gegenwart.

Smiths thematische Interessen richten sich auf Dinge wie etwa Ritual, Kanonisierung, Cargo-Kult, Mythos und Opfer, er diskutiert die Konstruktion des „Anderen" in Religionen, erörtert religionswissenschaftliche Taxonomie und Klassifikation und kommt immer wieder auf den Religionsvergleich zurück. Er ist bekannt für prägnante und markige Sätze, die häufig zitiert werden, aber auch leicht missverstanden werden können. Eine seiner bekanntesten provokanten Thesen, die sich mit Variationen an verschiedenen Stellen findet, ist diese (Smith 1982: xi):

> Religion is solely the creation of the scholar's study. It is created for the scholar's analytical purposes by his imaginative acts of comparison and generalization. Religion has no independent existence apart from the academy. For this reason, the student of religion, and most particularly the historian of religion, must be relentlessly self-conscious. Indeed, this self-consciousness constitutes his primary expertise, his foremost object of study.

Ich möchte nur zwei Punkte nennen, die hier missverstanden werden können. Wie ein Blick in das direkte Umfeld dieses Zitats zeigt, sagt Smith nicht, dass Religion nur eine Einbildung oder Erfindung der (westlichen) Wissenschaft sei, sondern dass die *Kategorie* Religion, wie sie die Religionswissenschaft gebraucht, von dieser definiert werde. Wenn man in diesem Zitat das Wort *religion* durch *the category „religion"* ersetzt, wird dies schon klarer. Smith warnt hier davor,

Religion zu reifizieren, das heißt, sie als ein „Ding" zu betrachten, welches man als unabhängig existierendes Objekt analysieren kann. Was wir als „Religion" erforschen, basiere vielmehr ausschließlich auf unserer Definition dieser Kategorie.

Zweitens soll der letzte Satz nicht dazu verleiten, in Selbstreflexion zu schwelgen und dies als Religionswissenschaft auszugeben. Vielmehr gehe es darum, wie Smith weiter ausführt, in dem vollen Bewusstsein, dass man mit der Anwendung der wissenschaftlichen Kategorie Religion einen bestimmten analytischen Zweck verfolgt, eine „*articulate choice*" darüber zu treffen, welche Gegenstände man (vergleichend) untersuchen will und welche nicht. Ein Gegenstand sei nicht aus sich selbst heraus „religiös", sondern wir untersuchen ihn als religiösen Gegenstand, weil wir die Kategorie Religion in bestimmter Weise definieren. Dazu gehört auch, so Smith, dass wir den betreffenden Gegenstand – das Quellenmaterial und die bereits vorliegende Forschung dazu – intensiv studieren und ihn in klarem Bezug zu einer Fragestellung und zu einem theoretischen Rahmen untersuchen (Smith 1982a: xif.).

Smith setzt sich bereits in einem 1971 publizierten Aufsatz mit früheren Vergleichsstudien auseinander und unterscheidet dort vier Modi des Vergleichs: „the ethnographic, the encyclopaedic, the morphological, and the evolutionary" (Smith 1978). Smith erachtet jeden dieser Modi für methodologisch problematisch, was wir in Kapitel 5 noch näher betrachten werden. In einem Folgeaufsatz greift er einige Jahre später die vier Modi auf und stellt fest, dass auch neuere Vergleichsstudien in dieses Schema eingereiht werden können. Dieser Folgeaufsatz mit dem Titel „In Comparison A Magic Dwells" (Smith 1982b) wird bis heute immer wieder als angeblich fundamentale Infragestellung des Religionsvergleichs zitiert. Unter anderem inspirierte er den Titel eines wichtigen Sammelbandes. welcher sich mit Kritik am Vergleich auseinandersetzt und in dem er als „Prolog" neu abgedruckt wurde (*A Magic Still Dwells*, Patton/Ray 2000).

Entscheidend für die Resonanz, die dieser Aufsatz fand, war nicht Smiths ausführliche Betrachtung neuerer Studien im Licht der vier Modi, sondern die knapp vier Seiten, auf denen er erklärte, dass bisherige Formen des Religionsvergleichs dem Frazer'schen Konzept von homöopathischer Magie ähnelten, da sie nicht methodisch, sondern vielmehr impressionistisch seien. Weil zwei Dinge oberflächlich ähnlich aussähen, würden sie auf magische Weise in Verbindung gebracht (daher auch der Titel des Aufsatzes). Dieses eingängige Bild mag zunächst wie eine fundamentale Infragestellung des Religionsvergleichs klingen, doch Smith beendet den Aufsatz mit diesen Worten (Smith 1982b: 35):

> Each of the modes of comparison has been found problematic. Each new proposal has been found to be a variant of an older mode. [...] We know better now how to evaluate comparisons, but we have gained little over our predecessors in either the method for making comparisons or the reasons for its practice. [...] These matters will not be resolved by new or increased data. In many respects, we already have too much. It is a problem to be solved by theories and reasons, of which we have too little. So we are left with [Wittgenstein's] question: „How am I to apply what the

one thing shows me to the case of two things?" The possibility of the study of religion depends on its answer.

Die Eindringlichkeit des letzten Satzes zeigt, dass Smith den Vergleich in der Religionswissenschaft nicht für entbehrlich, sondern für geradezu unverzichtbar hält. Weil die bislang praktizierten Ansätze unbefriedigend seien, müsse nicht der Religionsvergleich aufgegeben, sondern eine bessere Methode für ihn entwickelt werden. Dazu trug Smith selbst in anderen Aufsätzen bei, wie wir später sehen werden. Ihm war besonders wichtig, das Bewusstsein dafür zu schärfen, dass wissenschaftliche Vergleiche keine wesenhaft existierenden Charakterzüge in den untersuchten Gegenständen aufdecken (wie etwa Müller, Frazer und Eliade annahmen), sondern bestimmten Forschungsinteressen dienen, die der:die Forscher:in definiert (Smith 1990: 51f., Hervorhebungen im Original):

> In the case of the study of religion, as in any disciplined inquiry, comparison, in its strongest form, brings differences together within the space of the scholar's mind for the scholar's own intellectual reasons. It is the scholar who makes their cohabitation – their „sameness" – possible, not „natural" affinities or processes of history. [...] Comparison provides the means by which *we* 're-vision' phenomena as *our* data in order to solve *our* theoretical problems.

Besonders hilfreich ist dieser Ansatz, wenn man ihn nicht als Vorwurf oder Kritik versteht, sondern als Analyse. Dass es *unsere* theoretischen Probleme und Fragestellungen sind (das heißt, die der Religionswissenschaft und nicht die von religiösen Menschen), mindert nicht den Wert vergleichender Forschung. Nur Antworten auf religiöse Fragen – etwa nach der Wahrheit in allen Religionen, wie es Müller hoffte – wären danach von einem säkularen Religionsvergleich nicht zu erwarten. Wie diese Überlegungen zur Entwicklung einer produktiven vergleichenden Methode beitragen können, werden wir später sehen.

2.3. Marginalisierung und Wiederbelebung des Religionsvergleichs im 20. und 21. Jahrhundert

Zwar betrachtete Jonathan Z. Smith selbst den Religionsvergleich als unverzichtbar, doch seine Kritik an existierender vergleichender Forschung spiegelt auch einen allgemeinen Trend, der in den letzten Jahrzehnten des 20. Jahrhunderts und bis ins 21. Jahrhundert hinein zu beobachten ist. Der Religionsvergleich, insbesondere in seiner interkulturellen Variante, war scharfer Kritik ausgesetzt, auch weil er oft mit der klassischen Religionsphänomenologie identifiziert wurde, die man überwunden zu haben meinte. Vergleichende Studien gerieten unter den Generalverdacht der Dekontextualisierung und Essenzialisierung und kamen aus der Mode. Im Jahr 2000 schreibt die Harvard-Religionswissenschaftlerin Kimberley Patton (Patton 2000: 153):

> Is the comparative study of religion obsolete? Should it be? [...] In the wake of several decades of critique associated with or inspired by postmodern thought, including deconstructionism, comparative religion now often

finds itself on the sidelines, dismissed by scholars both within and outside the discipline. Until now, there have been few serious, organized responses to the impact of postmodern thought upon the comparative study of religion.

For a number of years, comparative method in the study of religion has been under fire so heavy that there are very few of us left standing. Those who cling gasping to the spars are often unwilling to compare religious phenomena, theologies, or artefacts outside of footnotes or less heavily policed „epilogues".

Was sie genau mit „postmodernem Denken" meint und inwiefern es für den „Beschuss" verantwortlich ist, unter dem der Vergleich stand, werden wir im nächsten Kapitel genauer betrachten. Hier sei nur festgehalten, dass vergleichende Studien am Ende des 20. Jahrhunderts ihre Attraktivität weitgehend verloren hatten. Nur wenige etablierte Forscher:innen waren anscheinend bereit, sich solchem „Beschuss" auszusetzen, und junge Religionswissenschaftler:innen, die auf eine Karriere hofften, waren gut beraten, keine Vergleichsstudien zu unternehmen. Das galt besonders für Qualifikationsarbeiten (Magister-/Masterarbeiten und Dissertationen).

Diese Marginalisierung vergleichender Forschung hält zu einem gewissen Grad bis heute an, doch in jüngerer Zeit ist eine Wiederbelebung zu beobachten. Zahlreiche neu erschienene Vergleichsstudien, die sich mit der Kritik auseinandersetzen und sie konstruktiv in ihre Forschung einbauen, deuten darauf hin, dass wir uns in einer Renaissance des Religionsvergleichs befinden. Einige dieser Studien sind: Holdrege 1996, Doniger 1999, McClymond 2008, Patton 2009, Taves 2009, Shushan 2009, Freiberger 2009, Bornet 2010, Freidenreich 2011, Taves 2016, Rondolino 2017. Neben diesen und anderen Monographien könnte man zahlreiche Studien in Aufsatzform nennen. Es mag zukünftig noch mehr reflektierte und produktive Vergleichsforschung geben, und wie man solche Forschung angehen kann, ist das Thema des vorliegenden Buches.

Sie werden bemerkt haben, dass die oben behandelten „Klassiker" alles Männer waren. Auch das Geschlechterverhältnis ändert sich in jüngerer Zeit. Sechs der eben genannten elf Studien wurden von Religionswissenschaftlerinnen verfasst.

Empfohlene Begleitlektüre
BL a. *Begleitende Primärlektüre*: Müller, Lectures on the Science of Religion (1872), First Lecture und Fourth Lecture; Frazer, The Golden Bough (1922), Kapitel 1, 68 und 69. *Einführende Literatur zu Friedrich Max Müller*: Klimkeit 1997; Sharpe 1986: 27–46; van den Bosch 2002; *zu James George Frazer*: Wißmann 1997; Sharpe 1986: 87–94; Ackerman 1987. Zu empfehlen als kurze vergleichende Studie ist außerdem Ulrich Berners Untersuchung von Müllers und Frazers Äußerungen zu afrikanischen Religionen (Berner 2004).

BL b. *Begleitende Primärlektüre:* Wach, Religionswissenschaft (1924), Kapitel 5; Eliade, Das Heilige und das Profane (1990), Einleitung; Smith, In Comparison a Magic Dwells (1982b).
Einführende Literatur zu Joachim Wach: Flasche 1997; Wedemeyer 2010; Flasche 1978; *zu Mircea Eliade:* Berner 1997; Allan 1994; Rennie 1996; zu *Jonathan Z. Smith:* Grieve 2018; Crews/McCutcheon 2020; Braun/McCutcheon 2018; Lehrich 2021.

Selbsttestfragen

1a. Was sind die wichtigsten Unterschiede in den Ansätzen von Müller und Frazer? Was haben sie gemeinsam?

1b. Was meint Eliade mit Hierophanie? Ließe sich dieses Konzept in Wachs Ansatz integrieren?

Diskussionsfragen

2.a. In welchen Weisen stellen die im Abschnitt 2.1. genannten Aspekte die Erzählung über die europäische „Erfindung" von Religion im 19. Jahrhundert in Frage? Was bedeutet das für die vergleichende Religionswissenschaft?

2.b. Auf den ersten Blick scheint Smiths Satz: „Religion is solely the creation of the scholar's study" in die Erzählung von der europäischen „Erfindung" von Religion im 19. Jahrhundert zu passen. Auch auf den zweiten Blick?

Reflexionsfragen

3.a. Welcher Vergleichsansatz ist Ihnen sympathischer, der von Müller oder der von Frazer? Aus welchen Gründen genau? Wenn Sie deren religionsaffirmative bzw. -kritische Haltung ausklammern, welche Elemente der beiden Ansätze sind Ihres Erachtens noch heute für die vergleichende Methode nützlich?

3.b. Wie mag Eliade die frühen Schriften von Wach beurteilt haben? Wie hätte er auf Smiths Ansatz reagiert? Gibt es jeweils Punkte, in denen er den beiden zugestimmt hätte?

Kapitel 3 Religionsvergleich in der Kritik

> **Zusammenfassung**
>
> In diesem Kapitel wird erläutert, welche Aspekte religionsvergleichender Studien seit ca. den 1970er Jahren als problematisch beurteilt werden. Es ist lehrreich, diese kritischen Anfragen zu studieren, weil viele Kritikpunkte berechtigt sind und man sich mit ihnen auseinandersetzen muss, wenn man die Methode zeitgemäß praktizieren will. Das Kapitel betrachtet dies unter vier Stichworten, die verschiedene Aspekte der Kritik, mit der sich der Religionsvergleich konfrontiert sieht, hervorheben. Das erste Stichwort, Dekontextualisierung, nimmt den gesamten ersten Teil des Kapitels ein. Es verweist auf das Problem, dass für vergleichende Studien einzelne Gegenstände aus ihrem Kontext gelöst und damit möglicherweise verfälscht werden. Im zweiten Teil werden Essenzialisierung, Universalisierung und Generalisierung – das heißt, verschieden gestaltete Operationen der Verallgemeinerung – diskutiert, die Kritiker:innen als problematisch identifizieren. Abschließend geht das Kapitel auf die sogenannte postmoderne und postkoloniale Kritik am Religionsvergleich ein, die auch manche der zuvor genannten Punkte enthält. Die Übersicht dieses Kapitels zeigt sowohl, dass einige Kritikpunkte überzeugender sind als andere, aber auch, dass man diesen begegnen muss, um verantwortungsvoll zu vergleichen.

Es gibt verschiedene Gründe, warum der Religionsvergleich in den letzten Jahrzehnten des 20. Jahrhunderts zunehmend aus der Mode kam. Manche Argumente sind plausibler als andere, aber alle basieren auf bestimmten Vorstellungen davon, was unter Religionsvergleich zu verstehen sei. Wenn sich der Fachdiskurs von Ansätzen abwandte, die mit der vergleichenden Methode arbeiteten, wurde diese nicht selten „in Sippenhaft" genommen. Doch auf beiden Seiten der Debatte, die zum Teil bis heute anhält, gibt es unterschiedliche Positionen, die in diesem Kapitel betrachtet werden sollen. Wir werden fragen, welche Aspekte des Religionsvergleichs als problematisch empfunden werden und warum, ob diese Aspekte wirklich Teil der Methode sind und wenn ja, ob sie vielleicht modifiziert werden können. Es geht hier also nicht darum, „den" Religionsvergleich gegen Kritik zu verteidigen – da sowohl die Kritiker:innen als auch diejenigen, die sie kritisieren, ganz unterschiedliche Vorstellungen davon haben, was mit „Religionsvergleich" gemeint ist –, sondern darum, konkrete Probleme zu identifizieren und, wenn möglich, zu lösen.

Die Argumente gegen den Religionsvergleich – bzw. gegen bestimmte Arten des Religionsvergleichs – sind vielfältig, aber lassen sich grob unter vier Begriffe fassen: Dekontextualisierung, Essenzialisierung, Universalisierung und Generalisierung. Diese Begriffe benennen kritisch, was der Vergleich (angeblich) mit Religion macht, das heißt, wie Religion durch den Vergleich in problematischer Weise dargestellt wird. Sie überschneiden sich, sind eng miteinander verknüpft und treten nicht selten miteinander kombiniert auf. Nach der Diskussion dieser vier Kritikpunkte betrachte ich abschließend noch die sogenannte postmoderne und postkoloniale Kritik am Religionsvergleich.

3.1. Dekontextualisierung

Dekontextualisieren bedeutet hier „aus dem Kontext lösen". Kurz zusammengefasst besagt die Kritik, dass zwei (oder mehr) religiöse Gegenstände – insbesondere solche aus verschiedenen Kulturen –, die man zum Zweck des Vergleichs gegenüberstellt, aus ihren jeweiligen spezifischen Zusammenhängen gerissen würden und dass damit die eigentliche Bedeutung, die sie in diesen Kontexten haben, verlorengehe oder zumindest verfälscht werde.

Manche Forscher:innen, die sich außerhalb der Religionswissenschaft auf das Studium bestimmter historischer Kontexte spezialisieren, bringen diese Kritik regelmäßig vor. Sie stellen den Wert von Studien in Frage, die in ihrem Anspruch über den betreffenden Kontext hinausgehen, indem sie bestimmte Elemente mit anderen Kontexten vergleichen oder auch nur, indem sie einen Kontext als Fallbeispiel für ein theoretisches Konzept betrachten und daraus theoretische Schlüsse ziehen. Aus Sicht der Kritiker:innen tragen solche Studien fremde Ideen in den Kontext hinein und verzerren so die eigentliche Sachlage. Expliziten Vergleichsstudien wird vorgeworfen, dass sie in unangemessener Weise bestimmte Elemente isolierten, indem sie sie mit modernen westlichen Begriffen benennten (statt die Originalbezeichnungen in den betreffenden Sprachen zu verwenden), sie dadurch auf einen bestimmten Aspekt reduzierten und sie auf diese Weise aus dem komplexen sozio-kulturellen Geflecht ihres spezifischen Kontexts extrahierten. Solchen Kritiker:innen erscheinen religionswissenschaftliche Studien oft als partiell, oberflächlich und wenig erhellend für das bessere Verständnis ihres Forschungsgegenstands.

Man könnte nun mit Recht entgegnen, dass das Forschungsinteresse dieser Kritiker:innen schlicht anders gelagert ist als das der Religionswissenschaft. Wer sich zum Beispiel mit daoistischen Tempelpraktiken, oralen Überlieferungen westafrikanischer Mythen oder religiösem Recht des mittelalterlichen Hinduismus beschäftigt, ist nicht unbedingt vordringlich an der Frage interessiert, ob oder warum diese Forschungsgegenstände zum Themenfeld „Religion" gehören. Die betreffenden Fachdiskurse, etwa die der Sinologie, Ethnologie oder Indologie, haben ihre ganz eigenen zentralen Fragestellungen. Allein im Fachdiskurs der Religionswissenschaft steht Religion im Mittelpunkt des Interesses, und nur dort wird unermüdlich über die Definition und Theoretisierung des Religionsbegriffs und anderer relevanter Begriffe gestritten. Wer dem nichts abgewinnen kann und sich stattdessen lieber auf die Gegebenheiten eines bestimmten Kontexts konzentriert, mag gegenüber religionswissenschaftlichen Fragestellungen verständlicherweise misstrauisch sein.

Dies gilt insbesondere dann, wenn diese Fragestellungen vergleichend daherkommen und implizit oder explizit beanspruchen, den lokalen Kontext irgendwie verallgemeinern zu können. Expert:innen für solche Kontexte weisen gern und zu Recht darauf hin, dass jeder individuelle Kontext höchst komplex sei. Einzelne Elemente herauszuheben und mit denen anderer Kontexte zu vergleichen, bedeutet zwangsläufig, ihre komplizierte Einbindung in das lokale Geflecht zu vernachlässigen und damit der Komplexität nicht gerecht zu werden. Ganz folgerichtig geht solche Kritik der Dekontextualisierung nicht selten mit dem Verdacht einher, dass vergleichende religionswissenschaftliche Studien bereits mit bestimmten Vorannahmen über die untersuchten Elemente an die Quellen herangehen. Wer ein allgemeines Phänomen finden will, kann die Interpretation der Quellen womöglich so gestalten, dass diese die eigene Theorie bestätigen, ohne dass man zuvor den gesamten Kontext gründlich erforscht hätte. Es ist nachvollziehbar, dass manche lokal spezialisierten Fachleute vergleichenden Ansätzen skeptisch gegenüberstehen.

Und dies ist nicht nur eine hypothetische Skepsis. Es gibt in der Geschichte der Religionswissenschaft viele Studien, deren Ambition, allgemeineres über Religion sagen zu wollen, zu einer Vernachlässigung lokaler Kontexte führte. Auch heute findet man solche Studien noch. Besonders bekannt für diese Ansätze ist die klassische Religionsphänomenologie, die über viele Jahrzehnte des 20. Jahrhunderts dominant war und erheblichen Einfluss hatte. Auch wenn sie heute meist kritisch beurteilt wird, haben doch ihre Ansätze der Religionswissenschaft ein Fachprofil gegeben, das diese deutlich von anderen Disziplinen unterschied. Religionsphänomenologische Werke wurden auch außerhalb des Faches breit rezipiert, sowohl in anderen Disziplinen als auch in der gebildeten Öffentlichkeit. Ein Vertreter dieser Schule ist Mircea Eliade, der im letzten Kapitel vorgestellt wurde. Andere bedeutende Religionsphänomenologen sind der Niederländer Gerardus van der Leeuw, dessen Werk *Phänomenologie der Religion* von 1933 (Tübingen: Mohr) wohl als der philosophisch differenzierteste Entwurf gelten kann, und der Marburger Religionswissenschaftler Friedrich Heiler, dessen Buch *Erscheinungsformen und Wesen der Religion* von 1961 (Stuttgart: Kohlhammer) eine umfassende religionstheologische Theorie der Religion bietet. Dieses Buch sollte damals als erster Band der bis heute weitergeführten und angesehenen Buchreihe *Die Religionen der Menschheit* (Kohlhammer-Verlag) eine systematische Gesamtschau von Religion bieten.

Der Titel von Heilers Buch definiert recht gut, worum es der Religionsphänomenologie geht. Sie will das eigentliche „Wesen" von Religion ergründen und die „Erscheinungsformen" (oder Phänomene) erforschen und ordnen, in denen sich dieses Wesen (oder das Heilige) manifestiert. Es ist kein Zufall, dass der Titel von Gerardus van der Leeuws Buch in seiner englischen Übersetzung *Religion in Essence and Manifestation* lautet – fast wortgleich mit Heilers deutschem Titel. Um die Arbeitsweise der Religionsphänomenologie und die Gründe für die Kritik an ihr zu verdeutlichen, möchte ich ein Beispiel aus Heilers Werk anführen.

Heilers Modell von Religion besteht aus mehreren konzentrischen Kreisen, die er in seiner Forschung von außen nach innen „durchstößt", um in den Kern von Religion vorzudringen. Den äußersten Ring bildet die „Erscheinungswelt", den nächsten die „Vorstellungswelt", dann die „Erlebniswelt", und im Kern steht die „Gegenstandswelt" von Religion, das heißt Gott. Das hier ausgewählte Beispiel stammt aus dem Teil über die Erscheinungswelt von Religion, in dem Heiler verschiedene allgemeine Phänomene klassifiziert, die wiederum jeweils viele Unterformen besitzen: Den heiligen Gegenstand, den heiligen Ort, die heilige Zeit, die heilige Zahl, die heilige Handlung usw. Der Abschnitt über „das heilige Wort" ist in fünf Teilabschnitte gegliedert: Die Form; Das Wort von Gott; Das Wort zu Gott; Die Einheit des Wortes von und zu Gott; und Das heilige Schweigen. Der Teilabschnitt „Das Wort zu Gott" hat wiederum zwölf Unterabschnitte, und einer davon ist der über „Sündenbekenntnis, Beicht" [sic!]. Diese kurze Zusammenfassung der Gliederung lässt vielleicht schon erahnen, wie klassische Religionsphänomenologien aufgebaut sind. Die systematische und feinteilige Gliederung ist ansprechend und erweckt den Eindruck, als sei hier Religion in allen denkbaren Formen und Dimensionen abgebildet.

Bevor ich zu meinem Beispiel, der Beichte, komme, möchte ich die kurze Einleitung zum übergeordneten Teilabschnitt „Das Wort zu Gott" zitieren, in welchem die Erläuterungen zur Beichte enthalten sind. Heiler beginnt diesen mit einem Verweis auf den direkt vorangehenden Abschnitt über „Das Wort von Gott" (Heiler 1961: 306f.):

> Das Wort von Gott findet einen Widerhall im *Wort zu Gott*. Wie keine Religion ohne Offenbarung ist, so ist auch keine ohne Gebet im weitesten Sinne des Wortes. Wie die Entdeckung des Ursachenzusammenhanges und des Heilspfades durch Buddha und sein Entschluß zur Verkündigung desselben aus Liebe und Mitleid eine Offenbarung ohne offenbarenden Gott ist, so ist auch die buddhistische Meditation, Kontemplation und Versenkung ein Gebet ohne Anrede an ein göttliches Wesen.

Was hier sofort ins Auge fällt, ist Heilers christlich geprägte Terminologie. Er spricht von „Gott", „Offenbarung", „Gebet", „Heil", „Verkündigung", „Liebe" und „Kontemplation" – und wendet diese Begriffe auch auf den Buddhismus an. Dass er in dieser kurzen Einleitung auf den Buddhismus zu sprechen kommt, zeigt, dass ihm die Schwierigkeit, religiöse Systeme ohne einen personalen Schöpfergott in einem Abschnitt mit dem Titel „Das Wort zu Gott" unterzubringen, sehr wohl bewusst ist. Er versucht, diese Schwierigkeit zu umgehen, indem er zum einen den Begriff „Offenbarung" so weit fasst, dass es diese auch ohne einen offenbarenden Gott geben kann, und zum anderen den Begriff „Gebet" von seiner üblichen Bedeutung als „Anrede an ein göttliches Wesen" löst.

Mit der Einordnung buddhistischer Meditationspraxis in die Kategorie „Gebet" zeigt sich bereits ein oft von Kritiker:innen hervorgehobenes Problem, nämlich das sich in ihren Kategorien abbildende christlich-theologische Fundament der Religionsphänomenologie, das auch durch offensichtlich inkompatible Gegenstände nicht zu erschüttern ist. Statt zu versuchen, neutralere Begriffe als „Offenbarung" und „Gebet" zu finden, öffnet Heiler hier zwar temporär ihre Definition, ignoriert aber genau dies im größeren Rahmen wieder. Denn wenn die buddhistische Meditation wirklich „ein Gebet ohne Anrede an ein göttliches Wesen" ist, wie er im obigen Zitat erklärt, wie passt sie dann in einen Abschnitt mit dem Titel „Das Wort zu Gott"? Es geht Heiler hier offenbar nicht um eine möglichst präzise Klassifikation, sondern um das Hineinzwingen religiöser Gegenstände in sein vorgegebenes religionsphänomenologisches System.

Dies weckt weiterhin den Verdacht, dass religiöse Gegenstände, die noch weniger in das System passen, womöglich gar nicht erscheinen – in einem Buch, das den Anspruch hat, Religion in allen Dimensionen zu erfassen. Und in der Tat finden sich in diesen religionsphänomenologischen Werken, welche grundsätzlich religionsaffirmativ sind – also Religion als etwas grundsätzlich Gutes darstellen –, kaum Hinweise auf die ebenfalls wirkmächtigen, weniger schmeichelhaften Seiten von Religion, zum Beispiel die religiöse Rechtfertigung von Gewalt und Krieg, die Verfolgung Andersdenkender, politische oder wirtschaftliche Interessen religiöser Akteure, die mit bestimmten unschönen Entwicklungen einhergehen usw.

Doch nun zu dem Beispiel „Beichte" in Heilers Abschnitt „Das Wort zu Gott". Ich möchte einen längeren Absatz wörtlich zitieren, der die Vorgehensweise gut verdeutlicht (Heiler 1961: 320):

> Die *Beicht* [sic!] ist aber nicht nur *confessio coram Deo*, sondern auch Bekenntnis vor dem Stellvertreter Gottes, sei es Priester oder Gemeinde. Die Beicht ist nicht eine Erfindung der römischen Kirche, sondern eine Menschheitsinstitution. Schon primitive Völker kennen das Bekenntnis vor der Gemeinde, der Familie oder dem Priester, das Sündenbekenntnis und den Sühneritus. Bei afrikanischen Völkern wird eine individuelle Beichte besonders bei Krankheit und Schwergeburt abgelegt, in Zentralamerika bei Krankheit. In Mexiko werden vorwiegend fleischliche Sünden vor dem Priester der Göttin Tlacolteotl gebeichtet. In Peru findet die Beichte vor dem Ichuri in Verbindung mit mimischen Riten statt. In Babylonien wurden bei Beschwörungen und Gebeten ganze Sündenregister verlesen, damit auch eine dem Büßer unbewußte Sünde nicht übersehen wurde. „Diese Sündenregister sind in ihrer Struktur und Disposition nach sozialen und individuellen Sündengruppen durch die Jahrtausende von Kultur zu Kultur gewandert. Ihr Stil wiederholt sich noch in der Anordnung der abendländischen und mittelalterlichen Sündenregister." Im alten Indien wurde die Beicht vor dem *pratiprasthātṛ* bei den *Varuṇapraghāsa* abgelegt. Die Motivierung dieser Beichte lautet: „die ausgesprochene Sünde wird kleiner, sie wird zur Wahrheit." Im Jainismus ist die häufige, ja, tägliche Beichte der Sünden Regel. Im Theravāda-Buddhismus versammeln sich die Mönche monatlich zweimal zur Beichtfeier (*uposatha*), bei welcher das Sündenregister (*pāṭimokkha*) verlesen wird; die Mönche werden aufgefordert, ihre Sünden zu bekennen; Schweigen gilt als Bekräftigung des Bewußtseins, von der genannten Sünde frei zu sein.

In Heilers Buch gibt es zu diesem Absatz einige hier nicht wiedergegebene Fußnoten, in denen fast ausschließlich Verweise auf Sekundärquellen, das heißt auf Studien anderer Wissenschaftler, notiert sind; nur in einem Fall wird eine altindische Originalquelle zitiert. Was beim Lesen dieses Zitats sofort ins Auge fällt, ist die erhebliche Anzahl von Religionen und religiösen Kontexten, die als Belege für das Phänomen der Beichte angeführt werden. Diese Belege stammen aus verschiedenen Zeitepochen (von der Antike bis heute) und von mehreren Kontinenten. Was ebenso ins Auge fällt, ist die überaus kurze Beschreibung jedes einzelnen Falls, die nie über einen Satz hinausgeht.

Das hier wiedergegebene Zitat umfasst etwa die Hälfte der Erläuterungen zur Beichte in Heilers Kapitel. Die anschließende zweite Hälfte stellt ausschließlich verschiedene Formen der Beichte in der Geschichte des Christentums vor. Dass den christlichen „Erscheinungsformen" der Beichte erheblich mehr Raum gegeben wird als denen jeder anderen Religion, muss nicht überraschen. Schließlich ist der Begriff „Beichte" christlichen Ursprungs, und es ist zu erwarten, dass man in der Geschichte des Christentums viel Material dazu findet. Gäbe es ein Kapitel über Moksha (*mokṣa*), „Befreiung", hätte die Geschichte des Hinduismus sicher auch mehr zu bieten als etwa die des Christentums oder des Islam. Wir sehen also hier schon, wie die gewählten Begriffe Forschungserkenntnisse steuern oder vorwegnehmen können – damit werden wir uns im nächsten Kapitel noch genauer beschäftigen. Schließlich ist auch anzumerken, dass in Heilers Religionsphänomenologie die christliche „Erscheinungsform" eines Phänomens regelmäßig am Schluss eines Abschnitts platziert ist, was den Eindruck erwecken kann, dass es sich um die höchste oder reinste Form dieses Phänomens handeln soll.

Der Zusammenstellung verschiedener Varianten von „Beichte" im oben zitierten Abschnitt liegt offensichtlich ein Vergleich zugrunde. Wie dieser Vergleich durchgeführt wurde, ist nicht ersichtlich, aber die Einordnung der einzelnen Gegenstände unter die Sammelkategorie „Beichte" setzt voraus, dass Heiler sie miteinander und mit der Kategorie verglichen hat. Wenn dies also als Beispiel für eine Vergleichsstudie dient, ist nachvollziehbar, warum Kritiker von Dekontextualisierung sprechen. Jede einzelne „Erscheinungsform" wird in extremer Kürze beschrieben, ohne weitere Details zu nennen und ohne Hinweise darauf, wie die jeweilige Praxis in ihren konkreten Kontext eingebunden ist.

Ich möchte als Beispiel aus Heilers oben zitierter Passage die Beschreibung der Praxis im Theravāda-Buddhismus betrachten, die im Unterschied zu anderen immerhin einige wenige Details enthält. Dass die buddhistischen Mönche sich idealerweise zweimal monatlich zur „Beichtfeier (*uposatha*), bei welcher das Sündenregister (*pāṭimokkha*) verlesen wird" versammeln sollen, ist durchaus korrekt, aber die Übersetzungen der Begriffe aus der Sprache Pāli könnten auf eine falsche Fährte führen. Die Uposatha-Zeremonie als „Beichtfeier" zu bezeichnen war zu Heilers Zeit üblich, und verantwortlich dafür sind die indologischen Fachleute, die diese Übersetzung schon im 19. Jahrhundert einführten. (Es brauchte also keine vergleichende Religionswissenschaft, um einen lokalen Kontext mit fremdartigen und möglicherweise irreführenden Begriffen zu beschreiben!) Es handelt sich bei dieser Zeremonie um einen regelmäßig stattfindenden, ordensrechtlichen Akt, bei dem die Liste der möglichen Vergehen (*pāṭimokkha*) rezitiert werden soll. Dies sind aber keine „Sünden", wie der Begriff „Sündenregister" nahelegt, sondern Verstöße gegen Regeln des Ordensrechts.

Heiler schreibt weiter: „die Mönche werden aufgefordert, ihre Sünden zu bekennen; Schweigen gilt als Bekräftigung des Bewußtseins, von der genannten Sünde frei zu sein". In der Tat sah die ursprüngliche Form der Zeremonie vor, dass

Mönche ein Vergehen gestehen, sobald die betreffende Regel rezitiert wird. Diese Regeln (227 für Mönche und 311 für Nonnen) strukturieren viele Details im Verhalten individueller Ordensmitglieder, von der akkuraten Art, die Robe anzulegen, und der richtigen Tageszeit für die Nahrungsaufnahme über falsche Anschuldigungen gegenüber anderen Ordensmitgliedern und körperliche Kontakte mit dem anderen Geschlecht bis hin zum Brechen des Zölibats und zum Töten eines Menschen. Die Übertretung jeder dieser Regeln zieht eine bestimmte Strafe nach sich, für größere Vergehen eine Suspension oder gar den Ordensausschluss, aber für die allermeisten besteht die Sanktion lediglich darin, das Vergehen zu gestehen (siehe Freiberger/Kleine 2015: 172f.; 255; 296f.).

Es wäre interessant, der Frage nachzugehen, inwieweit hier religiöse Ethik und spiritueller Fortschritt mit psychologischen und soziologischen Mechanismen verbunden werden. Aber das buddhistische Ordensrecht, auf das Heiler mit den beiden Fachbegriffen (*uposatha* und *pāṭimokkha*) verweist, enthält solche Reflexionen nicht. Es wird dort nicht religiös, sondern rein rechtlich argumentiert. Das stark religiös aufgeladene Wort „Sünde" passt hier also ebenso wenig wie das Wort „Beichte". Es geht nicht um individuelle religiöse Schuld und deren Vergebung durch eine höhere Macht, wie diese Begriffe implizieren, sondern ganz nüchtern um Vergehen und Sanktionen.

Dies bedeutet nicht – und das ist wichtig zu betonen –, dass die christliche Beichte und die buddhistische Uposatha-Zeremonie nicht vergleichbar wären. Abgesehen davon, dass prinzipiell alles mit allem vergleichbar ist (dazu später mehr), gibt es offenkundige Ähnlichkeiten, die eine genauere vergleichende Untersuchung, welche Gemeinsamkeiten und Unterschiede detailliert herausarbeitet, nahelegen würden. Aber genau das findet bei Heiler nicht statt. Vielmehr wird die buddhistische Praxis aus ihrem ordensrechtlichen Kontext gelöst und irreführend als „Beichte" klassifiziert, was ganz offensichtlich als Beleg für die Behauptung dienen soll, dass das „Bekenntnis vor dem Stellvertreter Gottes" auch im Buddhismus zu finden sei. Dieses dekontextualisierende Verfahren, das ebenso für die anderen aufgelisteten „Erscheinungsformen" von „Beichte" in der zitierten Passage zu beobachten ist, wird daher von Kritiker:innen zu Recht als inadäquate und höchst problematische Form des Religionsvergleichs betrachtet.

Ich wähle Heilers Studie als Beispiel, weil das Problem der Dekontextualisierung hier besonders klar ersichtlich ist. Damit soll Friedrich Heiler, ein gelehrter Forscher mit umfangreichem Wissen und Sprachkenntnissen, weder als Person diskreditiert noch als „Sündenbock" vorgeführt werden. Das beobachtete Vorgehen ist typisch für die Vertreter:innen der klassischen Religionsphänomenologie und viele andere nachfolgende Religionsforscher:innen. Es beruht auf der Vorstellung, dass bestimmte Phänomene universal existierten und dass sich damit das eigentliche Wesen von Religion bestimmen lasse (siehe dazu den folgenden Abschnitt). Dass diese „Phänomene" aber zuallererst Konstrukte im Kopf der Forscher:innen sind, die sie aus ihren eigenen Vorannahmen gebildet haben und für die sie dann in einem zweiten Schritt Bestätigung in der empirischen Wirklichkeit der Religionsgeschichte suchen, macht diesen Ansatz anfällig für Fehlinterpretationen. Dass Expert:innen für afrikanische, lateinamerikanische, babylonische oder indische

Religionen deren Behandlung im obigen Zitat als oberflächlich betrachten müssen, ist leicht nachvollziehbar.

Kritiker:innen haben häufig den Religionsvergleich pauschal mit der (inzwischen überwiegend diskreditierten) klassischen Religionsphänomenologie identifiziert und damit für gescheitert erklärt. Man kann aber die Frage stellen, ob es nicht eine alternative Form des Vergleichens gibt, mit der die betreffenden Kontexte angemessen gewürdigt werden. Der niederländische Religionswissenschaftler Jan Platvoet stellt bereits 1982 einen solchen „limitative approach" vor (Platvoet 1982). Er kritisiert den religionsphänomenologischen Ansatz, den er als „unlimited comparative study of religion" bezeichnet, scharf, insbesondere im Hinblick auf dessen Dekontextualisierung (Platvoet 1982: 13):

> It was, and is, permitted to the student of this discipline [d.h. der Religionsphänomenologie, O.F.] to collect his materials for comparison from an unlimited number of heterogeneous religions, over the sources of which he could not possibly exercise the required control. Consequently, he often had only a superficial knowledge of much of the materials used. He also paid no systematic attention to the very diverse interpretive frameworks of the authors from whose works he collected his materials.

Diesem Ansatz stellt Platvoet seinen eigenen gegenüber, der sich dadurch auszeichnet, dass wenige, ganz konkrete und genau untersuchte Kontexte verglichen werden. Dieser „limitative approach" könne zwar nichts über das Wesen von Religion als solcher oder über Religionen in ihrer Gesamtheit aussagen, aber dafür etwas Anderes leisten (Platvoet 1982: 18):

> By this method minute analyses are obtained which approximate the empirical religious realities as closely as the historical materials available allow. Students of religions who are intent on respecting the singularities of the empirical religious realities are compelled by such minute analyses to devise a theoretical approach to comparison in which the particularities of each of the religions and religious processes to be compared can be amply accommodated.

In seiner Studie vergleicht Platvoet dann drei ganz konkrete Rituale der Akan-Asante-Religion in Süd-Ghana (Afrika), der Religion der Para-Creolen in Suriname (Südamerika) und der kurzlebigen IFO-Sananda-Religion in Minnesota (USA), alle im 20. Jahrhundert. Indem sich Platvoet auf diese konkreten Gegenstände beschränkt, traut er sich zu, sie hinreichend zu kontextualisieren und dann vergleichend zu erforschen, obwohl sie in drei verschiedenen Kontinenten und Kulturen verortet sind.

Ein Kritiker aus jüngerer Zeit, der profilierte kanadische Religionswissenschaftler Aaron Hughes, fordert genau wie Platvoet das genaue Studium lokaler Kontexte, geht aber noch einen Schritt weiter und lehnt den interkulturellen Vergleich prinzipiell ab. Er schreibt (Hughes 2017: 12; Hervorhebung im Original):

> *If comparison is to be an effective method it must be historical and not phenomenological, local and not global.* By this, I mean that while cross-cultural comparisons may appear eye-catching or useful ('*x* in Hinduism,' for example, 'is like *y* in Christianity'), such results are at best idiosyncratic, that is, contingent on the particular needs of the comparativist, and rarely if ever verifiable. A much more useful type of comparison is one that emerges from those places where contiguous or overlapping social groups speak the same literal language and think with the same metaphorical vocabulary.

Und an anderer Stelle wird Hughes noch deutlicher (Hughes 2018: 72): „For me, comparison cannot be cross-cultural, comparing texts or phenomena from different times and places". Wenn Hughes erklärt, dass die Resultate interkultureller Vergleiche „rarely if ever verifiable" seien, bleibt unklar, was er damit meint. Leider diskutiert er außer religionsphänomenologischen Arbeiten keine (durchaus vorhandenen) Studien aus jüngerer Zeit, die solche Vergleiche ohne klassischen religionsphänomenologischen Ansatz anstellen. Es wäre interessant gewesen, zu sehen, ob oder wie seine Kritik, die eher allgemein formuliert ist, die Ergebnisse dieser jüngeren Studien konkret in Frage stellen kann.

Hughes' Ansatz ist ein Beispiel für die konsequente und radikale Ablehnung von Dekontextualisierung. Vergleich ist für ihn zwar möglich, aber nur im engen Rahmen eines Kontextes, in dem „overlapping social groups speak the same literal language". Dies bedeutet, dass für ihn allein *homologe Vergleiche* produktiv sind, das heißt solche, die verwandte und in enger Beziehung stehende Gegenstände untersuchen. Nur in einem solchen Rahmen ist für ihn gewährleistet, dass die verglichenen Gegenstände adäquat kontextualisiert werden können.

So klar und auf den ersten Blick folgerichtig dieser Ansatz erscheint, sind doch auch seine erheblichen Beschränkungen hervorzuheben. Folgt man Hughes, sind *analoge* Vergleiche nicht mehr zulässig. Dies sind Vergleiche von Gegenständen, die Forscher als analog betrachten, auch wenn sie zueinander nicht in einer verwandtschaftlichen oder historischen Beziehung stehen. Unzulässig wären demnach etwa der Vergleich von Schöpfungsmythen, von Opfergaben an Gottheiten, von Initiationsritualen, von religiöser Rechtfertigung von Macht etc., die in jeweils verschiedenen religiösen Kontexten beobachtet werden. Auch Platvoets vergleichende Studie, die bereits so deutlich die Notwendigkeit der Kontextualisierung betont, müsste verworfen werden, weil sein Material in unterschiedlichen Kulturen verortet ist.

Die Weigerung, selbst offensichtlich erscheinende interkulturelle Parallelen zu untersuchen, widerspricht nicht nur dem gesunden Menschenverstand, sondern beraubt die Religionswissenschaft auch ihres besonderen Alleinstellungsmerkmals, nämlich mit metasprachlichen Begriffen (Opfer, Ritual, Mythos etc.) Theorien zu entwickeln, die auf mehr als einen Einzelkontext anwendbar sind. Streng genommen wäre auch der – implizit vergleichende, Analogien hervorhebende – Begriff „Religion" nicht mehr für anderssprachige Kontexte zu gebrauchen, in denen das Wort selbst nicht erscheint. So wäre etwa die gesamte vormoderne indische

Geschichte (ca. 3.000 Jahre) nicht mehr für Religionswissenschaftler:innen, sondern nur noch für Indolog:innen erforschbar. Auf dieses Problem kontextfixierter Ansätze komme ich unten noch einmal zurück.

Was umgekehrt von Expert:innen lokaler Kontexte manchmal unterschätzt wird, sind die Vorannahmen und Theorien, die sie selbst in ihre Quellen hineintragen. Manche von ihnen kokettieren damit, im Theoriediskurs nicht bewandert zu sein, nur um dann mit vorgetäuschter Bescheidenheit und einem Augenzwinkern anzumerken, dass Theorie für ihre Arbeit ja gar nicht relevant sei. Dies mag für manche Typen von Theorien zutreffen, aber jede Art wissenschaftlicher Arbeit basiert auf theoretischen Vorannahmen, welche mit einer solchen Haltung womöglich ebenfalls nonchalant verworfen und ignoriert werden (siehe oben das Beispiel des „Beichtformulars" im Buddhismus). Nicht über die eigenen Vorannahmen zu reflektieren kann ebenso wie oberflächlicher Vergleich zu problematischen Ergebnissen führen. Wie unten, in Kapitel 4 und 5, erläutert, unterscheiden sich – gerade wegen dieser unvermeidbaren Theoriegebundenheit – kontextuell begrenzte Vergleiche nicht grundsätzlich, sondern nur graduell von interkulturellen Vergleichen.

Schließlich lohnt es sich auch, darüber nachzudenken, was genau man eigentlich mit dem vagen Begriff „Kontext" meint. Er kommt immer dann zum Einsatz, wenn etwas angeblich „aus dem Kontext gerissen" wird, aber die Unbestimmtheit des Begriffs ermöglicht es Kritikern, jeweils ganz verschiedene unberücksichtigte Dimensionen des Kontextes anzumahnen. Mal sind es bestimmte soziale Gegebenheiten, mal politische Entwicklungen, mal wirtschaftliche Faktoren. Neben dem sozialen, politischen und wirtschaftlichen Kontext lassen sich für einen untersuchten Gegenstand aber noch viele andere angeben: der historische Kontext, der rechtliche, der ökologische, der literarische, der philosophische, der linguistische, der künstlerische, der architektonische, der militärische oder der technologische Kontext, um nur einige zu nennen. (Man könnte noch einen Schritt weitergehen und hier auch den „theoretischen Kontext" anführen, denn ein konkreter Gegenstand kann auch im Rahmen einer Theorie kontextualisiert werden. Besteht man darauf, ihn allein als einzigartiges lokales Phänomen zu betrachten und den theoretischen Rahmen zu ignorieren, dekontextualisiert man ihn ebenfalls in gewisser Weise. Siehe dazu Kapitel 4.6. und Paden 1996a: 10f.)

Ich behaupte, dass keine Einzelstudie, egal wie kontext-fokussiert sie ist, alle diese Dimensionen erschöpfend berücksichtigen kann. Ein Beispiel: Wenn wir den „historischen Kontext" eines Gegenstands betrachten, untersuchen wir die historische Entwicklung vor und nach der betreffenden Situation und fragen: Wie kam es historisch zu dieser Situation? Und welche Folgen hatte sie? Ein „historischer Kontext" ist potenziell endlos, denn man kann mühelos immer weiter in die Geschichte zurückgehen, um historische Wurzeln nachzuverfolgen. Wo diese Untersuchung des historischen Kontexts sinnvollerweise für eine Studie endet, liegt im Ermessen der forschenden Person. Der Vorwurf der Dekontextualisierung ist also sehr einfach zu erheben – man kann immer „noch mehr" anmahnen –, aber um konstruktiv zu sein, muss in jedem Einzelfall gut begründet werden, was genau durch eine umfassendere Kontextualisierung einer bestimmten Dimension gewonnen würde.

Es ist wichtig zu erkennen, dass auch Studien, die den Kontext sehr umfassend berücksichtigen, immer an ganz bestimmten Gegenständen oder Aspekten interessiert sind. Nicht umsonst sprechen wir von Kon-text, das heißt von dem, was wörtlich „mit (diesem Aspekt) zusammen gewoben" ist. Der besondere Aspekt, auf den sich eine Studie fokussiert, wird damit hervorgehoben und als Gegenstand sprachlich und theoretisch vom Kontext abgegrenzt: eine *bestimmte* rituelle Handlung, ein *bestimmtes* religiöses Konzept, ein *bestimmter* Prozess. Sobald man nun diesen Gegenstand mit einem anderen vergleicht – und sei dieser auch kontextuell sehr nah – hebt man beide eben durch jene Abgrenzung aus ihrem Kontext heraus. Anders ausgedrückt: in gewisser Weise dekontextualisiert man sie. Die beiden Gegenstände stehen nun im Zentrum des vergleichenden Interesses, der jeweilige Kontext rückt in den Hintergrund. Selbst sehr detaillierte Studien können niemals alle anderen Aspekte eines Kontextes *gleichzeitig* vollständig im Vergleichsvorgang berücksichtigen – dann wäre es kein Vergleich dieser beiden Gegenstände mehr. So betrachtet kann man mit Recht schließen, dass Religionsvergleich niemals ohne einen bestimmten Grad an Dekontextualisierung möglich ist. Wie man mit dieser Überlegung umgehen kann, diskutiere ich im nächsten Kapitel.

Teil 2

3.2. Essenzialisierung und Universalisierung

Neben der Dekontextualisierung bringen Kritiker vergleichender Studien auch oft vor, dass mit diesen Essenzialisierung und Universalisierung betrieben werde. Essenzialisierung bedeutet hier, dass man mit Hilfe des Vergleichs das eigentliche *Wesen*, die *Essenz*, eines Phänomens oder einer Religion bestimmt – oder auch das Wesen von Religion „an sich". Mit Universalisierung ist gemeint, dass ein Phänomen als universal erklärt wird, das heißt als überall auf der Welt, in allen religiösen und kulturellen Kontexten, auffindbar. Wir werden sehen, dass in gewissem Sinne Essenzialisierung und Universalisierung zwei Seiten einer Medaille sind.

Wie oben gezeigt, besteht das Problem der Dekontextualisierung darin, dass man einen bestimmten Aspekt aus dem Kontext heraushebt und seine kontextuelle Einbindung vernachlässigt. Mit der Essenzialisierung geht man einen Schritt weiter. Man erklärt, dass eine bestimmte Form dieses Aspekts die „eigentliche" sei und andere Formen minderwertige Varianten oder Verfälschungen. Wir sahen dieses Vorgehen implizit schon bei Heilers Einleitung und Definition der Beichte im oben zitierten Abschnitt, wo er sagt: „Die *Beicht* [sic!] ist aber nicht nur *confessio coram Deo*, sondern auch Bekenntnis vor dem Stellvertreter Gottes, sei es Priester oder Gemeinde" (Heiler 1961: 320). Er unterscheidet also zwei *wesent*liche (!) Aspekte der Beichte: das persönliche Bekenntnis gegenüber Gott (*coram Deo*) und das gegenüber seinem Stellvertreter. Diese beiden bilden für ihn das Wesen, die Essenz der Beichte. Die Ordensgemeinschaft im Theravāda-Buddhismus wird dafür implizit uminterpretiert zur „Gemeinde" (ein christlich geprägter Begriff), die als „Stellvertreterin Gottes" fungiert. Das Problem, dass die Vorstellung eines

Schöpfergottes, vor dem man Sünden bekennt, im Theravāda-Buddhismus schlicht nicht existiert, wird ausgeblendet.

Hätte Heiler sich mit seiner engen Definition der Beichte auf Fälle beschränkt, für die sie wirklich anwendbar ist – primär wohl aus dem christlichen Bereich –, wäre dies methodisch vielleicht vertretbar gewesen, wenn auch nicht gerade besonders erhellend. Eine andere Möglichkeit wäre ein ergebnisoffener Vergleich, in dem die durchaus interessanten Parallelen in der Praxis, Fehlverhalten in einem religiösen Kontext zu gestehen, untersucht werden. Dazu müsste man aber darauf verzichten, das Wesen des Phänomens im Vorhinein zu bestimmen.

Neben der Essenzialisierung bestimmter Phänomene ist auch die von Religionen häufig anzutreffen. Als eindrückliches Beispiel kann das Buch *Die Religion: Erscheinungsformen, Strukturtypen und Lebensgesetze* von Gustav Mensching dienen, einem weiteren Vertreter der klassischen Religionsphänomenologie (Mensching 1959). Im ersten Teil des Buches stellt Mensching viele Religionen in kurzen Einzelabschnitten vor und beschreibt ihren jeweiligen „Sondergeist" oder ihre „Lebensmitte". Schon die Überschriften sind aussagekräftig – hier einige Beispiele:

Die israelitische Religion –	Die Religion des Gesetzesgehorsams
Der Hinduismus –	Die Religion des ruhenden Einen und der einenden Ruhe
Der Buddhismus –	Die Religion der Aufhebung des universellen Weltleidens
Das Christentum –	Die Religion der Gotteskindschaft und der Liebe

Wie man leicht erkennen kann, identifiziert Mensching jeweils einen bestimmten Aspekt der Lehre – nicht der Praxis! – als den jeweils *wesentlichen* dieser Religionen. Wie er, als Religionswissenschaftler, diesen Aspekt ausgewählt hat, ist nicht ersichtlich, aber man kann Vermutungen anstellen. Zunächst ist jedoch zu betonen, dass es für religiöse Menschen völlig legitim ist, zu erklären, was das Wesen ihrer Religion ausmacht, das heißt worum es in ihrer Religion *eigentlich* geht. Doch da Anhänger:innen derselben Religion deren Wesen oft ganz unterschiedlich bestimmen – sowohl in derselben historischen Situation als auch im Laufe der Geschichte –, ist der Versuch, allgemeingültig feststellen zu wollen, was das Wesen einer Religion ausmacht, für Religionswissenschaftler:innen problematisch. Wenn es keinen Konsens gibt, sondern stattdessen viele verschiedene Überzeugungen, nach welchen Kriterien wählt man das „eigentliche" Wesen aus? Leider wird nicht selten die Ansicht derjenigen Gruppierungen übernommen, die innerhalb einer Tradition die größte Macht hatten und sich durchsetzen konnten. Wenn man sich aber deren Vorstellung vom Wesen dieser Religion zu eigen macht, werden damit alle anderen Stimmen zum Schweigen gebracht. Die Verengung auf eine bestimmte Interpretation, die Mensching hier als allgemeingültig präsentiert, ist methodisch schwer zu rechtfertigen.

Hinzu kommt, dass die Religionswissenschaft dann erklären muss, warum die empirische Lebenswirklichkeit vieler religiöser Menschen diesem Wesen gar nicht entspricht. Wer jemals einem hinduistischen Festival beigewohnt hat, wird Schwierigkeiten haben, das „ruhende Eine und die einende Ruhe" zu entdecken, die Mensching zum Wesen des Hinduismus erklärt. Und wer sich mit den Brutalitäten der Inquisition beschäftigt, wird Mühe haben, diese als einen Ausdruck der „Religion der Liebe" zu beschreiben. Soll man somit den Teilnehmer:innen des Festivals unterstellen, das eigentliche Wesen des Hinduismus nicht verstanden zu haben? Ist es die Aufgabe der Religionswissenschaft, den Inquisitoren, die immerhin offizielle Würdenträger der katholischen Kirche waren, zu bescheinigen, dass sie keine wahren Christen seien? Die Essenzialisierung, die in Menschings Formulierungen steckt, ist Ausdruck einer bestimmten normativen Position, die wenig zur Analyse von Religion beiträgt. Im Gegenteil, sie führt in die Irre und ist deshalb als solche für die Religionswissenschaft inakzeptabel.

Auch hier geht es wieder nicht darum, Mensching als Forscher vorzuführen, sondern die Funktionsweise von Essenzialisierung an einem eindrücklichen Beispiel zu verdeutlichen. Essenzialisierungen sind bis heute alltäglich, sowohl innerhalb als auch außerhalb der Religionswissenschaft. Wenn etwa behauptet wird, der Islam sei eine gewalttätige oder der Buddhismus eine meditative Religion, sind dies Essenzialisierungen. Das jeweilige *Wesen* dieser Religionen sei Gewalt oder Meditation. Solche Zuschreibungen basieren auf einem impliziten Religionsvergleich, denn wenn der Islam als gewalttätige Religion identifiziert wird, muss es auch andere Religionen geben, die nicht gewalttätig sind.

Dass Essenzialisierung oft nicht nur eine unglückliche Verkürzung ist, sondern Teil einer übergreifenden religiösen Agenda, wird deutlich, wenn die betreffenden Autor:innen über das Wesen von Religion *an sich* sprechen. Wieder kann Friedrich Heiler als Beispiel dienen, der Religion folgendermaßen definiert (Heiler 1961: 562):

> Religion ist – in einer kurzen Formel zusammengefasst – Anbetung des Mysteriums und Hingabe an dieses. Diese Anbetung braucht sich nicht an einen persönlichen Gott zu wenden; sie beseelt den Umgang des primitiven Menschen mit der heiligen Macht, dem *Numen* [...], und sie durchzittert die Worte eines Erlösungslehrers, der immer wieder des Atheismus bezichtigt worden ist, Gotama Buddha.

Die Terminologie, die Heiler hier verwendet, verweist auf Rudolf Ottos Werk *Das Heilige* (Otto 1917), in dem dieser über das Numinose – die irrationale Dimension des Göttlichen – und über das Gefühl des *mysterium tremendum*, des „schauervollen Geheimnisses" spricht, das Menschen in der Gegenwart des Numinosen überkomme. (Heilers „durchzittern" verweist ohne Zweifel auf *tremendum*.) Es ist interessant zu beobachten, dass Heiler sich wieder beeilt zu versichern, dass der Buddhismus in die Definition passt. Doch dies scheint fraglich, besonders angesichts der Tatsache, dass die Rhetorik des Buddhismus genau umgekehrt funktioniert. Es geht nicht um ein Erzittern im Angesicht einer mysteriösen heiligen Macht, sondern um das Erwachen (*buddha* heißt „erwacht") zu einem klaren Verständnis der Wirklichkeit. Für den Buddha, wie er in der buddhistischen Überlieferung erscheint, gibt es genau diese heilige Macht, die es nach Heiler anzubeten gilt, gar nicht. Geburt und Wiedergeburt funktionieren nach einer Art Naturgesetz, und es geht darum, aus diesem Kreislauf der Geburten auszubrechen. Wenn es ein Mysterium gibt, dann ist das allenfalls die Ignoranz der Menschen, und die will der Buddha mit seiner Lehre gerade überwinden helfen. Eine „Hingabe an das Mysterium" muss man zumindest im frühen Buddhismus lange suchen.

Das heißt allerdings nicht, dass Heilers Definition („Anbetung des Mysteriums und Hingabe an dieses") nicht legitim wäre. Man könnte durchaus festlegen, dass immer dann empirisch von „Religion" gesprochen werden soll, wenn Menschen etwas anbeten, das sie als Mysterium betrachten und sich ihm hingeben. Man müsste dann nur zugestehen, dass es Gegenstände gibt, die man im Alltagssprachgebrauch unter Religion fasst, die aber von dieser Definition ausgeschlossen bleiben – wie etwa der frühe Buddhismus. Da Religionsdefinitionen nie vollkommen umfassend sind und immer bestimmte Aspekte hervorheben, wäre das methodisch in Ordnung, wenn auch mit dieser sehr engen Bestimmung vielleicht etwas unbefriedigend.

Heiler hat jedoch Höheres im Sinn. Er geht davon aus, dass die heilige Macht – das Mysterium – wirklich existiert und dass daher ein „Erlösungslehrer" wie der Buddha zwangsläufig irgendwie von ihm „beseelt" gewesen sein muss. Hier liegt Heilers methodisches Problem. Er würde seine Religionsdefinition eben nicht empirisch verstanden wissen wollen, wie gerade erläutert, sondern essenziell. Das wird aus einer kurz danach folgenden Aussage über das Wesen der Religion ersichtlich (Heiler 1961: 564):

> Das Wesen der Religion ist somit die aus der Erfahrung göttlicher Gnade fließende Gemeinschaft des Menschen mit der transzendenten Wirklichkeit, eine Gemeinschaft, die sich in Anbetung und Opfer vollzieht und zur Beseligung des Menschen und der Menschheit führt.

Ohne transzendente Wirklichkeit gäbe es keine Gemeinschaft mit ihr und damit keine Religion – ihre Existenz ist also Voraussetzung für Religion. Dieses Fazit, das Heiler am Ende seines Buches zieht, nach der Vorstellung zahlreicher Phänomene aus einer Vielzahl von Religionen, ist nicht das Ergebnis einer empirischen, vergleichenden Studie. Es ist durchdrungen von einer religiösen Überzeugung, die er schon zu Beginn des Buches mit seinem Religionsmodell der konzentrischen Kreise andeutete, in deren Mitte der verborgene Gott (*deus absconditus*) steht. Wie schon mehrfach gesehen, ist diese religiöse Überzeugung stark christlich geprägt und zugleich pluralistisch. Der letzte Satz seines Buches lautet (Heiler 1961: 565):

> Das Gottesreich ist die Vollendung der Religion, nicht einer, auch nicht nur der christlichen, sondern aller; denn in ihm wird nach dem triumphalen Apostelwort „Gott sein alles in allen" (1. Kor. 15, 28).

Essenzialisierung ist also, wie man an Heilers Beispiel gut nachvollziehen kann, ein religiöser – oder allgemeiner ausgedrückt: ein ideologischer – Vorgang. Die Motivation für die Bestimmung des Wesens von Religion wurzelt in bestimmten Vorannahmen oder Zielen. Sie muss daher vom Religionsvergleich als einer Methode separiert werden. Heiler hat in seinem Buch sehr viel verglichen, aber die Essenzialisierung war nicht das Ergebnis, sondern der Zweck des Vergleichs.

Wenn Kritiker:innen eine solche Agenda, die (bezüglich Heiler) in den gerade zitierten Aussagen ersichtlich wird, ablehnen, tendieren sie dazu, den Religionsvergleich in Mithaftung zu nehmen. Es wird argumentiert, dass es gerade der Vergleich dekontextualisierter Gegenstände ist, der die religionsphänomenologische Essenzialisierung ermöglicht. Wir haben aber gesehen, dass letztere ein separater Vorgang ist, der dem Vergleich selbst nicht inhärent ist – ganz im Gegenteil! Wie an den wenigen Beispielen verdeutlicht, hätte ein genauerer Vergleich mit dem Buddhismus die Essenzialisierung untergraben und in Frage gestellt.

Ein eng mit der Essenzialisierung verbundener Vorgang, der auch schon in den zitierten Beispielen deutlich wurde, ist die *Universalisierung*. Sie ist in gewissem Sinne die andere Seite der Medaille, denn mit ihr werden essenzialisierte Phänomene zu universell auftretenden Phänomenen erklärt. Wenn Heiler etwa in dem oben zitierten Abschnitt über die Beichte schreibt: „Die Beicht ist nicht eine Erfindung der römischen Kirche, sondern eine Menschheitsinstitution. Schon primitive Völker kennen das Bekenntnis vor der Gemeinde..." usw. (Heiler 1961: 320), dann universalisiert er sein Verständnis dieser Praxis. Sie sei eine „Menschheitsinstitution", das heißt universal auffindbar. Dass schon bei den wenigen „Erscheinungsformen", die Heiler auflistet, Probleme auftreten, wurde oben diskutiert. Aber der kühne Schritt, etwas für universal zu erklären, ohne umfassende, überzeugende empirische Nachweise zu liefern, erscheint parallel zum essenzialisierenden Vorgehen. Das Wesen des Phänomens wird auf der Basis einer bestimmten religiös-ideologischen Vorannahme definiert, und dann wird erklärt, dass dieses Phänomen auf der ganzen Welt, in allen Kulturen und Religionen, in Vergangenheit und Gegenwart, existiere – natürlich in unterschiedlichen „Erscheinungsformen", aber vom Wesen her identisch.

Jan Platvoet wendet sich in der Beschreibung seiner eigenen Methode kritisch gegen genau dieses Vorgehen (Platvoet 1982: 19, meine Hervorhebung):

> The severely limited extent of the comparison as proposed implies that no *universally* valid laws, essences, structures or patterns can be established by it, but at most a number of hypotheses regarding them, which need extensive further testing in similar restrictive comparative studies by other students.

Eine derartige Universalisierung ist für Platvoet nicht nur methodisch problematisch; er separiert sie auch klar von der vergleichenden Arbeit. Aus seinem Ansatz der konkreten, „limitierten" Vergleiche ergäben sich allenfalls Hypothesen über allgemeine Strukturen oder Muster, die dann durch neue Vergleiche an anderem Material geprüft werden könnten. Wiederum muss also die berechtigte Kritik an religiös/ideologisch motivierter Universalisierung von einer Kritik an der Methode des Religionsvergleichs selbst unterschieden werden, der Universalisierung nicht inhärent ist.

3.3. Generalisierung

Da alle oben diskutierten Vorgänge letztlich Formen von Generalisierung sind, müssen wir fragen, ob vielleicht diese das grundlegendere Problem darstellt. Allgemein gesagt bezeichnet der Begriff Generalisierung die Annahme, dass an einzelnen Gegenständen beobachtete Aspekte auch für andere Gegenstände gleicher Art gelten, sie also verallgemeinerbar sind. Gibt es legitime Formen von Generalisierung, die sich aus Religionsvergleichen ergeben können? Oder sollte man besser ganz darauf verzichten und sich auf die intensive Erforschung lokaler Kontexte beschränken, wie es Aaron Hughes fordert (siehe oben)?

Man kann diese Fragen gut anhand eines Ansatzes diskutieren, den Hughes kritisch beurteilt und als „negative example" vorstellt. Es handelt sich um das Buch *God Is Not One: The Eight Rival Religions That Run the World, And Why Their Differences Matter* des amerikanischen Religionswissenschaftlers Stephen Prothero (Prothero 2010). Hughes schreibt (Hughes 2017: 56):

> Seemingly writing for a largely uninformed audience, his goal is to show how religions do not share the same essence, but that the "world's religious rivals are clearly related, but they are more like second cousins than identical twins" (Prothero 2010: 13). While the first goal (that religions do not share the same essence) is certainly correct, he does not make the logical second move, which would be to argue that even groups within religions do not share the same essence.

Es ist anzumerken, dass sich Protheros Buch, das nicht nur „seemingly", sondern ganz explizit für Nicht-Expert:innen geschrieben ist (Prothero 2010: 13), primär gegen die verbreitete Vorstellung wendet, dass die Unterschiede zwischen Religionen nur oberflächlich seien und dass sie in den *wesentlichen* Aspekten übereinstimmten und letztlich zum selben Ziel führten. Um diese Essenzialisierung zu entlarven, hebt Protheros Buch in seinem Abriss von acht Religionen deren Unterschiede hervor. Im Sinne seines schon früheren Plädoyers, im Westen eine bessere „religious literacy" über die Religionen der Welt herzustellen, argumentiert er, dass dieses Wissen notwendig sei, um die gegenwärtige Welt zu verstehen (Prothero 2010: 11):

> Today it is impossible to understand American politics without knowing something about the Bible used to swear in U.S. presidents and evoked almost daily on the floor of the U.S. Congress. It is impossible to understand politics in India and the economy of China without knowing something about Hinduism and Confucianism.

Hughes hingegen weist diesen Gedanken scharf zurück (Hughes 2017: 56):

> If you want to understand banking practices in India, become a Religious Studies major and learn about Hinduism. This, of course, is ludicrous. About what Hinduism is Prothero speaking? Is it the Hinduism, say, of the time of the Buddha, of today, or of some time in between? Also overlooked is the very Western construction or invention of Hinduism (see, e.g., King

1999; Pennington 2005). Does understanding Confucianism, as Prothero believes, help us better understand the political and martial culture of China? Certainly not.

Abgesehen von der Polemik und der überraschend souveränen (aber völlig unbelegten) Zurückweisung fällt auf, dass Hughes Protheros Hinweis auf die Bibel in der amerikanischen Politik unerwähnt lässt. Ist diese Verbindung vielleicht zu offensichtlich, um auch sie pauschal zu verwerfen? Im Zentrum von Hughes' Kritik steht aber etwas anderes. Erstens erklärt er, Prothero „works with a naive and oversimplified notion of religion; that it structures thinking as opposed to vice versa" (Hughes 2017: 56f.). Zweitens wirft er ihm vor, das problematische Konzept von starren, abgrenzbaren Religionen zu untermauern, indem er sie essenzialisiere (Hughes 2017: 56):

> The religions of the globe, for Prothero, are simplistically and monolithically assumed to be synonymous with a particular worldview that cannot be reduced to politics, social formation, or ideology.

Wenn man Protheros Buch liest, wirkt diese Kritik etwas überzogen, da er immer wieder die Diversität innerhalb von Religionen betont. Aber sein Modell, mit dem er jede Religion analysiert, kann doch den Eindruck von Essenzialisierung erwecken (Prothero 2010: 13f.):

> Each religion is based on:
>
> - a problem;
> - a solution to this problem, which also serves as the religious goal;
> - a technique (or techniques) for moving from this problem to this solution; and
> - an exemplar (or exemplars) who chart this path from problem to solution.
>
> For example, in Christianity…
>
> - the problem is sin;
> - the solution (or goal) is salvation;
> - the technique for achieving salvation is some combination of faith and good works; and
> - the exemplars who chart this path are the saints in Roman Catholicism and ordinary people of faith in Protestantism
>
> And in Buddhism…
>
> - the problem is suffering;
> - the solution (or goal) is nirvana;
> - the technique for achieving nirvana is the Noble Eightfold Path, which includes such classic Buddhist practices as meditation and chanting; and the exemplars who chart this path are *arhats* (for Theravada Buddhists),

> *bodhisattvas* (for Mahayana Buddhists), or *lamas* (for Vajrayana Buddhists).

Prothero beeilt sich zu betonen (Prothero 2010: 14):

> This four-step approach is admittedly simplistic. You cannot sum up thousands of years of Christian faith or Buddhist practice in four sentences. So this model is just a starting point and must be nuanced along the way. … One of the virtues of this simple scheme, however, is that it helps to make plain the *differences* across and inside the religious traditions. Are Buddhists trying to achieve salvation? Of course not, since they don't even believe in sin. Are Christians trying to achieve nirvana? No, since for them suffering isn't something that must be overcome. In fact, it might even be a good thing.

Wir stehen also vor der Frage, ob Prothero Religionen essenzialisiert oder ob er lediglich eine Generalisierung vornimmt, die dem – auch Hughes sympathischen – Ziel seines Buches dient, nämlich aufzuzeigen, dass nicht alle Religionen im Wesentlichen dasselbe sind.

In seinem kürzlich erschienenen Lehrbuch *Religion Matters* spricht Prothero diese Frage direkt an. Er diskutiert dort in zwei kurzen Abschnitten „The Problem of Essentialism" und „The Necessity of Generalization" (Prothero 2020: 9–14). Hier wendet er sich noch dezidierter gegen Essenzialisierung und verweist auf drei Prinzipien, die von Harvards „Religious Literacy Project" für Studierende von Religion entwickelt wurden (S. 10):

1. Religions are internally diverse, as opposed to uniform.
2. Religions evolve and change over time, as opposed to being ahistorical and static.
3. Religious influences are embedded in all dimensions of culture, as opposed to [functioning] in discrete, isolated, "private" contexts.

> As the complexity of the world's religions starts to overwhelm us, it can be tempting to distill what we are learning into quick and easy formulas. The point of this list is to remind us that many of those formulas – „Hindus are polytheists"; „Buddhists are nonviolent"; „Christians oppose homosexuality" – are false. Why? Because religious traditions are *traditions*. Like all traditions, they vary over time and place and include all sorts of different people and competing ideas, including Hindu monotheists, Buddhist soldiers, and Christian lesbians.

Prothero benennt außerdem drei weitere Dinge, die man tun könne, um Essenzialisierung zu vermeiden. Erstens sollten die Begriffe, die wir zur Analyse von Religion verwenden, mit kritischem Misstrauen betrachtet werden. Begriffe wie „Hinduismus", „Sikhismus" oder auch „Religion" hätten selbst eine Geschichte und seien „tied up with all sorts of political, economic, and intellectual projects – nefarious, benevolent, and otherwise" (13). Zweitens sollten wir „bad generalizations" vermeiden, zum Beispiel indem wir über Religionen nicht wie über Personen sprechen: „Islam does not 'say' anything – that is the job of Muslims – so we should not begin any sentence with 'Islam says.' Neither should we allow the portion of Christians who oppose homosexuality to speak for the whole" (14). Drittens solle man sich immer bewusst sein, dass man generalisiert: „The third and most important way to address essentialism is to acknowledge to ourselves and others that the generalizations we are making are just that: generalizations" (14). (Es ist interessant zu beobachten, dass Prothero in seinem jüngsten Buch zwar an der oben erwähnten vierteiligen Kurzfassung jeder Religion festhält, diese aber für jede Religion nur noch in einem separaten Kasten im Text erscheint und ansonsten kaum mehr eine Rolle spielt.)

Generalisierung ist für Prothero allerdings unumgänglich. Wenn wir im Alltag verallgemeinernd von „Gabeln" in unserer Küche sprächen, obwohl bei genauer Prüfung jede einzelne ihre besonderen Kratzer oder Verbiegungen haben mag, generalisierten wir. Wenn wir erklärten, dass Blumen duften, sei das eine legitime Generalisierung, auch wenn wir wüssten, dass manche Blumen eher stinken. Solche Generalisierungen basieren letztlich auf Vergleichen und sind notwendig. Aber gilt das auch für die (Religions-)Wissenschaft? Prothero schreibt (Prothero 2020: 11):

> Some scholars now prefer to refer to "Christianities" rather than "Christianity," which they argue is an overgeneralized fiction. But the category of *Christians* is a useful fiction, as are the categories of Dallas Cowboys fans and Boston University students.

Zwei Begriffe sind hier wichtig, *overgeneralization* und *useful*. Sie verweisen darauf, dass es erstens ein *Spektrum* von Generalisierung gibt – von legitimer Generalisierung zu Übergeneralisierung –, und dass man zweitens den *Nutzen* einer Generalisierung bestimmen kann und muss. Dieser ergibt sich aus dem Zusammenhang der Fragestellung. Wenn man etwa das Konzept der Gebetsrichtung vergleichend untersucht, kann man generalisieren, dass Muslime Richtung Mekka beten und Christen keine bestimmte Gebetsrichtung besitzen. Daraus ergibt sich nicht automatisch, dass dies auf *alle* Muslime oder Christen zutrifft (Universalisierung), dass sich in diesem Unterschied das Wesen der jeweiligen Religion offenbare oder Beten gar das Wesen von Religion an sich darstelle (Essenzialisierung). Es kann aber eine nützliche Hypothese sein, welche durch Studien lokaler Kontexte wiederum in Frage gestellt werden kann.

Generalisierungen sollten daher, anders als Essenzialisierungen und Universalisierungen, vorläufig und korrigierbar sein und somit als Hypothesen verstanden werden. Schon bei einem Weltkongress 1960, als sich eine Gruppe jüngerer Forscher, angeführt vom israelischen Religionswissenschaftler Zwi Werblowsky, in einer Erklärung gegen die religiös geprägte Religionsphänomenologie aussprachen, betonten sie, dass Generalisierungen „scientifically legitimate" sein sollten (Schimmel 1961: 236). Und der von Hughes oft (aber manchmal unpassend) als Kronzeuge angeführte Theoretiker Jonathan Z. Smith bemerkt, als spräche er direkt zu Hughes (Smith 2000: 36):

> Many students of religion, with their exaggerated ethos of localism and suspicion of generalization, tend to treat their subject in an Adamic fashion as if they were naming entities, often exacerbated by their insistence on employing native terminology which emphasizes the absolute particularity of the data in question rather than deploying a translation language which already suggests that the data are part of a larger, encompassing category. ... Such approaches give every appearance of rejecting explicit taxonomic enterprises, although the use of geographical or linguistic nomenclatures, the deployment of categories such as "living religions," "monotheism" or "mysticism" suggest the presence of implicit taxonomies.

Nach Smith besteht also beim Versuch, durch einen Fokus auf lokale Kontexte Generalisierung zu vermeiden, die Gefahr, implizite Taxonomien (oder Klassifizierungen) und damit Generalisierungen in das Material hineinzutragen, die nicht reflektiert sind. Will man also etwas über Religion sagen, was ja die Aufgabe der Religionswissenschaft ist, kann man Generalisierung nicht vermeiden. Es kommt auf den Grad der Generalisierung an und darauf, dass man weiß, was man tut.

Wenn dies zutrifft, wären allerdings nicht nur Platvoets „limitative" Vergleiche legitim, die Gegenstände in Mikrokontexten gegenüberstellen, sondern auch Vergleiche größeren Maßstabs, etwa das Phänomen opfernder Götter in der europäischen, persischen und indischen Antike, in jüdischen, christlichen und muslimischen Schriften und der nordischen Mythologie (Patton 2009). Wenn die Fragestellung sowie die Schlussfolgerungen mit dem Grad der Generalisierung abgestimmt sind, kann Essenzialisierung und Universalisierung vermieden und ein produktives Ergebnis erzielt werden. Dies wird in Kapitel 5 ausführlicher erläutert.

Unsere Untersuchung der vier Hauptkritikpunkte, die gegen den Religionsvergleich vorgebracht werden, ergibt also ein differenziertes Bild. Dekontextualisierung und Generalisierung sind dem Vergleichsvorgang inhärent. Man hebt einen Gegenstand immer aus seinem Kontext heraus, wenn man vergleicht, und man generalisiert, wenn man eine Kategorie verwendet, unter die die verglichenen Gegenstände gefasst werden (siehe oben, Gabel oder Blume). Es muss also darum gehen, zu bestimmen, welcher Grad von Dekontextualisierung und Generalisierung für welche Fragestellung angemessen ist. Dies muss reflektiert und nachvollziehbar begründet werden.

Demgegenüber sind Essenzialisierung und Universalisierung nicht Teil der vergleichenden Methode selbst, sondern Ausdruck in einer religiösen, theologischen oder ideologischen Agenda. Die Bestimmung des Wesens eines Phänomens, einer Religion oder Religion an sich sowie die Erklärung universaler Gültigkeit sind nicht das *Ergebnis* eines Religionsvergleichs. Die vergleichende Methode wird vielmehr dieser Agenda untergeordnet und dient nur dazu, deren Vorannahmen zu bestätigen.

3.4. Postmoderne und postkoloniale Kritik am Religionsvergleich

Die oben genannten Kritikpunkte sind auch geprägt von den in der Folge des zweiten Weltkriegs entstandenen intellektuellen Bewegungen, die oft als Postmodernismus und Postkolonialismus bezeichnet werden. Für unsere Zwecke stark vereinfachend können diese Bewegungen folgendermaßen umrissen werden: Die *postmoderne Kritik* wendet sich – in deutlichem Kontrast zu nationalsozialistischer Ideologie – gegen allumfassende und essenzialisierende Masternarrative und betont stattdessen Differenz und Diversität. Sie hinterfragt die Möglichkeit von Objektivität und setzt ihr Subjektivität und Selbstreflexion entgegen, was dem Studium anderer Kulturen erkenntnistheoretische Grenzen setzt. Sehr weit getrieben können solche Ansätze in einen Relativismus münden, der davon ausgeht, dass „das Andere" so verschieden von „mir" ist, dass ich es prinzipiell nicht verstehen kann.

Die *postkoloniale Kritik* betont die politische Dimension von Wissen und Wissenschaft. Insbesondere das Studium außereuropäischer Kulturen und Religionen, das sich im 19. Jahrhundert in verschiedenen wissenschaftlichen Disziplinen etablierte, sei eng mit den Interessen europäischer Kolonialreiche verwoben gewesen. Die Kolonialmächte ermöglichten nicht nur das Studium der kolonisierten Kulturen, indem sie die oppressive Infrastruktur vor Ort ausbauten, Forscher:innen damit direkten Zugang zu jenen Kulturen ermöglichten und Studienmaterial wie etwa Artefakte und Originalmanuskripte heiliger Texte nach Europa verschifften. Westliche Wissenschaftler bekräftigten und unterstützten durch ihre Arbeit auch, so die Kritik, den Machtanspruch der Kolonialmächte. Dies sei schon an den oft überheblichen und abwertenden Darstellungen der angeblich „primitiven" oder „barbarischen" Kulturen abzulesen, die einer überlegenen europäisch-christlichen Kultur gegenübergestellt worden seien. Die Kritik geht aber erheblich tiefer: Mit der Klassifizierung von kulturellen Phänomenen in westlichen Kategorien werde die gesamte Welt innerhalb eines europäisch-westlichen Interpretationsrahmens geordnet. Durch dieses Ordnen der Welt sichere sich der Westen die Kontrolle über sie. Und dies lebe auch lange nach dem Ende der Kolonialreiche im bis heute vorherrschenden westlichen Kulturimperialismus fort. Sehr weit getrieben kann diese Kritik zur Forderung führen, dass nicht-westliche Kulturen nur von Vertretern dieser Kulturen selbst erforscht werden dürften und dass sich westliche Forscher auf die Aufdeckung der eigenen kolonialen oder imperialistischen Voreingenommenheit beschränken sollten.

Man kann sich leicht vorstellen, wie diese Formen von Kritik auch den Religionsvergleich in Frage stellen. Interessanterweise gibt es aber meines Wissens nur sehr wenige Werke, die die vergleichende Methode in der Religionswissenschaft offen und explizit mit postmodernen und postkolonialen Argumenten kritisieren und verwerfen. Aber der Einfluss dieser Argumente ist deutlich in Entgegnungen zu spüren, die versuchen, Formen des Religionsvergleichs zu „retten". Eine eindrückliche Sammlung solcher Entgegnungen – die mangels expliziter Kritiker:innen ausgerechnet Jonathan Z. Smith als Kronzeugen bemüht (fälschlicherweise, wie ich meine; siehe Freiberger 2020) – ist der wegweisende Sammelband *A Magic Still Dwells: Comparative Religion in the Postmodern Age* (Patton/Ray 2000). Dort wird auch beklagt, dass Komparatist:innen wegen der besonders in Nordamerika jahrzehntelang den Diskurs bestimmenden postmodernen und postkolonialen Kritik marginalisiert worden seien und die Zahl vergleichender religionswissenschaftlicher Studien rapide abgenommen habe (Patton/Ray 2000, 3; 152–157). Dieser Trend hat sich allerdings in den ersten beiden Jahrzehnten des 21. Jahrhunderts wieder umgekehrt, nicht zuletzt durch Bücher wie *A Magic Still Dwells*, in denen neue Wege gefunden wurden, der Kritik zu begegnen bzw. die vergleichende Methode weiterzuentwickeln. Mehr dazu im nächsten Kapitel.

Doch zunächst zurück zum Inhalt der Kritik. Eine der wenigen Kritiken, die sich direkt mit dem Religionsvergleich beschäftigt, findet sich in einem kurzen Beitrag der kanadischen Religionswissenschaftlerin Marsha Hewitt, und zwar in einem Themenheft, das sich dem von William Paden entworfenen „New Comparativism" widmet (mehr zu diesem Ansatz in Paden 1996a). Der Beitrag enthält eine Reihe von Elementen postmoderner und postkolonialer Kritik, die in den folgenden Zitaten leicht identifizierbar sind (Hewitt 1996: 15–17). Hewitt schreibt:

> Much work is being done in certain areas of feminism and philosophy that attempts to re-think prevailing modes of conceptualization in ways that allow for objects of study – what is more commonly known as "otherness"– to be preserved. Contemporary theories of otherness or difference strive to protect the distinctness and integrity of phenomena in the act of understanding and interpretation. This respect for diversity and particularity allows for understanding without colonization or annexation of the other, and can play a vital role in current efforts, such as Paden's, to work out a new comparativist method in the study of religion.

Hewitt äußert Skepsis gegenüber Padens Ansatz, der mit der vergleichenden Methode bestimmte Muster (*patterns*) in der Religionsgeschichte herausarbeiten will. Sie erkennt in diesem Ansatz „a greater preoccupation with establishing universal interpretative frameworks that sacrifice particularity rather than preserve it". Sie warnt, dass „if we approach the other as an object out-there whose ‚secrets' can be revealed with the correct methodology, we inevitably enact knowledge as colonizing force, making the object fit within our preconceptions". Daher gelte:

> Comparativism in the academic study of religion must become self-conscious of its political nature, that is, it is *both* a political *and* academic activity simultaneously. In my view, it is political because it harbours a dimension of power, which can never be abolished, although it can be radically revised towards a consciously interrelational, intersubjective, and thus democratic relation between the theorist and her/his chosen object of knowledge.

Diese Zitate geben einen guten Eindruck von den in postmoderner und postkolonialer Kritik üblichen Anfragen. Leider verrät der Aufsatz nicht – was ebenfalls für diese Art von Kritik üblich ist –, was nun konkret aus der Kritik folgt. So äußert sich Hewitt nicht zu der Frage, ob man folglich Religionsvergleich überhaupt noch legitim betreiben kann oder, wenn ja, wie konkrete vergleichende Studien beschaffen sein sollten, um die genannten Probleme zu umgehen. Diese Unklarheit spiegelt sich auch in Padens Antwort auf Hewitts Kritik. Er stimmt ihr in vielen Punkten zu, meint aber, dass sein Ansatz diese bereits berücksichtigte (Paden 1996b: 37–40).

Der amerikanische Religionswissenschaftler Hugh Urban ist ein anderer postkolonialer Kritiker, der Hewitt explizit zustimmt und besonders die politische Dimension betont. Die grundlegenden Probleme der Kolonialzeit hätten sich nach dem Ende der europäischen Kolonialreiche nur noch verstärkt (Urban 2000: 369):

> This inextricable relation between scholarship and politics – between what we as scholars *say* in our metaphorical representations of other culture and what we as powerful cultural and economic agents *do* to other cultures – has not only continued, but perhaps grown even more intense in the present era of neo-colonialism, cultural imperialism and global capitalism.

Es sei daher von höchster Wichtigkeit, dass sich Religionswissenschaftler:innen ihre politische Verstricktheit eingeständen und sie transparent machten: „Every scholar of comparative religions needs to be... upfront about his own/her own biases and normative commitments" (Urban 2000: 371). Es bleibt aber auch hier unklar, was genau daraus folgt. Es kann ja sicher nicht darum gehen, pflichtgemäß die eigene Voreingenommenheit zu erklären und dann genau dasselbe zu tun wie früher. Wie diese Haltung konkret die vergleichende Methode modifiziert, wird nicht ausgeführt. Noch wird dargelegt, wie die vergleichende Religionswissenschaft – und mit ihr ausnahmslos alle westlichen Forscher:innen, einschließlich derjenigen, die die postkoloniale Kritik vorbringen! – die diagnostizierte Dominanz westlicher Wissenschaft überwinden kann.

In einer Erwiderung zu dem oben erwähnten Band *A Magic Still Dwells* wiederholt Urban die genannte Kritik in ähnlicher Weise. Die Autor:innen des Bandes hätten zwar ethische Fragen thematisiert, die die westliche Wertebasis der Forschung beträfen, aber nicht spezifisch genug. Er fragt (Urban 2004: 29):

> If comparative study is not value free, does that mean that it should condemn religious traditions that strike us as immoral? And if so, then what is the political role of the historian of religions? A political activist? A guilty bystander? A canary in a coal-mine?

Das sind wichtige Fragen. Wenn man richtig feststellt, dass völlige Objektivität unmöglich ist, wie geht man mit der Subjektivität um? Welche ethischen oder moralischen Prinzipien leiten die Wissenschaft, und woher stammen sie? Es gibt zwei extreme Konsequenzen, die aus diesem Hinterfragen gezogen werden könnten: Man kann einem relativistischen Impuls folgen und alle moralischen Standpunkte als gleichermaßen gültig betrachten. Oder man verfolgt mit seiner Forschung offen aktivistisch bestimmte politische Ziele. Welche anderen Möglichkeiten vielleicht zwischen diesen Extremen existieren, wird im nächsten Kapitel diskutiert.

In jüngerer Zeit hat der deutsche Religionswissenschaftler und Theologe Michael Bergunder eine postkoloniale Kritik formuliert, die sich konkreter und konstruktiver mit der vergleichenden Methode auseinandersetzt (Bergunder 2016). Bergunder merkt an, dass so gut wie alle Kategorien, mit denen die Religionswissenschaft arbeitet (zum Beispiel Gott/Götter, Ritual, Mythos) aus der europäischen Geistesgeschichte stammten. Diese dienen in vergleichenden Studien als Vergleichspunkt (Tertium Comparationis, dazu mehr im nächsten Kapitel), das heißt, man vergleicht zum Beispiel die Funktionen von Göttern im alten Griechenland und in Indien. Was „Götter" sind, so Bergunder, orientiert sich primär am kulturellen Hintergrund der (europäischen) Forscher – der Prototyp wären in diesem Fall die griechischen Götter. Der damit verglichene nicht-europäische Gegenstand (hier: die indischen „Götter") könnten niemals adäquat den Merkmalen des Prototyps entsprechen, was im Resultat bedeute, dass sie im Vergleich immer defizitär blieben. Daraus folge, dass vergleichende Studien inhärent eurozentrisch seien.

Im Unterschied zu anderen Kritiker:innen belässt es Bergunder aber nicht bei dieser Kritik, sondern schlägt eine Methode vor, mit der Religionsvergleiche möglich werden. Dem indischen Historiker Dipesh Chakrabarty folgend fordert er eine strikte Historisierung des jeweiligen Vergleichspunkts, das heißt der Kategorie. Solche im europäischen Denken wurzelnden Kategorien „should no longer be used without critically exploring their globally entangled histories since nineteenth-century colonialism, which gave rise to European prototypes" (Bergunder 2016: 39). Wir müssten lernen zu akzeptieren, „that our comparative concepts have a history that needs to be disclosed as a prerequisite for any further use" (Bergunder 2016: 45). Diese Begriffsgeschichte beschränke sich aber nicht auf Europa. So wie der Begriff „Religion" hätten sich auch viele andere ursprünglich europäische Begriffe seit dem 19. Jahrhundert weltweit verbreitet. Andere Kulturen hätten sich die Begriffe angeeignet und oft in ihre eigenen Sprachen übersetzt, womit auch die Bedeutung modifiziert worden sei. Gerade diese historischen Verknüpfungen ermöglichen nach Bergunder den Vergleich: Wenn lokale Akteure in zwei Kontexten etwas als „religiös" betrachten, sei es eben dadurch vergleichbar.

Im Unterschied zu Aaron Hughes, für den Vergleiche nur innerhalb lokaler Kontexte legitim sind, hält Bergunder also einen interkulturellen Religionsvergleich durchaus für möglich. Wie bei Hughes ist aber auch bei Bergunder eine tiefe Skepsis gegenüber *analogen* Vergleichen spürbar – also Vergleichen von historisch unverbundenen Gegenständen, für die Forscher eine Analogie postulieren –, weil solche Analogien eben nur durch europäisch geprägte, belastete Begriffe ausgedrückt werden könnten. Der interkulturelle Vergleich ist also bei ihm genau genommen ein *trans*kultureller Vergleich, ein Vergleich von Gegenständen, die historisch oder über ihre Begriffsgeschichte genealogisch miteinander verbunden sind. Er bleibt kontextuell (siehe Kapitel 5), wobei hier der Kontext potenziell die gesamte Welt umfasst.

Wie schon oben gesagt, erscheint ein Verzicht auf den analogen Vergleich, welcher in allen anderen Bereichen ein natürlich menschlicher Vorgang ist, unbefriedigend. Darüber hinaus könnten nach Bergunders Modell nur Gegenstände anderer Kulturen verglichen werden, die in der Moderne, das heißt nach der globalen Verbreitung jener Kategorien, verortet sind. Die vormoderne außereuropäische Religionsgeschichte – die ihre eigenen Begriffe und Kategorien entwickelt hatte –

würde komplett ausgeblendet und könnte nicht vergleichend untersucht werden. Möglichkeiten zum Umgang mit diesem und anderen genannten Problemen werden im nächsten Kapitel diskutiert.

Empfohlene Begleitlektüre

BL a. Platvoet, Comparing Religions (1982), Kapitel 1 (S. 3–20); Hughes, Comparison (2017), S. 8–14.

BL b. Prothero, Religion Matters (2020), Kapitel 1 (S. 3–25); Bergunder, Comparison in the Maelstrom of Historicity (2016).

Selbsttestfragen

1a. Erklären Sie in Ihren eigenen Worten, warum Heilers Behandlung der Beichte ein Beispiel für Dekontextualisierung ist.

1b. In welcher Hinsicht sind Essenzialisierung und Universalisierung problematischer als Dekontextualisierung und Generalisierung?

Diskussionsfragen

2.a. Welche Probleme in Heilers Ansatz löst Hughes' radikale Lokalisierung? Welche nicht? Welche neuen Probleme entstehen dadurch? Diskutierten Sie diese Fragen anhand von Beispielen.

2.b. Welche Essenzialisierungen sind Ihnen im Bereich Religion schon begegnet? Diskutieren Sie anhand einiger Beispiele, was die Motive für die Essenzialisierung jeweils sein mögen. Welche Rolle spielen Dekontextualisierung und Universalisierung in diesen Fällen?

Reflexionsfragen

3.a. Wie kann man Ihrer Meinung nach entscheiden, welche Aspekte des Kontextes für eine vergleichende Studie entscheidend sind und welche zurückgestellt werden können?

3.b. Welche essenzialisierenden Aussagen kann man zu nützlichen generalisierenden Aussagen umformulieren? Welche nicht? Geben Sie Beispiele.

Kapitel 4 Theoretische Grundlagen des Vergleichs

> **Zusammenfassung**
>
> In diesem Kapitel treten wir einen Schritt zurück, um zu fragen, wie ein Vergleich grundsätzlich funktioniert. Ausgehend von dem Basismodell mit zwei Comparanda und einem Tertium Comparationis wird erörtert, wie diese drei Komponenten zu bestimmen sind. Es wird ersichtlich, dass Gegenstände, die als Comparanda dienen, immer sowohl empirisch verifizierbar als auch theoretisch konstruiert sein müssen, dass die zur Identifikation dienenden Kategorien dynamisch und veränderbar bleiben müssen und dass das Interesse der forschenden Person die Comparanda auf bestimmte Weise eingrenzt. Eine Reflexion über den Aspekt, auf den hin die Comparanda verglichen werden (das Tertium Comparationis), legt nahe, dass prinzipiell alles vergleichbar ist, aber dass sich die Comparanda und das Tertium in gegenseitiger Abhängigkeit bilden. Der zweite Teil des Kapitels legt das Augenmerk auf die vergleichende Person und erörtert zunächst persönliche, kulturelle und akademische Faktoren, die ihre Situiertheit bestimmen. Dann wird die Agency erkundet, mit der die Person mittels Reflexivität und kontrollierter Entscheidungsfindung Vergleichsstudien durchführen kann. Abschließend wird erläutert, welche theoretische Produktivität ein reflektierter und transparenter Religionsvergleich besitzt.

Wie wir in Kapitel 3 sahen, bezieht sich bei genauer Betrachtung manche Kritik am Religionsvergleich gar nicht auf die vergleichende Methode, sondern auf die Agenda, mit der verglichen wird. Essenzialisierende und universalisierende Schlussfolgerungen ergeben sich nicht aus dem Vergleich selbst, sondern aus bestimmten ideologischen oder religiösen Vorannahmen der Forschenden. Wir sahen auch, dass andere von Kritiker:innen vorgebrachte Aspekte wie Generalisierung und Dekontextualisierung im Religionsvergleich unvermeidbar sind, aber genau betrachtet jeweils ein Spektrum bilden, auf dem sich Punkte finden lassen, die als legitim gelten können. Die postmoderne und postkoloniale Kritik hebt die Subjektivität der Betrachtung, die westlich und kolonial geprägte Perspektive und Begrifflichkeit der Wissenschaft und die daraus folgende Notwendigkeit der Selbstreflexion hervor. Sie gibt zahlreiche problematische Aspekte zu bedenken, aber bietet nur wenige und begrenzte Optionen für konkrete zukünftige Vergleichsstudien.

Wie gehen wir mit den genannten Problemen um? Gibt es Möglichkeiten, die Kritik ernst zu nehmen und sie sinnvoll in die Methodologie zu integrieren? Wie kann heute ein verantwortungsvoller und produktiver Religionsvergleich gelingen? In diesem Kapitel schauen wir dem Religionsvergleich gleichsam „unter die Motorhaube" und fragen einmal grundsätzlich: Wie funktioniert ein Vergleichsvorgang eigentlich? Dazu gehören die Fragen, wie die zu vergleichenden Dinge bestimmt werden, was der jeweilige Vergleichspunkt ist, und welche Faktoren hineinspielen, wenn eine Person (der:die Forscher:in) einen Vergleich vornimmt. Im Laufe dieser Betrachtung werden wir den Kritikpunkten aus Kapitel 3 wiederbegegnen und versuchen, sie produktiv einzuordnen.

Ich möchte vorwegschicken, dass die erkenntnistheoretischen Vorannahmen und auch zahlreiche Aspekte der hier entfalteten Methodologie große Ähnlichkeiten mit dem Ansatz der Grounded Theory für qualitative Sozialforschung von Anselm Strauss und Juliet Corbin aufweisen (siehe Corbin/Strauss 2008; Strübing 2014). Die Entwicklung der vorliegenden Methodologie hat sich aus anderen Quellen gespeist, aber die Affinität ist deutlich. Ich verzichte im Folgenden darauf, in den Einzelpunkten jeweils die Parallelen zu erörtern, weil das die Darstellung unnötig ausdehnen würde. Wenn Sie schon mit der Grounded Theory vertraut sind, werden Sie die Ähnlichkeiten erkennen; wenn nicht, mag dies als Anlass dienen, sich damit zu beschäftigen, besonders wenn Sie mit Methoden der qualitativen Sozialforschung arbeiten möchten.

4.1. Unter der Motorhaube: Wie funktioniert Vergleichen?

Bevor wir die Mechanismen des Vergleichens genauer betrachten, ist es hilfreich, uns zunächst ein einfaches Modell zu vergegenwärtigen, mit dem jede Art von Vergleich beschrieben werden kann. William Paden, ein bedeutender amerikanischer Theoretiker des Religionsvergleichs, fasst es folgendermaßen zusammen (Paden 1996a: 7):

> Comparison ... is the study of two or more objects in terms of a common factor, a common factor in relation to which either the differences or the similarity of the objects can become explicit and understood.

In seiner Minimalausstattung besteht ein Vergleich also immer aus drei Komponenten: zwei Gegenständen, die verglichen werden sollen (es können auch mehr sein) und einem ihnen gemeinsamen Merkmal, auf das hin sie verglichen werden. Technisch ausgedrückt spricht man von den zwei Comparanda (wörtlich den „zu vergleichenden" Dingen) und dem Tertium Comparationis (wörtlich dem „dritten [Bestandteil] des Vergleichs") (Abb. 6).

Abb. 6

Dass dieses Modell trotz der lateinischen Begriffe leicht verständlich sein dürfte, kann man an beliebigen Beispielen zeigen. Nehmen wir an, Sie vergleichen zwei Briefmarken (Comparanda A und B) auf ihren Geldwert hin (Tertium Comparationis). Oder den heutigen Tag mit dem gestrigen Tag (Comparanda A und B) im Hinblick auf die gemessene Durchschnittstemperatur (Tertium Comparationis). Oder Sie stehen im Schuhgeschäft und vergleichen zwei Paar Schuhe (Comparanda A und B) daraufhin, wie bequem man in ihnen laufen kann (Tertium Comparationis). Diese Beispiele zeigen nicht nur, dass Vergleichsvorgänge in unserem täglichen Leben allgegenwärtig sind, sondern auch, wie leicht man sie für bestimmte Fragestellungen anpassen kann, indem man die Komponenten leicht ändert. Man könnte andere Comparanda wählen oder hinzufügen, zum Beispiel eine andere Briefmarke, den vorgestrigen Tag, oder ein anderes Paar Schuhe. Und man könnte ein anderes Tertium Comparationis auswählen, bei den Briefmarken zum Beispiel das Design statt des Geldwerts, bei den Tagen die Niederschlagsmenge statt der Temperatur, bei den Schuhen das Aussehen statt des bequemen Sitzes.

Für eine konkrete Fragestellung können auch mehrere einzelne Tertia zu einem übergreifenden Tertium kombiniert werden. Wenn Sie etwa zwei Paar Schuhe daraufhin vergleichen, wie gut sie sich für die geplante Bergwanderung eignen (das übergreifende Tertium Comparationis), spielt nicht nur der bequeme Sitz und das Aussehen eine Rolle, sondern auch ihre Strapazierfähigkeit, ihre Wetterfestigkeit, vielleicht auch die Marke des Herstellers und der Preis. Man vergleicht sie mit Blick auf jedes einzelne dieser Tertia und wählt schließlich das Paar aus, von dem man meint, dass es die bestmögliche Kombination dieser Eigenschaften besitzt. Ein solches übergreifendes Tertium grenzt zugleich die Auswahl der Comparanda ein. Wenn man Schuhe für eine Bergwanderung sucht, wird man nicht jedes beliebige Paar Schuhe im Geschäft vergleichen, sondern manche von vornherein ausschließen, etwa leichte Sandalen, Pantoffeln oder Flip-Flops.

All dies sind Vergleichshandlungen, die wir ständig im Alltag vornehmen, und es mag etwas übertrieben akademisch erscheinen, sie so zu analysieren. Es scheint mir aber wichtig, sich klarzumachen, dass der wissenschaftliche Religionsvergleich nicht grundsätzlich anders funktioniert, wenn auch manche Faktoren hinzukommen, die ihn etwas komplizierter gestalten. Sowohl Comparanda wie auch Tertium Comparationis sind oft nicht so unumstritten wie in den genannten Beispielen. So handelt es sich bei den Comparanda zwar durchaus manchmal um materielle Gegenstände wie Altäre, Gebetsketten oder Tempel, aber selbst hier stellt sich schon die Frage, was einen Tisch zum Altar, eine Kette zur Gebetskette und ein Gebäude zum Tempel macht. Viel häufiger sind die Comparanda allerdings Konzepte, wie zum Beispiel Gottesvorstellungen, Mythen oder ethische Normen, die schwieriger einzugrenzen sind. Auch das Tertium Comparationis ergibt sich selten so offensichtlich wie beim Schuhkauf vor einer Bergwanderung.

Wir werden im Folgenden Comparanda und Tertium Comparationis im Religionsvergleich näher unter die Lupe nehmen. Wie werden sie bestimmt und eingegrenzt? Nach welchen Kriterien werden sie ausgewählt? Gibt es Dinge, die nicht verglichen werden können oder dürfen? Woher weiß man, dass es produktiv ist, zwei bestimmte Comparanda mit einem bestimmten Tertium Comparationis zu vergleichen? Was bedeutet „produktiv" in diesem Zusammenhang?

4.2. Was vergleichen? Die Bestimmung der Comparanda

Im vorangehenden Kapitel begegneten wir dem Vorwurf der Dekontextualisierung. Religionsvergleichende Studien, so die Kritik, lösten die Gegenstände, die sie vergleichen wollen, aus ihrem jeweiligen sozio-kulturellen Zusammenhang und verfälschten dadurch ihre kontextuelle Bedeutung. Wir sahen am Beispiel von Heilers Bemerkungen zur Beichte im Buddhismus, dass diese Kritik in manchen Fällen durchaus berechtigt ist, stellten aber auch fest, dass der Begriff „Kontext" unpräzise ist und dass jeder Gegenstand in mehreren Kontexten gleichzeitig verortet ist (historisch, sozial, politisch, wirtschaftlich usw.). Da eine Studie – ob vergleichend oder nicht – immer eine bestimmte Fragestellung besitzt, können niemals alle Dimensionen gleichermaßen berücksichtigt werden.

Doch selbst wenn man einer Kritik zustimmt, die anmahnt, dass ein Gegenstand „aus dem Kontext gerissen" sei, kann man festhalten, dass auch diese Kritik offenkundig einen Gegenstand von seinem Kontext unterscheidet. Eingebettet in seinen Kontext sei der Gegenstand korrekt interpretierbar, herausgelöst aber nicht. Was die Kritik jedoch selten diskutiert, ist die Frage, wie genau sich der Gegenstand von seinem Kontext unterscheidet. Selbst wenn man ihn „in seinem Kontext" untersuchen wollte, muss doch klar sein, wo der Gegenstand endet und der Kontext beginnt. Wie grenzt man einen Forschungsgegenstand von seinem Kontext ab?

Diese Frage ist weniger schwierig zu beantworten, wenn es um konkrete, materielle Gegenstände geht. Untersucht man die Funktion des Altars in einer christlichen Kirche, scheint ziemlich klar, wie man ihn von anderen Gegenständen des Kontexts abgrenzt, die andere Funktionen besitzen (der Kanzel, dem Taufbecken, den Bänken usw.). Handelt es sich aber um einen nicht-materiellen Forschungsgegenstand, etwa das interreligiöse Engagement der Gemeindemitglieder, wird es schon schwieriger. Wie ermittelt man dieses Engagement? Was zählt dazu? Die Organisation eines interreligiösen Gebetstags? Der gelegentliche Austausch mit muslimischen Nachbarn? Die Lektüre eines Buches von Martin Buber oder Hans Küng? Wer diese Untersuchung vornimmt, wird entscheiden müssen, was „interreligiöses Engagement" für diese Studie beinhaltet. Dieses Beispiel lässt schon erahnen, dass Forschungsgegenstände nicht einfach existieren und nur vorgefunden werden müssen, sondern auch maßgeblich von der Fragestellung der Forschenden bestimmt und eingegrenzt werden.

Wenn dies schon für die Untersuchung eines Kontexts gilt, scheint eine Bestimmung von Gegenständen für eine Vergleichsstudie (also von Comparanda) noch komplizierter zu sein. Hier können uns Überlegungen helfen, die in der Soziologie zum Begriff „Fall" angestellt wurden. Wie bestimmt man einen „Fall" von sozialer Benachteiligung, von Freizeitsport, von Terrorismus? In dem von Charles Ragin und Howard Becker herausgegebenen Band *What Is A Case?* finden sich erhellende Überlegungen hierzu (Ragin/Becker 1992). Charles Ragin unterscheidet in seiner Einleitung (Ragin 1992: 8) zwei Dichotomien in der Konzipierung eines „Falles", die für ihn in den Studien des Buches erkennbar werden: (1) ob dieser als eine empirische Einheit oder als ein theoretisches Konstrukt betrachtet werde, und (2) ob er als allgemein oder spezifisch verstanden werde. Der ersten Unterscheidung sind wir oben schon begegnet: (1a) Ein Fall ist entweder empirisch nachweisbar und kann somit vorgefunden werden (der Altar aus dem Beispiel oben), oder (1b) der Fall wurde von Forschenden auf der Basis bestimmter Theorien oder Konventionen konstruiert (das interreligiöse Engagement im obigen Beispiel). Mit der zweiten Unterscheidung (spezifisch oder allgemein) meint Ragin, dass ein Fall sich entweder (2a) im Laufe einer Untersuchung herausbildet und daher spezifisch für diese Studie ist, oder (2b) eine allgemeine Einheit darstellt, die in der Forschung als solche anerkannt ist und bereits vor der Studie existiert, zum Beispiel der „Fall" eines Nationalstaats oder der „Fall" einer Familie.

Ragin erstellt dann eine Kreuztabelle, in der er 1a und 1b jeweils mit 2a und 2b kombiniert, und gibt Beispiele für jede der vier Kombinationen, die aus den Beiträgen im genannten Band stammen. Dies ist interessant und instruktiv, und ich ermutige Sie, es selbst zu studieren. Aber statt Ragins soziologische Beispiele hier zu referieren, möchte ich einen anderen Weg einschlagen. Die von Ragin sinnvoll vorgenommenen Unterscheidungen sollten nämlich für unsere Zwecke meines Erachtens nicht als Dichotomien, sondern als (1) die Enden eines Spektrums und (2) Stadien in einem Prozess verstanden werden. Da dies alles etwas abstrakt ist, werde ich es im Folgenden detaillierter erläutern.

Empirische und theoretisch konstruierte Gegenstände

Noch einmal zur Erinnerung: Es geht hier darum, wie wir die Comparanda in einem Religionsvergleich bestimmen. Was genau sind die Gegenstände, die wir vergleichen? Betrachtet man Ragins erste Unterscheidung zwischen empirischen Einheiten und theoretischen Konstrukten, kann man leicht viele Beispiele finden. Man kann etwa Altäre in verschiedenen Kontexten vergleichen oder auch Götterstatuen, religiöse Kleidung, Amulette, Tempelgebäude usw. Dies sind alles materielle Gegenstände, die in der empirischen Wirklichkeit vorgefunden werden, die verifizierbar und messbar sind und die demnach als empirische Einheiten in Ragins Sinne gelten können.

Unterschieden werden diese empirischen Einheiten von theoretischen Konstrukten, die ebenfalls in Religionsvergleichen ganz üblich sind. Man kann etwa das interreligiöse Engagement einer Religionsgemeinschaft mit dem einer anderen Gemeinschaft vergleichen. „Interreligiöses Engagement" ist ein theoretisches Konstrukt, weil die Person, die die Studie durchführt, definiert, was für diese Studie als „interreligiös" und als „Engagement" gelten soll. Vielleicht legt sie fest, dass die bloße Lektüre eines Buches zum Religionsdialog von Hans Küng nicht hinreichend ist. Vielleicht gibt es aber auch Gründe, die Definition weiter zu fassen und dies mit zu berücksichtigen. Was „interreligiöses Engagement" für die betreffende Studie bedeutet und auf was man demzufolge seinen Blick richtet, beruht auf der zugrunde gelegten Theorie von Interreligiosität und von Engagement. Andere theoretische Konstrukte, die in einer vergleichenden Studie als Comparanda dienen könnten, sind zum Beispiel Fundamentalismus, Kanonbildung, Askese, Säkularität, die religiöse Rechtfertigung von Krieg, Geschlechterbeziehungen und vieles mehr.

Wie oben angedeutet, ist es nun nützlich, Ragins Unterscheidung nicht als Dichotomie, sondern als die zwei Enden eines Spektrums zu verstehen. Am einen Ende stehen empirisch verifizierbare materielle Objekte, am anderen Ende theoretische Konstrukte. Ein solches Spektrum hat den Vorteil, dass man in ihm viele andere Comparanda verorten kann, die nicht so eindeutig in eine der beiden Kategorien passen, sondern irgendwo dazwischen liegen. Beispiele wären ritualisierte Handlungen, religiöse Erzählungen, theologische Konzepte wie Wiedergeburt, göttliche

Intervention oder das Erwerben religiösen Verdienstes, soziale Institutionen und Organisationen und ihre religiöse Grundierung und vieles mehr. Auch diese können alle als Comparanda dienen.

Ein weiterer Vorteil des Bildes vom Spektrum gegenüber dem der Dichotomie ist, dass sich auf einem Spektrum ausschließlich Mischformen befinden, selbst an den Enden. Anders ausgedrückt, es existiert keine „reine" Form. Vielmehr weist jedes Comparandum beide Dimensionen – empirische Verifizierbarkeit und theoretische Konstruktion – auf, wenn auch in unterschiedlichen „Mischverhältnissen". Dies kann man sich leicht an Beispielen klarmachen. Wer etwa einen Fall von Fundamentalismus in einem buddhistischen Kontext mit einem Fall von Fundamentalismus in einem christlichen Kontext vergleichen will, muss natürlich klar definieren, was unter dem theoretisch konstruierten Begriff Fundamentalismus verstanden werden soll. Andererseits ist es für den Vergleich aber auch unerlässlich, empirische Daten der beiden Kontexte zu identifizieren und zu untersuchen, zum Beispiel Handlungen betreffender Gruppen, Aussagen von Führern und Betroffenen, mediale Berichterstattung, religiöse Schriften, auf die Bezug genommen wird, usw. Man kann etwas überhaupt nur als Fundamentalismus klassifizieren, wenn die empirischen Daten die Definition des Begriffs bestätigen. Ohne empirische Basis kann es keinen Vergleich geben. Jedes theoretische Konstrukt auf unserem Spektrum muss daher *auch* eine empirische Dimension haben, um als Comparandum in Frage zu kommen.

Wenn wir an das andere Ende des Spektrums schauen, ist umgekehrt festzustellen, dass jeder offenkundig empirisch verifizierbare Gegenstand in einem Vergleichsvorgang auch immer theoretisch konstruiert ist. Das ist vielleicht nicht unmittelbar einleuchtend, lässt sich aber wiederum am besten an einem Beispiel verdeutlichen. Vergleicht man Altäre in christlichen und buddhistischen Kontexten, scheint zunächst nicht viel theoretische Konstruktion im Spiel zu sein. Es sind materielle Objekte, die man abmessen und fotografieren kann. Man kann die auf ihnen platzierten Ritualgegenstände dokumentieren und beobachten, wie sich Menschen zu ihnen verhalten oder welche Rolle sie im Ritual spielen. All dies sind empirische Daten. Die theoretische Konstruktion ist allerdings dennoch präsent, weil man beide Objekte als „Altar" klassifiziert und somit eine bestimmte Definition (oder Theorie) des Begriffs Altar zur Anwendung kommt.

Unsere Definition von Altar ist wesentlich vom Verständnis der Menschen geprägt, die den Altar benutzen. Rein empirisch-materiell betrachtet handelt es sich zunächst einmal lediglich um einen Tisch. Er wird dadurch für die Religionswissenschaft interessant, dass Menschen ihm einen besonderen religiösen Wert zusprechen. Nur weil sie ihn auf eine bestimmte *religiöse* Weise interpretieren und benutzen, klassifizieren wir den Tisch als „Altar". Unser Interesse an diesem besonderen Tisch ist also von der Interpretation religiöser Menschen abhängig, doch was für unsere vergleichende Studie als „Altar" gelten soll, ist letztlich unsere wissenschaftliche Konstruktion, denn es hängt von unserer Religionsdefinition ab, was es bedeutet, einen Tisch *religiös* zu interpretieren. Dies kann man sich daran klarmachen, dass wir unsere christlichen und buddhistischen Altäre auch mit einem Tisch in einem säkularen Raum vergleichen könnten, wenn wir diesen als Altar identifizieren. Siehe hierzu zum Beispiel Sherry/Kozinets (2003), die errichtete Altäre beim Burning Man Festival, einem jährlich stattfindenden, nicht explizit religiösen Kunst- und Musikevent in der Wüste Nevadas untersuchen.

Ein Gegenstand kann zu einem Comparandum in einer vergleichenden Studie werden, wenn wir ihn religionswissenschaftlich interessant finden. Solange wir in ihm religiöse Aspekte entdecken – auf der Grundlage unseres wissenschaftlichen Religionsverständnisses –, ist es weniger relevant, ob die Akteure selbst die Handlungen, die an diesem Tisch stattfinden, für „religiös" (in ihrem eigenen Verständnis) halten. Zwar sprechen sie dem Tisch einen besonderen Wert zu – das macht ihn für uns interessant und zum „Altar"–, aber wir sind es, die diesen Wert als religiösen Wert definieren. Insofern ist ein Altar, der als Comparandum dienen soll, nicht nur ein empirisch leicht erfassbares materielles Objekt, sondern immer auch theoretisch konstruiert. Es ist besonders wichtig, dies hervorzuheben, weil die Bedeutung der theoretischen Dimension bei der Untersuchung vermeintlich „handfester" Gegenstände manchmal unterschätzt wird.

Allgemein und spezifisch definierte Gegenstände

Charles Ragins andere Dichotomie unterscheidet zwischen Gegenständen, die einer etablierten und weitgehend anerkannten Klassifikation folgen und solchen, deren Definition sich erst im Laufe einer Studie herausbildet und somit für die Studie spezifisch ist. Statt dies als zwei alternative Optionen zu verstehen, erscheint es für vergleichende Studien sinnvoller, sie als Stufen im Forschungsprozess zu identifizieren. Was damit gemeint ist, lässt sich wiederum am besten an Beispielen zeigen.

Die Religionswissenschaft besitzt eine differenzierte Klassifikation religiöser Gegenstände, die in der Regel als Ausgangspunkt für die Auswahl von Comparanda dient. Die größten Einheiten sind Religionen, aber diese erscheinen heute wegen ihrer Abstraktheit und Komplexität selten als Comparanda in Vergleichsstudien. Man kann sie kaum vergleichen, ohne sie zu essenzialisieren (zur Problematik von Essenzialisierung siehe oben, Kapitel 3). Aber es ist hilfreich, mit dieser abstrakten Ebene zu beginnen, um den Prozess der klassifikatorischen Spezifizierung eines Comparandums zu beschreiben. Hier ist ein Beispiel: Religionen → Hinduismus → Hinduismus im nördlichen Indien → Hinduismus in der Stadt Varanasi → Verehrung der hinduistischen Göttin Durga (Durgā) in Varanasi → Durga-Bildnisse → ein Durga-Bildnis, das in einer bestimmten Prozession getragen wird.

Diese Reihe soll keinen realen Forschungsprozess abbilden, denn man beginnt ein konkretes Forschungsprojekt in der Praxis selten mit der abstraktesten Ebene. Aber es ist hilfreich, sich zu vergegenwärtigen, dass solche Spezifizierungen Teil des Auswahlprozesses eines Comparandums sind. Die Spezifizierung kann sich von etablierten Kategorien (zum Beispiel Hinduismus, Göttin-Verehrung, Göttin-Bildnis) zu einem spezifischen Gegenstand, der sich im Forschungsprozess herausbildet (hier die Verwendung eines Durga-Bildnisses in einer ganz bestimmten Prozession) bewegen (siehe hierzu Freiberger 2018).

Man kann aber auch – Ragins andere Option – bei einer etablierten Kategorie „stehenbleiben" und die so klassifizierten Gegenstände vergleichen. Ein Beispiel hierfür wäre etwa die Kategorie „kanonische Texte," in der man Werke wie die Bhagavadgita oder das Daodejing vergleicht. Auch hier ist wieder zu bedenken, dass unsere religionswissenschaftlichen Kategorien – von allgemeinen Oberbegriffen bis hin zu spezifischen Kategorien – in vielen Fällen von Klassifikationen abgeleitet sind, die in den religiösen Traditionen selbst entwickelt wurden bzw. von religiösen Zuschreibungen abhängig sind. Am Beispiel der Kategorie „kanonischer Text" kann man das schon gut erkennen. Dass die Bhagavadgita im Hinduismus und das Daodejing im Daoismus benutzt und verehrt werden, ist nicht umstritten und kann empirisch gezeigt werden. Aber der *kanonische* Status wird diesen Texten – gerade im Unterschied zu anderen Texten – von religiösen Akteuren zugesprochen. Ob etwas kanonisch oder nicht kanonisch ist, bestimmen die religiösen Menschen selbst.

Was den Begriff „kanonischer Text" wiederum zu einer religionswissenschaftlichen Kategorie macht, ist die Bestimmung dessen, was unter „kanonisch" zu verstehen ist. Nach einer üblichen Definition etwa kann ein Text dann religionswissenschaftlich als kanonisch bezeichnet werden, wenn er fixiert ist (das heißt, nicht mehr veränderbar) und ihm normative Autorität zugesprochen wird. So weit, so gut. Aber wir sehen schon, dass auch hier die Aktivität der religiösen Menschen ins Spiel kommt. Was machen wir, wenn eine Hindu-Bewegung die Bhagavadgita nicht als autoritativ anerkennt? In diesem Fall ist sie *für die Anhänger dieser Bewegung* kein kanonischer Text, wohl aber für viele andere Hindus. Was machen wir, wenn das Daodejing sehr frei ins Englische übertragen wird – gefolgt von schärfster Kritik von Sprachkenner:innen und vielen Daoist:innen – aber diese Fassung dann Popularität gewinnt und von manchen als Essenz des Daoismus betrachtet wird? Für all die, die es so empfinden, ist nun diese Übersetzung der kanonische, autoritative Text (siehe Prothero 2020: 431f.).

Wenn wir also bei der Auswahl unserer Comparanda von religionswissenschaftlichen Klassifikationen und Kategorien ausgehen, muss uns immer bewusst bleiben, wie diese Kategorien mit Zuschreibungen der religiösen Menschen verwoben sind und dass sie möglicherweise weniger stabil sind als man erst vermuten würde. Um bei unserem Beispiel zu bleiben: Auch wenn wir einen Text zunächst als kanonisch klassifizieren, ist dies keine inhärente Wesenseigenschaft dieses Textes. Wir müssen immer darauf gefasst sein, dass unsere Klassifikation von den Auffassungen mancher religiöser Menschen in Frage gestellt wird und wir die betreffende Kategorie überdenken, verfeinern oder womöglich durch eine neue ersetzen müssen. Diese Dynamik in der Klassifizierung ist eine Stärke, weil damit die empirische Wirklichkeit präziser analysiert und interpretiert werden kann.

Die Eingrenzung von Comparanda

Wie die bisherigen Überlegungen nahelegen, wäre es naiv zu meinen, man könne für einen Religionsvergleich einfach objektiv existierende Fakten vorfinden und gegenüberstellen. Der zu vergleichende Gegenstand (Comparandum) wird nicht nur von seiner empirischen Untersuchbarkeit bestimmt, sondern immer auch durch die theoretischen Festlegungen der Forschenden als Analyseeinheit eingegrenzt. Wenn wir der empirischen Wirklichkeit begegnen, „erkennen" wir in einem Tisch einen Altar oder in einer Schrift einen kanonischen Text, weil wir ein bestimmtes Vorverständnis dieser Kategorien mitbringen. Wir klassifizieren die Gegenstände also bereits bei ihrer Auswahl. Es ist überaus wichtig, diese Klassifizierung als vorläufig zu betrachten, denn sie könnte sich im Laufe der Untersuchung verändern, insbesondere in einer vergleichenden Studie. Es könnte sein, dass man am Schluss zu dem Ergebnis kommt, dass eine eingangs vorgenommene Klassifikation inkorrekt oder irreführend ist und ein untersuchter Gegenstand gar nicht in diese Kategorie gehört.

Hinzu kommt, dass man ganz bestimmte Aspekte eines Gegenstands hervorhebt, wenn man ihn einer Kategorie zuordnet. Wenn man etwa einen Text als kosmogonischen Mythos (das heißt, als eine Erzählung von der Entstehung des Kosmos) klassifiziert, hebt man seinen Inhalt hervor. Als Comparandum könnte er mit anderen kosmogonischen Mythen verglichen werden. Vielleicht kann derselbe Text aber auch als Polemik gelesen werden, die die Textgattung der Kosmogonie benutzt, um die Überlegenheit einer religiösen Gruppe gegenüber einer anderen zu demonstrieren. In diesem Fall könnte man ihn als apologetischen Text klassifizieren und mit anderen, auch nicht-kosmogonischen, apologetischen Texten vergleichen. Oder er könnte als Parabel gelesen werden, der eine subtile Kritik an den politischen Verhältnissen jener Zeit übt, und so mit anderen Parabeln verglichen werden – oder mit anderen Herrschaftskritiken. Oder dieser Text wird in seiner materiellen Form, als Objekt, rituell verehrt und könnte so mit anderen rituell verehrten Objekten verglichen werden.

Auch dieses Beispiel zeigt wieder, wie das Interesse der Forschenden das Comparandum mitbestimmt. Da ein und derselbe Text – völlig legitim – auf verschiedene Weise als Comparandum klassifiziert werden kann, ist es wichtig, dass wir uns darüber im Klaren sind, welche Rolle unsere theoretischen Vorannahmen spielen. Von ihnen hängt ab, welche Gegenstände wir auswählen, und diese Auswahl hat wiederum wesentliche Auswirkungen auf das Ergebnis der Studie. Reflexion und Transparenz sind daher die Schlüssel zu einem erfolgreichen Vorgehen.

4.3. Woraufhin vergleichen? Das Tertium Comparationis

Wie in dem Grundmodell oben dargelegt (Abb. 6), besteht jeder Vergleich aus mindestens drei Komponenten, den beiden Comparanda und dem „Dritten des Vergleichs", dem Tertium Comparationis, das heißt dem Aspekt, auf den hin man die Comparanda vergleicht. Wenn man einen christlichen und einen buddhistischen Altar (oder die Bhagavadgita und das Daodejing) als Comparanda auswählt, woraufhin vergleicht man sie nun? Wie bestimmen wir das Tertium Comparationis? Um uns diesem Thema zu nähern, ist es nützlich, zuerst eine andere Frage zu klären: Gibt es Gegenstände, die keine Comparanda sein können, weil sie unvergleichbar sind?

Unvergleichbarkeit

Im Alltag sagen wir oft: „Das kann man nicht vergleichen!" Regelmäßig werden als Bild dafür Äpfel und Birnen angeführt, die man (angeblich) doch nicht vergleichen könne. Hier ein Beispiel (Hoffmann o.J.):

> Der 11-jährige Dennis strahlt selbstsicher über das ganze Gesicht, als er aus dem Schwimmbecken steigt. „Mama, ich habe Merle schon wieder im Schwimmen geschlagen. Sie schwimmt voll schlecht und ist gar nicht hinterhergekommen!", ruft er stolz. Dennis' kleine Schwester Merle kommt mit rotem Gesicht hinter ihm hergelaufen und schaut missmutig, weil sie mal wieder verloren hat. Die Mutter lächelt und sagt: „Na ja, Dennis... Du kannst aber auch nicht einfach Äpfel und Birnen vergleichen. Merle ist ja drei Jahre jünger als du!"

Dieses Zitat stammt aus GEOlino, der Kinderversion der Zeitschrift GEO. Um Kindern zu erklären, was die Redewendung „Äpfel mit Birnen vergleichen" bedeutet, fährt die Autorin fort:

> Das Bild der Äpfel und Birnen soll uns daran erinnern, dass man bei Vergleichen immer aufpassen sollte, ob das, was man vergleicht, auch wirklich vergleichbar ist. So kann man zwei Äpfel miteinander vergleichen, weil es sich um dieselbe Sache handelt. Ein Apfel und eine Birne sind allerdings zwei verschiedene Dinge und damit nur schwer vergleichbar.

Diese Erklärung entspricht dem üblichen Verständnis, aber ist sprachlich ebenso unpräzise wie die Redewendung selbst. Natürlich sind Äpfel und Birnen gar nicht „schwer vergleichbar"! Wie sollte man ohne einen Vergleich überhaupt wissen, dass es „zwei verschiedene Dinge" sind? Und nicht nur das: Sie haben umgekehrt auch sehr viele Aspekte gemeinsam, die sie etwa von Heidelbeeren, Salatköpfen oder Bohrmaschinen unterscheiden. Was wir mit der Redewendung eigentlich meinen, ist, dass Äpfel und Birnen nicht *gleich* oder *identisch* sind, dass man sie nicht fälschlicherweise unter eine Kategorie einordnen darf, die einem der beiden Dinge nicht gerecht wird. Dies stellt die Autorin im letzten Teil klar:

> Dennis vergleicht seine kleine Schwester und sich beim Schwimmen. Da Merle aber einige Jahre jünger ist als Dennis und noch gar nicht so geübt im Schwimmen wie ihr großer Bruder, ist der Vergleich unfair. Und er sagt daher im Vergleich nichts über das Können der beiden Geschwister aus.

Das Wort „unfair" zeigt, dass das eigentliche Problem ein moralisches ist. Es geht weniger um den Vergleich selbst als um die Haltung des Vergleichenden. Der Vergleich ergibt immerhin ganz korrekt, dass Dennis der schnellere Schwimmer ist. Die Frage ist, mit welcher Intention er genau diesen Vergleich vornimmt – das heißt, warum er sich und Merle (die beiden Comparanda) im Hinblick auf die Schwimmgeschwindigkeit (das Tertium Comparationis) vergleicht. Indem er (fälschlicherweise) faire Wettkampfbedingungen impliziert, kann er aus dem Ergebnis des Vergleichs seine eigene Überlegenheit ableiten. Wenn man also zwei Comparanda wählt, die in Bezug auf das Tertium Comparationis nicht gleichwertig sind (einen 11-Jährigen und eine 8-Jährige), kann das Ergebnis oberflächlich einer bestimmten Agenda nützen, ist aber bei genauerer Betrachtung wenig erhellend, denn es sagt nichts über das jeweilige absolute, altersbezogene Können der Kinder aus. Das moralische Problem liegt darin, beide Kinder trotz ihrer unterschiedlichen Voraussetzungen *gleichzusetzen*, eine Gleichheit zu postulieren.

Diese Tendenz, „vergleichen" als Synonym für „gleichsetzen" zu verwenden, die sich im Bild von den Äpfeln und Birnen spiegelt, ist im Sprachgebrauch weit verbreitet. So auch, wenn wir etwas als „unvergleichlich schön" oder umgekehrt als „unvergleichlich grausam" bezeichnen. Natürlich ist nicht gemeint, dass man den betreffenden Gegenstand nicht vergleichen kann, sondern nur, dass man ihn nicht mit anderen, weniger schönen oder weniger grausamen Dingen *gleichsetzen* sollte. Nur der Vergleich ermöglicht es ja, diese Gegenstände überhaupt von anderen Dingen abzusetzen. Im Englischen finden wir eine ähnliche Tendenz im Sprachgebrauch, zum Beispiel in der oft anzutreffenden Schulaufgabenformulierung „Compare and contrast..." Sie legt nahe, dass das Vergleichen die Gemeinsamkeiten der Comparanda benennt und das Kontrastieren die Unterschiede. Das ist aber irreführend, denn ein Vergleich vereint immer beide Operationen. Er richtet sich immer sowohl auf Gemeinsamkeiten *als auch* auf Unterschiede. Auch hier wird also „compare" als „gleichsetzen" verstanden.

Die Idee der Unvergleichbarkeit kann aber auch explizit vertreten und ideologisch oder religiös begründet werden. Für manche religiösen Menschen sind bestimmte Aspekte ihrer eigenen Tradition einzigartig und daher prinzipiell nicht vergleichbar, weshalb sie dem Ansatz der vergleichenden Religionswissenschaft kritisch gegenüberstehen. Diesen Umstand müssen wir zur Kenntnis nehmen, wenn wir vergleichende Studien unternehmen. Schon Friedrich Max Müller sprach diesen religiösen Vorbehalt gegenüber dem Vergleich in seiner ersten Rede zur Religionswissenschaft im Jahr 1870 offen an (Müller 1872: 7):

> The very title of the Science of Religion jars on the ears of many persons, and a comparison of all the religions of the world, in which none can claim a privileged position, must seem to many reprehensible in itself, because ignoring that peculiar reverence which everybody, down to the mere fetich worshipper, feels for his *own* religion and for his *own* God.

Der Kontext des Zitats legt nahe, dass Müller davon ausgeht, dass es in seinem vorwiegend christlichen Publikum eben solche Personen gibt, die ihre christliche Religion als privilegiert betrachten. Mit einem rhetorischen Kniff zeigt er dafür Verständnis, stellt aber zugleich fest, dass religiöse Menschen immer besondere Ehrerbietung gegenüber ihrer eigenen Religion fühlten, selbst „einfache Fetischverehrer". Diese scheinbare Herabwürdigung indigener Religionsformen ist in Wirklichkeit eine Aufwertung, denn Müller stellt durch seinen Vergleich heraus, dass sich jene „Fetischverehrer" in diesem Punkt durch nichts von seinem gebildeten Publikum im viktorianischen England unterschieden. Müller würde sicher nicht behaupten, dass es keine Unterschiede gäbe, aber er betont, dass auch wichtige Gemeinsamkeiten bestehen. Fromme Christen in seinem Publikum mögen den Religionsvergleich gerade deshalb als anstößig empfunden haben. Müller geht sogar noch einen Schritt weiter und deutet an, dass der *Anspruch* auf Unvergleichbarkeit *als solcher* interkulturell verglichen werden kann. Insgesamt kann in Müllers Konzept vom Religionsvergleich, wie wir auch schon in Kapitel 2 gesehen haben, keine Religion eine privilegierte Stellung für sich beanspruchen. Damit ist für ihn auch keine religiöse Ausdrucksform unvergleichbar.

Wenn wir alltagssprachliche Ungenauigkeiten und religiöse Vorbehalte ausklammern und somit Vergleichen nicht als ein simples Gleichsetzen, sondern als eine Analyse von Gemeinsamkeiten und Unterschieden zweier Comparanda verstehen, kann man genau diesen Schluss ziehen – dass grundsätzlich und ausnahmslos alle Gegenstände vergleichbar sind. Dies stellt auch der Schweizer Philosoph Ralph Weber aus Sicht der komparativen Philosophie fest, wenn er prinzipiell erklärt: "anything is comparable with anything in some respect" (Weber 2014: 166). Nach Weber setzt ein Vergleich zweier Gegenstände voraus, dass sie mindestens einen Aspekt gemeinsam haben, denn ohne diese Voraussetzung könnten nicht sowohl Unterschiede *als auch* Gemeinsamkeiten analysiert werden. Weber testet seine Hypothese, dass alles mit allem vergleichbar sei, an einem extremen Beispiel: Kann man Primzahlen mit der Wüste Gobi vergleichen? Welchen Aspekt sollen diese gemeinsam haben? Er erklärt, dass der gemeinsame Aspekt sehr unterschiedlicher Natur sein mag. Zum Beispiel kann man feststellen, dass Primzahlen und die Wüste Gobi im selben Universum existieren – oder, wie hier, im selben Satz. Dies beides hätten sie schon einmal gemeinsam. Außerdem gibt es „externe Beziehungen," das heißt Beziehungen, die beide Dinge zu einem dritten haben. Zum Beispiel könnten Primzahlen und die Wüste Gobi gemeinsam haben, dass mein Freund Peter von beiden fasziniert ist. Oder für unsere Zwecke formuliert: Sie haben gemeinsam, dass sich der:die Forschende für sie interessiert (Weber 2014: 163–166).

Dies so durchzuspielen ist aus zwei Gründen nützlich. Erstens zeigt es, dass grundsätzlich kein Gegenstand von einer vergleichenden Analyse ausgeschlossen ist, auch Dinge nicht, die religiösen Menschen als unvergleichbar gelten oder solche, die man normalerweise nicht als religiöse Gegenstände identifizieren würde. Jeder Gegenstand kann potenziell als Comparandum dienen. (Mit „Gegenstand" ist hier alles gemeint, was zu einem Forschungsgegenstand werden kann, also auch Konzepte, Handlungen usw.) Zweitens lenkt es zugleich die Aufmerksamkeit auf das spezifische Interesse des:der Forschenden. Denn dass jedes Ding mit jedem anderen Ding verglichen werden *kann*, bedeutet nicht automatisch, dass sie verglichen werden *sollten*. Vergleiche geschehen nicht willkürlich. Vielmehr müssen Forschende darlegen, warum sie einen bestimmten Vergleich für sinnvoll und produktiv halten. Das Forschungsinteresse, das sich in der Fragestellung der vergleichenden Studie manifestiert, lenkt die Auswahl der Comparanda, und es drückt sich auch darin aus, woraufhin die Comparanda verglichen werden, also im Tertium Comparationis. Forschende müssen erklären, warum sie ausgerechnet die betreffenden Comparanda auswählen und warum sie sie auf das betreffende Tertium Comparationis hin vergleichen.

Die Bestimmung des Tertium Comparationis

Auch wenn das Schema von Comparanda und Tertium (Abb. 6) denkbar simpel zu sein scheint, sind doch die Beziehungen zwischen den drei Komponenten vielschichtig. Wir haben gesehen, dass die Comparanda sowohl empirisch als auch theoretisch bestimmt werden und dass sie etwas gemeinsam haben müssen – in jedem Fall ihre theoretische Klassifizierung. Zwei Tische, die in unserer vergleichenden Altarstudie als Comparanda dienen, haben auf jeden Fall gemeinsam, dass *wir* sie als Altäre klassifizieren, zumindest vorläufig zu Beginn der Studie. Die Bhagavadgita und das Daodejing haben gemeinsam, dass wir sie beide als kanonische Texte identifizieren.

Das Tertium Comparationis kann man ebenfalls als einen Aspekt betrachten, den der:die Forschende als eine Gemeinsamkeit der beiden Comparanda postuliert. Wenn wir zum Beispiel die Bhagavadgita und das Daodejing daraufhin vergleichen wollen, welche religiöse Handlungstheorie in ihnen entwickelt wird, gehen wir davon aus, dass diese beiden Texte etwas dazu zu sagen haben. Aber woher wissen wir, dass sie sich dafür als Comparanda eignen? Antwort: Weil wir sie bereits verglichen haben! Ralph Weber spricht in diesem Zusammenhang von einem „präkomparativen *tertium*" (Weber 2014: 162):

> In comparative studies, the placing of one *comparatum* next to the other for the sake of subsequent comparison is not done purely at will but on the basis of a presumed or asserted relation, which is expressive of a claim of resemblance or dissemblance (or of identity or difference) and thus is also the result of prior comparison(s): „pre- comparative" is in this sense always „post-comparative".

Mit anderen Worten, wenn wir eine Vergleichsstudie beginnen, ist schon im Vorfeld viel passiert. Wir haben bereits einige Vergleichsvorgänge unternommen, bewusst oder unbewusst. Dass die Bhagavadgita und das Daodejing bedeutende Werke sind, die man als kanonische Texte ihrer jeweiligen Tradition klassifizieren kann, ist genau genommen das Ergebnis eines Vergleichs, als dessen Tertium „kanonischer Text" diente. Andere hinduistische und daoistische Texte fallen nicht in diese Kategorie. Dass sie darüber hinaus etwas über das ideale menschliche Handeln zu sagen haben und damit als Comparanda für unsere vergleichende Studie in Frage kommen, können wir wiederum nur wissen, wenn wir sie bereits zu einem gewissen Grad studiert und vorläufig verglichen haben.

Es wäre also trügerisch zu meinen, man müsse für eine Vergleichsstudie nur die beiden Comparanda auswählen, dann das Tertium bestimmen und anschließend den Vergleich durchführen. In Wirklichkeit beginnt der Vergleich viel früher. Potenzielle Comparanda und Tertia durchlaufen, lange bevor die eigentliche Studie beginnt, einen Selektionsprozess, in dem permanent verglichen wird. Dabei stehen sie in einem dynamischen und dialektischen Verhältnis. Das bedeutet, ein (vorläufiges) Tertium bestimmt die Auswahl der Comparanda, während zugleich das Studium der Comparanda das Tertium schärft und verfeinert, was sich wiederum auf die Selektionskriterien für die Comparanda auswirken kann usw. Um bei unserem Beispiel zu bleiben: Vielleicht standen noch andere kanonische Texte des Hinduismus und des Daoismus zur Debatte, bevor wir uns für die Bhagavadgita und das Daodejing entschieden haben – vielleicht auch Texte anderer Religionen. Und vielleicht hat uns letztlich das Studium dieser beiden Texte dazu inspiriert, sie auf ihre Aussagen zum menschlichen Handeln hin zu vergleichen, weil ihre jeweiligen Konzepte von *dharma* und *wu-wei* interessante Aspekte religiöser Handlungstheorien hervorheben können.

In diesem Auswahlprozess bilden sich also die Comparanda und das Tertium, für die man sich schließlich entscheidet, langsam heraus. An diesem Punkt kann dann die eigentliche vergleichende Studie beginnen. Wann und wie der Auswahlprozess ursprünglich anfing, ist hingegen schwer zu bestimmen. Begann er, als wir die beiden Texte zum ersten Mal lasen? Oder hatten wir schon vorher ein Interesse an religiösen Handlungstheorien? Die Frage, wie wir darauf kommen, dass zwei bestimmte Comparanda produktiv auf ein bestimmtes Tertium hin verglichen werden können, ist also nicht so einfach zu beantworten. Wie wir gesehen haben, hat die Auswahl sehr viel mit dem forschenden Individuum selbst zu tun. Dessen biographische Hintergründe müssen wir daher näher unter die Lupe nehmen.

Teil 2

4.4. Die Situiertheit der vergleichenden Person

Eine forschende Person ist von vielen verschiedenen Faktoren geprägt, die ihre Interessen, die Auswahl von Comparanda und Tertium und dann auch den Vergleichsvorgang (mit)bestimmen. Man kann hierfür grob drei Arten von Faktoren unterscheiden, die allesamt eng miteinander verwoben sind: persönliche, kulturelle und akademische Faktoren.

Persönliche Faktoren

Auch wenn es banal klingen mag, ist wichtig zu bedenken, dass jede Person, die einen Religionsvergleich unternimmt, zunächst einmal ein Mensch mit einer einzigartigen Biographie ist. Jeder Mensch besitzt eine Vielzahl von Identitäten, die teils genetisch bedingt, teils sozial bedingt und teils bewusst gewählt sind. Ein heterosexueller Mann mit weißer Hautfarbe mag es im Leben auf Grund anderer Umstände schwer haben. Aber zumindest in westlichen Gesellschaften wird er nie die Erfahrung machen, allein für diese angeborenen Eigenschaften regelmäßig verspottet, belästigt, benachteiligt oder angefeindet zu werden (McIntosh 1998). Wie immer sich solche Erfahrungen bei Menschen mit anderen Identitäten auswirken, sie prägen sie in gewisser Weise – wie auch das Fehlen dieser Erfahrungen eine Person auf jeweils besondere Art formt.

Jedes Individuum ist außerdem durch seine intellektuellen Fähigkeiten, seine emotionalen Veranlagungen, seine ethischen, religiösen und politischen Überzeugungen, seine Lebenserfahrung, seine Ambitionen und vieles mehr geprägt. Manche dieser Faktoren ändern sich im Laufe des Lebens, und welches Gewicht jedem einzelnen Faktor gegeben wird, ist individuell verschieden. Ein Kollege von mir liest und erforscht besonders gern Werke seiner „Lieblinge", nämlich vormoderner religiöser Autoren, deren Gedanken ihm besonders sympathisch sind. Ein anderer Kollege studiert am liebsten Haltungen, die er nicht ausstehen kann, weil es ihn fasziniert, wie Menschen so daneben liegen können. Sind dies nun „schwarze Schafe" in der Wissenschaft, weil sie so unwissenschaftliche Neigungen haben? Genau das Gegenteil ist der Fall. Es ist wichtig, dass wir uns solcher Neigungen bewusst sind und sie offenlegen.

Wir alle sind von persönlichen Neigungen und Abneigungen geprägt, aber sprechen darüber nur selten, wenn es um unsere wissenschaftliche Arbeit geht. Die Forschungen der beiden genannten Personen sind solide, gründlich und ausgewogen, und beide sind in der Wissenschaft hoch anerkannt. Persönliche Faktoren müssen also die wissenschaftliche Erkenntnis nicht beeinträchtigen, aber sie wirken durchaus in den Fragestellungen nach. Ein gutes Beispiel hierfür sind die Vergleichsstudien des bekannten Chicagoer Religionswissenschaftlers Bruce Lincoln, die fast ausschließlich soziale und ökonomische Ungleichheit und politische Machtkämpfe in religiösen Zusammenhängen aufdecken (siehe etwa Lincoln 2018 mit vielen Beispielstudien). Da es viele andere interessante Fragestellungen gäbe, die er untersuchen könnte, wird klar ersichtlich, was ihm persönlich wichtig ist.

Kulturelle Faktoren

Daneben prägen ein Individuum auch kulturelle Faktoren (im weiten Sinne), die letztlich von den persönlichen nicht zu trennen sind. Dazu gehören das soziale und wirtschaftliche Umfeld, die Sprache, religiöse und andere Gemeinschaften oder Institutionen, örtlich und zeitlich bestimmte Bedingungen und vieles mehr. Es macht einen Unterschied, ob man aus einem kleinen Dorf in Niedersachsen oder aus dem New Yorker Stadtteil Queens stammt. Es ist relevant, ob man in einer stark religiösen oder einer atheistischen Familie aufwächst, dass ein Elternteil vielleicht aus einem anderen Land stammt, welche Sprache(n) man spricht, welche Bücher man liest, welche Filme man kennt, in welchen Kreisen man verkehrt, und vieles mehr. Dieses Umfeld prägt das Denken auf individuell unterschiedliche Weise und formt die kulturelle Identität einer Person.

Identität ist natürlich komplex und multidimensional. Man kann sich, je nach Situation, als Leipziger, als Sachse, als Deutscher oder als Europäer verstehen, als Studentin, Umweltaktivistin oder Muslima, als Partei-, Gewerkschafts- oder Vereinsmitglied und vieles mehr. Es ist weiterhin zu beachten, dass kulturelle Faktoren eine Person auch negativ prägen können. In einem bestimmten sozialen, religiösen und gesellschaftlichen Umfeld aufgewachsen zu sein, bedeutet nicht zwangsläufig, all dessen Werte und Normen unkritisch zu übernehmen. Oftmals hat die Abgrenzung von bestimmten Aspekten sogar eine stärkere formative Wirkung auf kulturelle Identität als die Zustimmung zu anderen. Viele heute bekannte Religionswissenschaftler:innen begannen, andere Religionen zu studieren, auch weil sie ihr eigenes religiöses Umfeld als unbefriedigend oder problematisch empfanden.

Die kulturelle Identität von Forschenden wird besonders relevant, wenn es um das Studium nicht-westlicher Religionen und Kulturen geht. Wie in vorangehenden Kapiteln erwähnt, entstand die Religionswissenschaft, wie auch benachbarte Disziplinen, in einer Zeit europäischer Kolonialherrschaft, welche erst den Zugang zu religiösen Texten und anderen Daten im größeren Stil ermöglichte. Die postkoloniale Kritik fragt, welche Auswirkung das asymmetrische Machtverhältnis zwischen dem kolonisierenden Westen und den kolonisierten Kulturen auf Fragestellungen und Forschungsergebnisse hatte. Gab es eine kulturelle Voreingenommenheit westlicher Forscher:innen? Sahen sie, in Übereinstimmung mit dem politischen Machtverhältnis, ihre eigene Kultur als die überlegene an? Setzt sich diese Haltung, in etwas anderer Weise, womöglich bis heute fort? Wie wir sahen, stellen manche Kritiker:innen die grundsätzliche Frage, ob die Beschreibung der Religionen der Welt, die die Religionswissenschaft seit dem 19. Jahrhundert vornimmt, nicht durch eine rein europäische Brille geschehe, wodurch die betreffenden Phänomene verzerrt dargestellt würden.

Was uns aber vor dem Hintergrund der obigen Diskussion zu denken geben sollte, ist das Konzept einer pauschal „westlichen" Voreingenommenheit – was im Englischen *western bias* heißt. Was genau ist „der Westen"? Dass es die Vorstellung gegeben hat und immer noch gibt, dass die europäisch-westliche Kultur (was immer das genau sein soll), anderen Kulturen überlegen sei, ist unstrittig. Ebenso ist unzweifelhaft, dass es subtilere kulturelle Vorannahmen gibt, deren wir uns nicht unbedingt bewusst sind. Aber vor dem Hintergrund der vielen genannten persönlichen und kulturellen Faktoren, die das Individuum prägen, fällt es schwer anzunehmen, dass alle europäischen (und nordamerikanischen) Wissenschaftler:innen, die sich mit anderen Kulturen beschäftigen, ein und dieselbe Kultur repräsentieren und von ein und derselben Voreingenommenheit beherrscht werden. Vielmehr scheint es geboten, jeden Einzelfall genau zu prüfen.

Hinzu kommt, dass in unserer globalisierten Welt schon seit längerer Zeit nicht mehr klar zu bestimmen ist, was „westlich" sein soll, wenn zunehmend Forschende aus anderen Kulturen an europäischen und amerikanischen Universitäten forschen und lehren (und umgekehrt). Umso wichtiger ist es also für Forschende, genau zu prüfen, wie persönliche und kulturelle Faktoren das eigene Denken prägen – und damit auch den Hintergrund für die Auswahl der Comparanda und des Tertium Comparationis bilden, um die es hier im Besonderen geht.

Akademische Faktoren

Wer einen wissenschaftlichen Religionsvergleich unternimmt, ist drittens auch von akademischen Faktoren geprägt, die ebenfalls individuell unterschiedlich sind. Man studiert in Lehrveranstaltungen bestimmte (aber nicht alle) Methoden, Theorien und Quellensprachen. Man wird mit bestimmten wissenschaftlichen Ansätzen vertraut gemacht (und nicht mit anderen), lernt manche Gelehrte im eigenen Forschungsgebiet durch das Studium ihrer Werke schätzen (und andere nicht), und wird von seinen akademischen Lehrer:innen in individueller Weise geprägt. Auch hier ist keine kritiklose Übernahme von Forschungsmeinungen und Ansätzen gemeint, sondern auch Aufbegehren, Ablehnung und Neuausrichtung. Aber wenn man sich an etwas abarbeitet, das man für problematisch oder unzureichend hält, ist man davon ebenfalls geprägt, wenn auch mit negativen Vorzeichen.

Die akademischen Lehrer:innen sind dabei nur die direkten Gesprächspartner. Sie stehen selbst in einer Forschungstradition, die mindestens ins 19. Jahrhundert zurückreicht und in der es schon viele Ansätze und Kontroversen gab. Die heute dominanten Auffassungen darüber, wie Forschung zu betreiben sei, welche Themen relevant und welche Fragestellungen interessant seien, sind auch das Produkt einer komplexen historischen Entwicklung des Fachs – und werden sich vermutlich in der Zukunft wieder ändern. Um den gegenwärtigen Stand zu begreifen – die Errungenschaften ebenso wie die wahrgenommenen Defizite – muss man die Geschichte des Fachs kennen (siehe dazu als Einstieg oben, Kapitel 2).

Allein wegen des großen Umfangs der vorhandenen Forschungsliteratur ist es aber unvermeidlich, dass man selektiv beginnt. Die Auswahl wissenschaftlicher Werke, die akademische Lehrer:innen für relevant halten, beruht auf ihrer eigenen fachlichen Ausbildung und Forschung, steht aber auch in Beziehung zu einem gegenwärtig anerkannten „Kanon" wichtiger Werke (der allerdings nicht abgeschlossen ist und sich ständig neu anpasst). Welche Werke im Einzelnen dazugehören, ist immer umstritten, aber es gibt in der Regel Schnittmengen. Fragen Sie die Dozent:innen an Ihrer Universität, welche fünf Werke Studierende der Religionswissenschaft ihrer Meinung nach unbedingt gelesen haben müssen, und vergleichen Sie dann die Listen. Wie immer das Ergebnis ausfällt, man kann daran hervorragend die Frage diskutieren, was das Fach ausmacht (– vielleicht sogar in einer von Studierenden organisierten Podiumsdiskussion?).

Die Auswahl relevanter Literatur ist auch davon geprägt, welche thematischen Trends das Fach zu diesem Zeitpunkt bestimmen. Diese Trends, die natürlich in einem historischen, kulturellen, politischen und wirtschaftlichen Kontext stehen, sind zum Teil global präsent (zum Beispiel seit einigen Jahrzehnten Themen der Genderforschung oder die Erforschung der materiellen Dimension von Religion) oder auch in manchen Regionen besonders stark ausgeprägt (zum Beispiel der Ansatz der Religionsästhetik in europäischen, besonders deutschsprachigen Kreisen oder der Diskurs zu *religion and race* in Nordamerika). Manche Länder oder Regionen haben eine eigene Fachkultur, deren Besonderheiten oft erst im Kontrast mit der einer anderen Region erkennbar werden. Wohlgemerkt, es geht hier immer um dasselbe Fach, die Religionswissenschaft. Wie auch andere geistes- oder kulturwissenschaftliche Fächer ist sie in sich selbst sehr vielfältig. Schnuppert man zusätzlich in andere Fächer hinein, die sich mit Religion beschäftigen, zum Beispiel in klassische oder außereuropäische Philologien, Soziologie, Ethnologie, Kunstgeschichte, Theologie usw., wird man bestimmte, fachübergreifende Trends wiederentdecken, aber auch ganz anderen Theorien, Methoden und Fragestellungen begegnen.

Die Ausgangsfrage dieser Erörterungen war: Welche Faktoren spielen im Prozess der Auswahl von Comparanda und Tertium Comparationis eine Rolle? Dieser kurze Überblick zeigt schon, dass die Situiertheit der Person, die den Vergleich unternimmt, vielschichtig ist. Die Person ist von vielerlei persönlichen, kulturellen und akademischen Faktoren geprägt. Bei genauer Betrachtung zeigt sich, dass manche Mahnungen der postkolonialen Kritik gar zu kurz greifen mögen. Es sind offenkundig erheblich mehr Faktoren im Spiel als nur eine vage definierte, europäisch-westliche Prägung der Religionswissenschaft.

Aber wenn jedes Individuum so einzigartig geprägt ist, sind dann Religionsvergleiche nicht im Grunde völlig willkürlich? Welchen allgemein wissenschaftlichen Wert kann ein Vergleich besitzen, dessen eigenwillige Bestimmung von Comparanda und Tertium allein auf den Erfahrungen eines Individuums beruht? Ist damit nicht jeder Religionsvergleich lediglich eine Reflexion der individuellen Umstände einer einzelnen forschenden Person?

4.5. Die Agency der vergleichenden Person

Die vermeintliche Kluft zwischen der Situiertheit des vergleichenden Individuums und der angestrebten Generalisierbarkeit religionswissenschaftlicher Forschung können wir überbrücken, wenn wir zwei wichtige Aspekte in Betracht ziehen, die die Handlungsfähigkeit oder Agency der:des Forschenden betreffen: Reflexivität und kontrollierte Entscheidungsfindung.

Reflexivität

Mit Reflexivität ist gemeint, dass man sich die persönlichen, kulturellen und akademischen Faktoren bewusst macht, die auf die Auswahl von Comparanda und Tertium – und damit auf die Fragestellung der Studie – einwirken mögen. Ein besonders hilfreicher Aspekt postmoderner und postkolonialer Kritik ist die Forderung an Forschende, ihre Situiertheit und Voreingenommenheit (*bias*) anzuerkennen. Um dies zu tun, ist es zunächst nötig, sie sich bewusst zu machen. Jonathan Z. Smith sagt (Smith 1982a: xi):

> [T]he student of religion, and most particularly the historian of religion, must be relentlessly self-conscious. Indeed, this self-consciousness constitutes his primary expertise, his foremost object of study.

Während der erste Satz genau die Reflexivität anspricht, die wir hier diskutieren, könnte der zweite Satz, wie schon in dem Abschnitt über Smith in Kapitel 2 angesprochen., leichte Verwirrung stiften. Die Interpretation, der ich hier folge, versteht den Satz im Lichte von Smiths anderen Aussagen, etwa denen zum Religionsbegriff. Danach werden die Objekte der Religionswissenschaft im Geist der Forschenden gebildet, indem letztere sie theoretisch konstruieren. Die religionswissenschaftliche, kulturübergreifende Kategorie „Altar" existiert *als solche* nicht in der empirischen Wirklichkeit, sondern ist ein theoretisches Konstrukt und nur im Geist von Forschenden existent. Man muss also, so verstehe ich Smiths Bemerkung in dem obigen Zitat, größte Aufmerksamkeit darauf lenken, wie solche Konstrukte entstehen, und dies geschieht durch „unerbittliche Selbstreflexion". Indem man sich das eigene theoretische Interesse an der betreffenden Vergleichsstudie vergegenwärtigt, erlangt man die für die Studie grundlegende Expertise. (Auch Smith würde zugestehen, dass dies nur für die theoretische Ebene gilt. Für die empirische Erforschung der Comparanda ist historisch-empirische Expertise ebenso notwendig.) Man kann durchaus sagen, dass der Grad an Reflexivität bestimmt, wie solide und produktiv eine vergleiche Studie ist.

Ein hoher Reflexivitätsgrad bedeutet nicht unbegrenzte Transparenz. Ich muss nicht jedes Detail meiner Selbstreflexion den Leser:innen meiner Studie mitteilen. Wie der Ethnologe Michael Herzfeld hierzu richtig anmerkt: „I do not intend to recommend a narrowly introspective display of self" (Herzfeld 2001: 263). Während die Selbstreflexion so weit gehen sollte wie möglich, soll man in der Präsentation der Studie nicht sein Herz ausschütten oder etwa gemeinsam mit den Leser:innen die eigenen Kindheitstraumata erkunden. Vielmehr gilt es, mit einem gesunden Urteilsvermögen diejenigen Aspekte auszuwählen und transparent zu machen, die für das Verständnis des Forschungsdesigns, das heißt der Auswahl von Comparanda und Tertium, in der betreffenden Studie notwendig sind.

Kontrollierte Entscheidungsfindung

Wenn wir uns darüber klar werden, was unsere persönlichen, kulturellen und akademischen Vorlieben und Abneigungen sind, können wir dadurch unsere Bestimmung von Comparanda und Tertium besser verstehen. Das bedeutet aber nicht, dass die Studie lediglich ein „Opfer der Umstände" unserer Situiertheit sei. Zwar setzen uns persönliche, kulturelle und akademische Faktoren vielerlei Grenzen – zum Beispiel bin ich ein weißer Mann, bin in einem evangelisch-lutherischen Umfeld in Westdeutschland aufgewachsen und habe nie Chinesisch gelernt –, aber allein die Reflexion darüber könnte mich schon dazu veranlassen, mich manchem erkannten „toten Winkel" besonders zuzuwenden. Darüber hinaus bedeutet Situiertheit nicht unbedingt, dass man sich mit ihr identifiziert. Auch wenn ich evangelisch-lutherisch sozialisiert bin, könnte ich eine kritische oder auch eine indifferente Haltung zu dieser Kirche entwickelt haben. Welche Comparanda und welches Tertium ich für eine vergleichende Studie auswähle, ist nicht bis ins Letzte vorherbestimmt, sondern wird von mir auch bewusst kontrolliert. Je reflektierter ich bin, umso bewusster und kontrollierter meine Entscheidungen.

Es gibt noch eine weitere Ebene der kontrollierten Entscheidungsfindung. Wenn Jonathan Z. Smith erklärt, dass „comparison provides the means by which *we* 're-vision' phenomena as *our* data in order to solve *our* theoretical problems" (Smith 1990: 52), hebt er hervor, dass Gegenstände nicht einfach vorgefunden, sondern für den Vergleich theoretisch konstruiert werden, wie oben erörtert. Wichtig ist hier aber auch der Plural: *unsere* Daten, *unsere* theoretischen Probleme. Es geht also um mehr als die forschende Person als Individuum.

Oben sahen wir, dass man die eigene Reflexion zu einem gewissen Grad transparent machen sollte. Doch wem gegenüber eigentlich? Mit wem ist eine wissenschaftliche Studie „im Gespräch"? Normalerweise werden Forschungsergebnisse in Publikationsorganen wie akademischen Zeitschriften oder Verlagen veröffentlicht, die die Einhaltung gewisser Standards erwarten. Das heißt, das Publikum für eine religionswissenschaftliche Vergleichsstudie besteht zuallererst und primär aus Fachkolleg:innen. Dies ist zwar keine präzise definierbare oder klar abgrenzbare

Gruppe, aber es gibt weithin akzeptierte Standards und Erwartungen im Fach, die nicht nur das methodisch saubere Arbeiten, sondern auch die Fragestellung betreffen. Die Erwartungen sind allerdings nicht immer homogen, sondern können auch vielfältig und widersprüchlich sein. Die Leserschaft bzw. das Publikum repräsentiert den jeweils aktuellen Fachdiskurs, in dem es immer vorherrschende Trends gibt, der aber auch vielstimmig ist und kontrovers geführt wird.

Man forscht also nicht in einem Vakuum. Die akademischen Faktoren, von denen oben die Rede war, umfassen auch die Kenntnis des aktuellen Fachdiskurses. Man hat die bereits existierenden Forschungen zu den Gegenständen, für die man sich interessiert, ebenso studiert wie relevante Theorien darüber, und man kennt die im Fach diskutierten Fragestellungen. Das bedeutet nicht, dass man sich vollkommen mit dem Fachdiskurs identifiziert – was aufgrund seiner Heterogenität schon prinzipiell schwer möglich ist –, aber es heißt, dass die Fragestellung der eigenen Studie (und damit auch die Auswahl von Comparanda und Tertium) einen Bezug zum Fachdiskurs hat, entweder in der Weiterführung bestehender Ansätze oder in bewusster Abgrenzung von ihnen. Der Wert einer Studie bemisst sich im Allgemeinen daran, wie gut sie an den bestehenden Fachdiskurs anknüpft und dann von diesem aufgenommen wird. Da dieser Fachdiskurs selbst nicht von seinem kulturellen Kontext gelöst existiert, ist er, ebenso wie die Kultur insgesamt, in ständiger Bewegung und Veränderung. Was vor fünfzig Jahren als interessant und innovativ galt, ist es vielleicht heute nicht mehr. Da, wie wir gesehen haben, alles mit allem zusammenhängt, wäre es eher unwahrscheinlich, wenn die Fragestellung einer Forscherin, die in ihrem Fachdiskurs akademisch sozialisiert ist, keinen Platz in diesem Diskurs hätte.

Diese Eingebundenheit in einen Fachdiskurs stellt die zweite Ebene kontrollierter Entscheidungsfindung dar. Der akademische Rahmen, in dem eine Studie verortet ist, „kontrolliert" in gewissem Sinne die Fragestellung und die zu diesem Zeitpunkt als interessant geltende Kombination von Comparanda und Tertium. Dies zeigt sich schon in der ersten Reaktion auf eine Studie, etwa wenn eine wissenschaftliche Zeitschrift oder ein Verlag das eingereichte Manuskript ablehnt, weil die Peer-Review-Gutachter:innen eben jene Anknüpfung an den Fachdiskurs als nicht gegeben ansehen. Wenn das *aus diesem Grund* geschieht (und nicht etwa, weil die Forschung methodische Probleme aufweist), kann man von einer inhaltlichen Kontrolle des Fachdiskurses sprechen. Wegen der Heterogenität und Dynamik dieses Fachdiskurses ist es allerdings durchaus möglich, dass die Gutachter:innen oder die verantwortlichen Herausgeber:innen eines anderen Publikationsorgans anders entscheiden. Die Grenzen der Disziplin werden auf diese Weise permanent neu abgesteckt.

Sobald die Ergebnisse der eigenen Vergleichsstudie veröffentlich sind, werden sie zu einem Teil des Fachdiskurses. Fachkolleg:innen unterziehen sie einer kritischen Prüfung, und manche haben vielleicht Einwände gegen die getroffene Auswahl der Comparanda und des Tertium oder kritisieren bestimmte Aspekte des vergleichenden Vorgehens (siehe hierzu Kapitel 5), während andere die Studie für besonders produktiv halten. Durch diese Debatte schreitet die Forschung fort.

Wir sehen also, dass durch diese Eingebundenheit in den Fachdiskurs eine individuelle Studie keineswegs so eigenwillig oder gar willkürlich ist wie es erst den Anschein hatte. Die forschende Person (und was sie interessant findet) ist auch durch den Fachdiskurs geprägt, und indem sie in ihrer wissenschaftlichen Arbeit mit anderen Studien „im Gespräch" ist, trägt sie zu diesem Fachdiskurs bei. Die zweifache „Kontrolle" – direkt durch die eigene Reflexion und indirekt durch den existierenden Fachdiskurs – ermöglicht eine Forschung, die nicht nur selbst an Vorangehendes anknüpft, sondern an die auch wieder angeknüpft werden kann.

4.6. Die theoretische Produktivität des Vergleichs

Wir haben viel darüber gesprochen, wie Forschende bestimmte Comparanda und ein bestimmtes Tertium Comparationis für eine produktive vergleichende Studie auswählen können. Aber was bedeutet hier eigentlich „produktiv"? Welches neue Wissen wird durch so eine Studie „produziert"? Abgesehen von den Erkenntnissen, die man durch ihre Gegenüberstellung über jedes der Comparanda gewinnt (siehe dazu die Ausführungen zum illuminativen Modus in Kapitel 5.1.2.), ist ein Punkt hervorzuheben, der das Tertium betrifft und der für die religionswissenschaftliche Theoriebildung von zentraler Bedeutung ist (siehe hierzu auch schon Max Webers Gedanken zu Idealtypen und Objektivität: Weber 1922).

Wie oben erwähnt, kann man das Tertium als einen Aspekt verstehen, den die beiden Comparanda gemeinsam haben. Der amerikanische Religionswissenschaftler William Paden nennt diesen Aspekt ein „Muster" (*pattern*), das Forschende anhand der beiden Comparanda untersuchen. Er erwähnt einige potenzielle *patterns*, die uns noch einmal daran erinnern, wie groß die Bandbreite ist (Paden 1996a: 7):

> The common factor can be such things as a highly inclusive concept, like the notion of a "world," themes like mythic time or purity, a generic topic like authority or power, a class, taxon, or subclass of religious practice, like rites of passage, birth rites, or Shinto birth rites, a specific institution like Passover, a common function like "maintaining order" or "dramatizing socio-political tensions," a characteristic religious form like relics, processes like the "cosmization" of scripture or the "desacralization" of space, or a combination of features like "the factor of secrecy in sacred space with reference to engendered hieratic political power." All of these are common factors, or "patterns."

Diese *patterns* (oder Tertia) kann man, wie oben erwähnt, als von den Forschenden definierte, theoretische Konstrukte verstehen. In seiner anschließenden Diskussion bringt Paden einige weitere wichtige Aspekte nützlich auf den Punkt. Zunächst hebt er die Flexibilität der *patterns* hervor (Paden 1996a: 7):

> Comparative patterns are not fixed archetypes carrying the connotation of timeless values or meanings which are simply replicated in historical material, but rather are refinable concepts for uncovering, sorting out, and testing selected commonalities and differences between religious expressions.

Ein Tertium hat also einen vorläufigen, hypothetischen Charakter. Es geht nicht darum, ein statisches, festgelegtes Konstrukt in den Comparanda „wiederzufinden" (wie wir es etwa in Friedrich Heilers Behandlung der Beichte gesehen haben, siehe Kapitel 3), sondern vielmehr um einen pragmatischen und dynamischen Vorgang, in dem das Tertium modifizierbar bleibt. Zu dessen Funktion sagt Paden weiter (Paden 1996a: 7f.):

> Part of the function of a religious pattern is to allow itself to be an instrument of discovery and to create the possibility of its own further differentiation through social-cultural, historical analysis. Part of the function of the latter is to challenge distortive and useless conceptual impositions and thus to allow more adequate and revealing thematic configurations and materials.

Indem er das Tertium als ein „instrument of discovery" vorstellt – also eine *heuristische* Kategorie – stellt Paden klar, dass es nicht ein Konstrukt ist, das den empirischen Daten aufgenötigt wird. Vielmehr dient es dazu, diese Daten besser zu analysieren und dadurch unter Umständen auch bestehende problematische Konzeptualisierungen aufzudecken. In diesem Prozess werden existierende Kategorien hinterfragt und zugleich neue gebildet (Paden 1996a: 8):

> The comparative process both interrogates and generates our repertoire of analytical categories and thematizations. It is a dynamic enterprise and not just a reiteration of fixed Linnaean-style morphologies which encode this or that ideology while disregarding the shifting structures of socio-historical contextuality.

Wichtig ist hier die Betonung der *Dynamik* im Vergleichsprozess. Im Unterschied zu einer starren Taxonomie, die Paden in der binären Nomenklatur der Pflanzen und Tiere erkennt, die der schwedische Naturforscher Carl von Linné im 18. Jahrhundert einführte, sind für Paden die Kategorien durch den Vergleich ständig modifizierbar. Dieses Verständnis des Tertium in seiner Beziehung zu den Comparanda fasst er an anderer Stelle noch einmal prägnant zusammen (Paden 1996a: 9):

> A pattern is a two-way concept forming a bridge between generic and culture-specific understanding. The comparative process moves dialectically back and forth between greater generalization (with its theoretic resonance), and narrower, more specific, local investigation (with its empirical constraints).

Hier begegnet uns die Beziehung von Theorie und Empirie wieder, die Paden für den Vergleichsvorgang sehr hilfreich als „dialectical back-and-forth" beschreibt. Die theoretische Konzeptualisierung des Tertium hilft dabei, die Comparanda in einem bestimmten Licht zu sehen und ihre Gemeinsamkeiten und Unterschiede daraufhin zu untersuchen. Zugleich wird das Tertium durch das Studium der empirischen Besonderheiten, die jedes Comparandum aufweist, modifiziert und verfeinert.

Wie oben angesprochen, ist das Tertium, mit dem man eine vergleichende Studie beginnt, normalerweise bereits als theoretisches Konstrukt im existierenden Fachdiskurs verwurzelt. Daher stellen die Modifikationen und Verfeinerungen des Tertiums, die im Zuge der konkreten vergleichenden Studie vorgenommen werden, ein Korrektiv der betreffenden Kategorie dar. Vergleichende Studien produzieren neues Wissen, indem sie das theoretische Repertoire der Religionswissenschaft, ihre Kategorien, verbessern, differenzieren und erweitern.

Schließlich ist noch festzustellen, dass durch diese Theoretisierung auch die Comparanda in ein neues Licht gestellt und in einem theoretischen Kontext wahrgenommen werden können. Paden sagt über die Kategorien (Paden 1996a: 10):

> By drawing attention to the selectively generic aspects of a religious practice, they provide a wider (and sometimes wider means "human") context to the otherwise singular, opaque embeddedness of the object in the cultural horizon of its adherents. The pattern here shows a linkage between some feature of an object and other religious expressions which elsewhere share that feature. ... Comparativism, in this generalizing direction, adds intelligibility and potential theoretic significance to otherwise isolated particulars.

Wir sahen oben, dass ein gewisser Grad von Dekontextualisierung der Comparanda unvermeidbar ist, weil man sie immer auf einen bestimmten Aspekt hin untersucht und vergleicht. Durch die theoretische Bestimmung des Tertium werden sie im Vergleichsprozess zusätzlich in einen neuen, theoretischen Kontext gestellt. Der durch das Tertium hervorgehobene Aspekt eines Gegenstands verbindet ihn mit Gegenständen in anderen Kontexten, und dies wiederum kann helfen, ihn in seinem eigenen sozio-historischen Kontext besser zu analysieren. Wenn der Gegenstand vielleicht als isoliertes Einzelphänomen merkwürdig erscheinen mag, kann ein vergleichender Zusammenhang neue Bedeutungsebenen erschließen. Paden gibt an anderer Stelle dieses Beispiel (Paden 1988: 5):

> The Kaaba, the Muslim shrine at Mecca, the symbolic connecting point of heaven and earth for the Islamic world, is more fully comprehensible if we are familiar with the generic theme of „world centers". Without a sense of that theme and its prevalence, the Kaaba symbolism might be viewed merely as an odd or unintelligible belief. By the same token, the profound centering role of the Kaaba in the lives of Muslims provides an extraordinary living illustration and amplification of the world center motif.

Die zentrale Aussage dieses Beispiels lässt sich auf alle in der Religionswissenschaft verwendeten Kategorien (die wir auch als Tertia, *„patterns"* oder, wie hier, *„themes/motifs"* bezeichnen können) anwenden. Sie bieten dem spezifischen Gegenstand einen theoretischen Kontext. Wenn man sie in diesem Kontext betrachtet, werden manche Aspekte, die zunächst merkwürdig oder unverständlich erscheinen mögen, klarer, verständlicher oder nachvollziehbarer.

Das Ziel dieses Kapitels war es, zu erkunden, wie Vergleichen grundsätzlich funktioniert. Das scheinbar simple Modell von zwei Comparanda und einem Tertium Comparationis stellt sich doch als recht komplex heraus, weil die drei Elemente nicht statisch sind, sondern vielmehr in wechselseitiger Wirkung über einen längeren Prozess hinweg bestimmt werden. Die Fokussierung auf die Person, die den Vergleich vornimmt, hilft, persönliche, kulturelle und akademische Faktoren in der Auswahl der drei Elemente und damit das zugrundeliegende Forschungsinteresse zu beleuchten. Die Selbstreflexion ebenso wie die kontrollierte Entscheidungsfindung ermöglicht es, eine Vergleichsstudie durchzuführen, die verantwortlich und produktiv ist. Ein wesentlicher Aspekt dieser Produktivität ist die Bereicherung der religionswissenschaftlichen Theoriebildung. Ein Tertium Comparationis ist auch eine wissenschaftliche Kategorie, die durch den Vergleich der beiden Comparanda geprüft, präzisiert, verfeinert oder auch verworfen und ersetzt werden kann. Dadurch trägt eine vergleichende Studie dazu bei, künftig Religion besser analysieren zu können.

Empfohlene Begleitlektüre

BL a. Weber, Comparative Philosophy and the Tertium (2014); Ragin, Introduction: Cases of "What Is a Case?" (1992); Wieviorka, Case Studies (1992).

BL b. Paden, Elements of a New Comparativism (1996a); Lincoln, Apples and Oranges (2018), Introduction, S. 5–13.

Selbsttestfragen

1a. Warum müssen Comparanda immer sowohl empirisch verifizierbar als auch theoretisch konstruiert sein?

1b. Warum macht die Reflexion über Situiertheit und Agency der forschenden Person eine vergleichende Studie besser?

Diskussionsfragen

2.a. Eine befreundete Religionswissenschaftlerin hat vor, karibische und afrikanische Besessenheitsrituale zu vergleichen. Was muss sie beachten? Was würden Sie ihr raten?

2.b. Wie weit muss, Ihrer Meinung nach, die biographische Reflexion über die eigene Situiertheit gehen, wenn man eine verantwortungsvolle Vergleichsstudie erstellen will?

Reflexionsfragen

3.a. Fragen Sie eine Ihnen bekannte Person, welche Elemente ihrer Religion oder Weltanschauung sie für unvergleichbar hält und warum. Welche Gründe führt sie für diese Unvergleichbarkeit an? Was meint sie mit „unvergleichbar"?

3b. Reflektieren Sie über *persönliche* und *kulturelle Faktoren*, die Sie als Person prägen. Beschreiben Sie für beide Kategorien jeweils einen Faktor, der Ihnen wichtig ist (zum Beispiel Gendergerechtigkeit und Mehrsprachigkeit) und einen, der Ihnen vielleicht als Faktor bisher nicht bewusst ist (zum Beispiel Hautfarbe und Vereinstätigkeit). Wie könnten sich diese Faktoren konkret auf die Durchführung einer Vergleichsstudie auswirken?

Kapitel 5 Die vergleichende Methode

> **Zusammenfassung**
>
> Dieses Kapitel stellt die wesentlichen Komponenten der vergleichenden Methode vor. Im Anschluss an Jonathan Z. Smith werden zunächst unterschiedliche Modi einer Vergleichsstudie diskutiert, angefangen mit den vier von Smith identifizierten Modi (für unsere Zwecke leicht modifiziert: dem spontan-assoziativen, dem enzyklopädischen, dem morphologischen und dem evolutionären Modus) sowie den zwei von David Freidenreich kritisch erörterten (dem Similaritäts- und dem Differenzmodus). Diesen sechs problematischen werden zwei vielversprechende Modi gegenübergestellt, der illuminative und der taxonomische. Eine weitere Komponente ist der Maßstab einer Studie (Makro-, Meso- und Mikroebene), das heißt, der Grad, zu dem man heran- oder herauszoomt, um die Comparanda zu bestimmen. Im zweiten Teil erläutert das Kapitel zunächst als dritte Komponente den Analyserahmen (kontextuell, interkulturell und transhistorisch), mit dem der Abstand zwischen den Comparanda bestimmt wird. Anschließend werden fünf Arbeitsschritte einer Vergleichsstudie vorgestellt und detailliert erörtert: Selektion, Beschreibung und Analyse, Gegenüberstellung, Neubeschreibung und Theoretisierung.

Nachdem wir uns im vorangehenden Kapitel davon überzeugt haben, dass und wie ein Vergleich funktionieren kann, können wir nun die Motorhaube schließen und uns der Frage zuwenden, wie das Fahrzeug zu steuern ist (um im Bild zu bleiben). Dieses Kapitel steckt einen methodologischen Rahmen für vergleichende Studien ab, der ermöglichen soll, sowohl über das eigene Vorgehen zu reflektieren als auch bereits existierende Vergleichsstudien zu analysieren. Es ist, wenn man so will, keine detaillierte Betriebsanleitung des Fahrzeugs – vergleichende religionswissenschaftliche Studien sind zu divers, um allgemeingültige Techniken festzuschreiben – sondern eher eine Bewusstmachung der Verkehrsregeln oder des Stadtplans. Der methodologische Rahmen soll dazu dienen, das methodische Vorgehen einzuordnen und nachvollziehbar darüber zu reflektieren. Er soll Optionen aufzeigen, zwischen denen man im Verlauf der Studie wählen kann und dadurch ein Vokabular bieten, das die methodologische Reflexion unterstützt.

Wie schon im letzten Kapitel geht es nicht darum, verbindliche Regeln zu formulieren, sondern vielmehr darum, zu beschreiben, wie eine vergleichende Studie funktioniert. Der methodologische Rahmen ist also nicht präskriptiv zu verstehen, sondern deskriptiv. Somit ist das, was er beschreibt, auch nicht neu, sondern nur die Art, *wie* er es beschreibt – er kann ebenso dazu dienen, ältere Studien zu analysieren. Das im Folgenden vorgestellte Vokabular (Modus, Maßstab, Analyserahmen usw.), das zum Teil den Vorarbeiten von Jonathan Z. Smith und anderen entlehnt ist, soll dazu dienen, die verschiedenen Aspekte einer Vergleichsstudie zu beleuchten und damit Forschenden die Möglichkeit zu geben, sich selbst (und dem rezipierenden Fachdiskurs) Rechenschaft darüber abzulegen, welche Entscheidungen im Vergleichsprozess getroffen wurden und warum. Dies fördert die Selbstreflexion und Transparenz, die, wie wir oben sahen, für ein verantwortliches und produktives Vergleichen so wichtig sind.

5.1. Der Modus des Vergleichs

Mit dem Begriff Modus identifizieren wir den prägenden Aspekt einer Studie. Jonathan Z. Smith schlug in einem erstmals 1971 publizierten Aufsatz vor, vier Modi zu unterscheiden, die sich aus seiner Untersuchung vieler zuvor vorgenommener Vergleiche ergaben: den ethnographischen, den enzyklopädischen, den morphologischen und den evolutionären Modus (Smith 1978). In einem Folgeaufsatz untersuchte er einige neu erschienene Studien und kommt zu dem Schluss, dass deren Ansätze lediglich Varianten der vier genannten Vergleichsmodi seien (Smith 1982b). Nach Smith kann man praktisch alle Vergleichsstudien zu Religion einem dieser Modi zuordnen. Wichtig ist dabei aber, dass Smith jeden von ihnen für problematisch hält. Sein Anliegen war aufzuzeigen, dass die Art und Weise, wie Vergleiche vorgenommen wurden, nicht legitim oder unproduktiv ist und dass wir dringend einen anderen Vergleichsansatz brauchen.

David Freidenreich hat dann Vergleichsstudien untersucht, die zwischen Smiths Aufsatz von 1982 („In Comparison a Magic Dwells") und dem bedeutenden Sammelband *A Magic Still Dwells* von 2000 erschienen sind (Patton/Ray 2000, siehe dazu oben, Kapitel 2). Freidenreich unterscheidet ebenfalls vier Modi, die allerdings etwas anders gefasst sind (Freidenreich 2004). Zwei von ihnen, der Similaritätsmodus und der Differenzmodus, sind ebenfalls problematisch. Die anderen beiden korrespondieren mit den unten als vielversprechende Modi vorgestellten Ansätzen, dem illuminativen und dem taxonomischen Modus. Ich werde im Folgenden zunächst die sechs problematischen Modi skizzieren und dann die zwei vielversprechenden.

Viele der oben in Kapitel 3 diskutierten Kritikpunkte finden sich stärker zugespitzt in den problematischen Modi wieder. Statt hier nochmals im Einzelnen auf die Kritik einzugehen und die oben geführten Diskussionen zu wiederholen, möchte ich stattdessen die Modi operationalisieren, das heißt als nützliche Werkzeuge vorstellen, mit deren Hilfe man auch zukünftig Tendenzen in Vergleichsstudien analysieren kann. Dazu müssen manche von ihnen leicht modifiziert werden, wie gleich zu sehen ist. Außerdem ist festzustellen, dass einige der Modi ineinandergreifen und daher eine Studie auch von mehr als einem Modus geprägt sein kann. Es geht bei den Modi darum, prägende Aspekte von Vergleichsstudien zu unterscheiden und damit mögliche Probleme zu identifizieren – auch in der selbstkritischen Reflexion über unsere eigenen Vorgehensweisen.

5.1.1. Sechs problematische Modi

Der spontan-assoziative Modus

Der erste Modus findet sich in Vergleichen, die offenkundig ganz spontan vorgenommen wurden. Smith beschreibt es so: „Something other has been encountered, and it is surprising either in its similarity or dissimilarity to what is familiar 'back home'" (Smith 1978: 246). Diese Art des Vergleichens ähnelt der Situation, die viele von uns schon auf Urlaubsreisen erlebt haben. Man besichtigt einen Tempel oder beobachtet eine religiöse Handlung, vergleicht das Beobachtete mit Situationen, die einem aus der eigenen Erfahrung vertraut sind und stellt Ähnlichkeiten und Unterschiede fest. Dieses spontane Assoziieren ist ein natürlich-menschlicher Vorgang, mit dem man unvertraute Dinge einordnen kann, bleibt aber daher auch äußerst situations- und personenabhängig. Es basiert sowohl auf der eigenen Intuition als auch darauf, wieviel man in diesem Moment schon über das Beobachtete weiß und was einem dazu spontan einfällt.

Solche spontanen Assoziationen können den ersten Schritt hin zu einer intensiveren Beschäftigung mit den beobachteten Gegenständen bilden, aber stellen als solche noch keine seriöse vergleichende Forschung dar. Ein produktiver Vergleich setzt voraus, dass man die Comparanda gründlich studiert und dabei auch das Tertium Comparationis herausarbeitet. Wenn man zum Beispiel gar nicht weiß, wie ein beobachteter Gegenstand von den religiösen Menschen gedeutet wird, wie er sich historisch entwickelt hat und ob es interne Debatten um ihn gibt, kann ein spontaner Vergleich leicht falsch liegen und womöglich völlig in die Irre führen.

Eine Situation, in denen Vergleiche solcher Art auch heute regelmäßig vorkommen, ist die Lehre. In Lehrveranstaltungen zu unvertrauten Religionen greifen Lehrende oft zu dieser Methode, um Studierenden bestimmte Aspekte schnell zu veranschaulichen oder sie zum Nachdenken anzuregen. Dies kann als didaktisches Mittel erfolgreich sein, solange allen klar ist, dass solche Vergleiche vorläufig sind und genauere Studien erfordern.

Smith fühlte sich bei dieser Art und Weise des Vergleichs an frühe ethnographische Studien über „fremde" Kulturen erinnert, weshalb er den Ansatz als „ethnographischen Modus" klassifizierte. Da die heutige Ethnographie dieses oberflächliche Vorgehen weit von sich weisen würde, ist die Bezeichnung irreführend. Es ist präziser, von einem „spontan-assoziativen" Vergleichsmodus zu sprechen.

Der enzyklopädische Modus

Ähnlich assoziativ, aber systematischer organisiert ist der enzyklopädische Vergleichsmodus. Er findet sich in Werken, die viele verschiedene „Fälle" unter einer allgemeineren Kategorie auflisten, ohne sie in ihrem jeweiligen Kontext näher zu untersuchen. In seiner Präsentation von „contextless lists" (Smith) erinnert er an die Organisationsweise einer Enzyklopädie. Zur Verdeutlichung zitiert Smith als Beispiel einen Ausschnitt aus James George Frazers Beschreibung der Kategorie „Tabu" (Frazer 1894: 16):

> Burial grounds were taboo; and in New Zealand a canoe which had carried a corpse was never afterwards used, but was drawn on shore and painted red. Red was the taboo colour in New Zealand; in Hawaii, Tahiti, Tonga and Samoa it was white. In the Marquesas a man who had slain an enemy was taboo for ten days: he might have no intercourse with his wife and might not meddle with fire; he had to get some one else to cook for him. A woman engaged in the preparation of cocoa-nut oil was taboo for five days or more, during which she might have no intercourse with men.

So spannend diese Beschreibungen zunächst klingen mögen, sie sind bei genauer Betrachtung das Produkt recht freien Assoziierens. Erst geht es um das Tabu von

Begräbnisstätten, dann um die Tabufarbe Rot, die anderswo Weiß ist, dann um einen Mann, dessen Fall nichts mit Begräbnisstätten oder Farben zu tun hat, der aber wegen seines Tabustatus nicht kochen und keinen Sex haben darf, was Frazer wiederum an ein anderes Tabu an einem anderen Ort erinnert, das auch mit Kochen und Sex zu tun hat – aber nicht mit Begräbnisstätten, Farben oder Totschlag. Keine dieser Situationen wird näher untersucht, wir erfahren keine Einzelheiten, und es findet kein expliziter Vergleich statt. Wie Smith sagt: „[The data] simply cohabit within some category, inviting comparison by their very coexistence, but providing no explicit clues as to how this comparison may be undertaken" (Smith 1978: 252).

Natürlich ist auch das Assoziieren eine Form des Vergleichens, aber wie der Vorgang hier genau vonstattenging, bleibt im Dunkeln. Weder sind die Comparanda genau beschrieben und abgegrenzt, noch ist das Tertium Comparationis („Tabu") präzise erkennbar. Wenn man also einem solchen enzyklopädischen Vergleichsmodus begegnet, ist Vorsicht geboten. Auch wenn die präsentierten Listen von Daten eindrucksvoll scheinen, kann man kritisch fragen, ob die Daten tatsächlich so belegt werden können, ob sie auf diese Weise sinnvoll zu vergleichen sind, und ob somit die Kategorie bei weniger oberflächlicher Analyse tatsächlich in dieser Weise definierbar ist.

Man muss auch fragen, welche Motive hinter einer solchen Darstellung stehen mögen und welche Ziele damit erreicht werden sollen. Smith sieht diesen Ansatz als Fortführung einer europäischen Tradition enzyklopädischer Kuriositätenkabinette des kulturell Anderen, die „contextless lists of strange things done by strange peoples in strange lands" darstellten (Smith 1978: 252).

Der morphologische Modus

Ein weiterer, in der älteren Religionswissenschaft häufig verwendeter Vergleichsansatz ist der morphologische Modus. Smith verwendet diesen Begriff in Anlehnung an Johann Wolfgang von Goethe (1749–1832), der den Begriff Morphologie in seiner Pflanzenkunde eingeführt hatte. Goethe ordnete die Pflanzen in einer hierarchischen Klassifikation, zum Beispiel von Kräutern zu Bäumen, die aber weder als historisch-evolutionäre Folge noch als wertende Hierarchie zu verstehen sei, sondern als formal-logische Sequenz. Dabei unterschied er zwischen einem nicht in der Realität vorkommenden Archetyp (zum Beispiel dem Archetyp „Baum") und den vielen individuellen Manifestationen dieses Archetyps (den vielen konkreten realen Bäumen, die den Archetyp niemals vollständig abbilden können). Ein Vergleich kann in diesem Konzept auf zwei Ebenen stattfinden: zwischen einem individuellen Gegenstand und dem Archetyp oder zwischen zwei individuellen Gegenständen derselben Klasse.

Smith findet diese Struktur auch bei Mircea Eliade, der von einer begrenzten Anzahl identifizierbarer Archetypen und den in der Wirklichkeit vorkommenden Hierophanien (Manifestationen des Heiligen) ausgeht (siehe dazu den Abschnitt über Eliade in Kapitel 2). Auch andere Vertreter der klassischen Religionsphänomenologie folgen diesem Ansatz, wenn sie das Phänomen „an sich" oder „als solches" beschreiben – das heißt, deren „Wesen" – und dann Beispiele dafür anführen, in welchen Erscheinungsformen es in der Geschichte der Religionen aufgetreten sei. Auch hier wird mitunter von einfachen bzw. primitiven und höher entwickelten Formen gesprochen, aber das ist nicht im Sinn einer Evolution gemeint, und die Phänomenologen legen auch Wert darauf zu betonen, dass eine einfachere Erscheinungsform nicht minderwertig sei, da sich überall dasselbe Heilige manifestiere. (Man kann fragen, ob die Darstellungen diesem Ideal immer entsprechen, etwa wenn man feststellen muss, dass die Phänomene oft in christlicher Terminologie beschrieben und die christlichen Erscheinungsformen oft den [krönenden?] Abschluss der Darstellung bilden.)

Problematisch am morphologischen Modus ist zum einen, dass unklar ist, auf welche Weise die Bestimmung und Identifizierung der Archetypen vorgenommen wurde. Sie werden als solche einfach präsentiert, als seien sie selbstverständlich existent und nicht hinterfragbar. Ein oben schon vorgestelltes Beispiel ist Eliades „Himmelsheiligkeit" (siehe Kapitel 2, Abschnitt 2.2.), ein anderes Friedrich Heilers „Beichte" (siehe Kapitel 3, Abschnitt 3.1.). Diese Beispiele illustrieren auch den zweiten problematischen Aspekt, nämlich dass bei der Darstellung der individuellen Gegenstände, die als „Manifestationen" des Archetyps angeführt werden, oft eine angemessene Berücksichtigung des jeweiligen Kontexts fehlt. Dazu gehört auch die Einordnung in einen historischen Kontext, das heißt die Berücksichtigung der Tatsache, dass jeder untersuchte Gegenstand eine Vor- und eine Nachgeschichte hat.

Der evolutionäre Modus

Der Gedanke einer historischen Entwicklung ist dagegen in Evolutionsansätzen zentral. Smith spricht vom evolutionären Vergleichsmodus in Werken, die naturwissenschaftliche Evolutionstheorien des 19. Jahrhunderts auf kulturelle Evolution übertrugen, dies aber unangemessen mit einem morphologischen Ansatz kombinierten. Solche Werke gehen davon aus, dass die Sequenz von primitiv-einfachen zu komplexen Gegenständen nicht nur formal-logisch sei, sondern eine zeitliche Entwicklung spiegele. Daneben legen sie aber auch ein morphologisches Schema an, das Gegenstände in verschiedenen Kulturen vergleicht, die angeblich auf derselben Entwicklungsstufe stehen, ohne diese wiederum in ihren eigenen historischen Entwicklungskontexten zu analysieren.

Smith zitiert dazu eine Passage aus dem Werk *Primitive Cultures* von Edward Burnett Tylor von 1871 (Tylor 1958: 6):

> Little respect need be had in such comparisons for date in history or for place on the map; the ancient Swiss lake-dweller may be set aside the mediæval Aztec, and the Ojibwa of North America beside the Zulu of South Africa. As Dr. Johnson contemptuously said when he had read about the Patagonians and South Sea Islanders in Hawkesworth's Voyages, "one set of savages is like another." How true a generalization this really is, any Ethnological Museum may show.

Weder die historische noch die geographische Einordnung ist demnach relevant, wenn diese Gegenstände – ganz in morphologischer Manier – nebeneinandergestellt und dann einer bestimmten Evolutionsstufe zugeordnet werden. Vermeintliche Ähnlichkeiten dieser dekontextualisierten Gegenstände verweisen sie in dieselbe Klasse, die diesem Ansatz zufolge zugleich eine Stufe in der kulturellen Entwicklung der Menschheit darstellt.

Hier kann das Argument schnell zirkulär werden: Da weder Zeit noch Raum eine Rolle spielt (der antike Schweizer See-Anwohner neben dem mittelalterlichen Azteken), wählt man Comparanda aus, deren Ähnlichkeiten (angeblich) eine bestimmte kulturelle Entwicklung spiegeln, und ihr Vergleich bescheinigt ihnen wiederum die Zuordnung zu derselben Evolutionsstufe. Während also die Evolutionstheorie selbst eine historische Entwicklung voraussetzt, wird sie hier mit einem (morphologischen) Vergleich verknüpft, in welchem die historische Einordnung der Gegenstände außer Kraft gesetzt ist.

Wie Smith anmerkt, folgt dann die Darstellungsweise in diesen Werken einem enzyklopädischen Stil. Die einzelnen Gegenstände werden in kontextlosen Listen aufgezählt, ohne dem jeweils individuellen Fall eine nähere Untersuchung zu widmen.

Der Similaritätsmodus

Die folgenden beiden Modi, der Similaritäts- und der Differenzmodus, sind in ihren Namen angelehnt an David Freidenreichs Kategorien „comparative focus on similarity" und „comparative focus on difference" (Freidenreich 2004). Studien, die im Similaritätsmodus unternommen werden, heben die Ähnlichkeiten der untersuchten Gegenstände hervor und spielen die Unterschiede herunter oder blenden sie völlig aus. Manche behaupten sogar, dass die verglichenen Religionen in dem betreffenden Punkt identisch seien.

Diese Tendenz finden wir in klassischen religionsphänomenologischen Studien, die, wenn sie die Phänomene als in vielen Kulturen belegbare Erscheinungsformen des Heiligen klassifizieren, wenig daran interessiert sind, deren Unterschiede herauszuarbeiten. Aber Freidenreich zeigt, dass auch jüngere Arbeiten, die nicht in derselben religions-affirmativen Tradition stehen, diesen Fokus auf Ähnlichkeit aufweisen. Er nennt als ein Beispiel eine Studie von 1995, die palästinensische Islamisten, militante libanesische Schiiten und radikale Sikhs als „religiöse Fundamentalismen" vergleicht und sich darauf beschränkt, offenkundige strukturelle Ähnlichkeiten zu benennen. Freidenreich sagt dazu: „It is unclear what the significance is of these similarities; in this model of comparison, it is enough simply to demonstrate their existence. Whatever differences may exist between the movements can be dismissed in an introductory sentence: 'Despite their differences, the three fundamentalism movements share a number of features'" (Freidenreich 2004: 82).

Dieser Vergleichsmodus, der Unterschiede bewusst ausblendet, findet sich besonders in Studien, die eine bestimmte politische oder religiöse Agenda haben. Er kann zum Beispiel dazu dienen, auf potenziell gefährliche Bewegungen (wie religiöse Fundamentalismen) in verschiedenen religiösen Traditionen aufmerksam zu machen, aber auch dazu, religiöse Konflikte zu rationalisieren, indem man die Gemeinsamkeiten der streitenden Parteien hervorhebt (zum Beispiel im Nordirland-Konflikt zwischen Protestanten und Katholiken). Für eine ausgewogene religionswissenschaftliche Vergleichsstudie ist dieser Modus nicht geeignet.

Der Differenzmodus

Der Differenzmodus erscheint fast genau spiegelbildlich zum Similaritätsmodus. Mit ihm werden die Unterschiede der verglichenen Gegenstände hervorgehoben und Ähnlichkeiten oder Gemeinsamkeiten heruntergespielt. Anders als beim Similaritätsmodus ist es jedoch hier nicht möglich, die Ähnlichkeiten völlig unbeachtet zu lassen, denn ein Vergleich würde ohne eine wahrgenommene Ähnlichkeit der Gegenstände ja gar nicht stattfinden.

Studien im Differenzmodus begnügen sich oft damit, Unterschiede zwischen den beiden Gegenständen zu präsentieren. Wie Freidenreich zeigt, sollen einige solcher Studien Teilnehmern eines interreligiösen Dialogs aufzeigen, wo gegenseitiges Verständnis wegen der unvereinbaren Differenzen angeblich besonders notwendig sei. Die Religionen seien in den betreffenden Punkten so verschieden, gegenseitig so wenig nachvollziehbar, dass besondere Anstrengungen erforderlich seien, Brücken zu bauen. Ein untersuchtes Buch von 1993 zum christlich-buddhistischen Dialog etwa listet die Unterschiede auf, ohne zu versuchen, diese zu erklären, und überlässt weitere Schlussfolgerungen den Leser:innen. Freidenreich bemerkt dazu (Freidenreich 2004: 86):

> In this respect, this model of comparison shares a methodological shortcoming with the presentation of similarities model discussed previously: both constitute little more than catalogs of information about their comparands. As neither of these approaches to the comparison of religion actually attempts to understand the significance of the data gathered through the act of comparison, they produce conclusions which one could reach through the study of each religious tradition independently. Comparison without analysis does little to advance the academic study of religion.

Es sei angefügt, dass der Differenzmodus auch in der apologetischen Theologie Anwendung findet. Dort bleibt er nicht auf die Auflistung der Unterschiede beschränkt, sondern zieht evaluierende Schlüsse. Siehe hierzu etwa das Fazit des Theologen Werner Thiede, der einige Merkmale des Buddha und von Jesus Christus kurz vergleicht und dabei die Differenzen betont (Thiede 2005: 49; siehe mehr dazu in Kapitel 1):

> Das Resümee fällt eindeutig aus: Siddhartha Gautama und Jesus von Nazareth ähneln einander nur in einigen groben Umrissen. Bei näherer Betrachtung wird schnell deutlich, dass die beiden Gestalten divergierenden religiösen Paradigmen angehören. ... Jesus und Buddha – das ist, überspitzt formuliert, wie Feuer und Wasser.

Thiede wendet sich in seinem Aufsatz gegen Ansätze, die eine theologische Affinität von Buddhismus und Christentum und eine Gleichsetzung mancher Vorstellungen vertreten. Das ist sein Recht als Theologe, aber für die Religionswissenschaft, die bestrebt ist, Religion besser zu verstehen, ist ein solcher apologetischer Vergleich von geringem Wert.

5.1.2. Zwei vielversprechende Modi

Neben diese sechs problematischen Vergleichsmodi können zwei gestellt werden, die für religionswissenschaftliche Studien vielversprechend sind: der illuminative und der taxonomische. Diese entsprechen im Wesentlichen den Ansätzen, die Freidenreich in seinem Modell als „the use of comparison to refocus" und den „comparative focus on genus-species relationship" bezeichnet.

Der illuminative Modus

Ein Vergleich im illuminativen Modus beleuchtet einen untersuchten Gegenstand durch das Heranziehen von Parallelen. Wer zum Beispiel eine bestimmte religiöse Gemeinschaft studiert und dabei untersucht, wie die Nachfolge in der Leitung der Gemeinschaft geregelt wird, kann davon profitieren, dies mit Nachfolgeregelungen in anderen Gemeinschaften zu vergleichen. Wird die Leitung demokratisch gewählt? Von einer übergeordneten Stelle eingesetzt? Nach Seniorität vergeben? Oder durch die Blutsverwandtschaft mit der vorherigen Leitung bestimmt? Der Vergleich mit anderen Nachfolgemodellen kann den eigenen Untersuchungsgegenstand erhellen, indem er Dimensionen ans Licht bringt, die hier weniger ersichtlich, aber anderswo zentral sind. Können vielleicht bestimmte Spannungen in der Gemeinschaft darauf zurückgeführt werden, dass manche Mitglieder ein anderes Nachfolgemodell bevorzugen? Welche Aspekte hat dieses Nachfolgemodell anderswo? Der Vergleich kann neue und spezifische Fragen generieren, die eine genauere und umfassendere Betrachtung des untersuchten Gegenstandes ermöglichen.

Weil Vergleiche im illuminativen Modus den eigenen Untersuchungsgegenstand im Licht eines anderen betrachten, können sie blinde Flecken in der eigenen Wahrnehmung identifizieren und erhellen. Solche Vergleiche sind allerdings asymmetrisch, weil sie den jeweiligen Parallelgegenstand nicht ebenfalls im Detail untersuchen, sondern lediglich zu diesem Zweck heranziehen – der Fokus liegt weiterhin auf dem eigenen Forschungsgegenstand. Das ist völlig legitim, denn dieser Vergleich soll vor allem die Vorstellungskraft anregen und neue Fragen aufwerfen, die dazu beitragen können, diesen Gegenstand differenzierter zu analysieren. Manche Studien erhellen auch in beide Richtungen – ein Vorgang, den Arvind Sharma „reciprocal illumination" nennt (Sharma 2005).

Der illuminative Modus ist in der Religionswissenschaft allgegenwärtig, auch wenn die Forschenden selten über die vergleichende Methode reflektieren, die diesem Vorgang zugrundliegt. Man vergleicht ständig Konzepte, Praktiken oder Prozesse mit anderen Konzepten, Praktiken oder Prozessen aus dem näheren Umfeld des Gegenstands. Für manche Studien können aber auch Parallelen aus anderen Kulturen den eigenen Gegenstand erhellen. Einige Beispiele sind Peter Browns Studien zum frühchristlichen Heiligenkult, die Gregory Schopens Verständnis von Praktiken im indischen Buddhismus bereicherten (Schopen 1997); das Studium von steinernen „Fußabdrücken" des Buddha in Asien, die Paul Brian Thomas' Interpretation steinerner Fußabdrücke an einem syrischen Tempel der Eisenzeit anregten (Thomas 2008); und die Untersuchung indischer, zoroastrischer und nordischer Mythologie, die Kimberley Patton zu erklären half, warum Götter auf griechischen Vasen selbst Opferhandlungen vornehmen (Patton 2009). Dieses „learning from parallels" (Freidenreich) ist für die Religionswissenschaft überaus produktiv.

Der taxonomische Modus

Den zweiten vielversprechenden Vergleichsmodus nenne ich „taxonomisch", weil er zur Bildung und Differenzierung von Taxonomien, das heißt Klassifikationen religiöser Gegenstände dient. Vergleiche im taxonomischen Modus stellen Gegenstände symmetrisch gegenüber und untersuchen sie im Hinblick auf eine bestimmte Kategorie. Zum Beispiel kann man Erzählungen von der Entstehung des Kosmos im Hinduismus und im Judentum als Fälle von kosmogonischen Mythen vergleichen. Damit werden die betreffenden Erzählungen mit der Kategorie „kosmogonischer Mythos" klassifiziert, und der Vergleich dient dazu, genau diese Kategorie zu beleuchten, weiter zu differenzieren oder auch zu ersetzen. Bei einer Studie, die im taxonomischen Modus durchgeführt wird, steht also nicht, wie beim illuminativen Modus, ein bestimmter empirischer Gegenstand im Mittelpunkt, der durch den Vergleich mit parallelen Gegenständen erhellt wird. Vielmehr liegt der Fokus auf einer bestimmten Kategorie, die man auf der Grundlage des Vergleichs von zwei oder mehr Gegenständen bildet, differenziert oder auch hinterfragt.

Die Kategorien, von denen ich hier spreche, stellen das alltägliche wissenschaftliche Vokabular der Religionswissenschaft dar. Einige Beispiele sind: Tempel, Kloster, Schrein, Altar, Gebetskette, Amulett, Gebet, Chanting, Meditation, Ahnenverehrung, Opfer, Kanon, Mythos, Wiedergeburt, Erlösung/Befreiung, Pilgerschaft, Askese, Ritual, Fundamentalismus, Herrschaftslegitimation, Ethik, Ästhetik, Identität, Nonkonformismus, Synkretismus, Hybridität, Nicht-Religion, Säkularität. Alle diese Begriffe sind *vergleichende* Kategorien. Sie bezeichnen nicht nur einen spezifischen Gegenstand, sondern eine Klasse von Gegenständen, welche potenziell in verschiedenen Kulturen zu verorten sind. Wenn wir diese Begriffe religionswissenschaftlich verwenden, vergleichen wir immer implizit. Das heißt, wenn wir zum Beispiel eine beobachtete religiöse Praxis als „Ahnenverehrung" bezeichnen, implizieren wir, dass es noch andere Formen von Ahnenverehrung gibt, die ebenfalls unter diese Kategorie fallen und daher ähnlich sind.

Potenziell lassen sich solche Kategorien in einer größeren Taxonomie verorten, die verschiedene Ebenen der Abstraktion enthält. Um dies zu veranschaulichen, möchte ich einige Begriffe aus der hierarchischen Taxonomie in der Biologie heranziehen (von abstrakt zu konkret): Klasse, Ordnung, Familie, Gattung, Art. Als simples Beispiel kann die folgende Einordnung der Kategorie „Lebenszyklusrituale" dienen. Das sind Rituale, die in bestimmten Momenten im Leben eines Individuums vollzogen werden, zum Beispiel Geburts-, Initiations- oder Bestattungsriten. Wenn man in der Hierarchie nach oben schaut, können Lebenszyklusrituale als eine von mehreren *Familien* innerhalb der *Ordnung* von „Ritualen" gelten, die wiederum nur eine von mehreren Ordnungen in der *Klasse* „religiöse Handlungen" darstellen. Nach unten geblickt gibt es in der Familie der Lebenszyklusrituale verschiedene *Gattungen* (Riten bei Geburt, Initiation, Bestattung usw.). Und in jeder dieser Gattungen finden sich verschiedene *Arten* (oder *Spezies*), zum Beispiel Bestattungsriten im Hinduismus, im Buddhismus, im Christentum usw. Wenn man Gegenstände vergleicht, um solche Kategorien zu entwickeln, zu hinterfragen oder zu verbessern, vergleicht man im taxonomischen Modus.

Auch diese Art des Vergleichens ist in der Religionswissenschaft etabliert. Einige Beispiele sind Barbara Holdreges Vergleich von Judentum und Hinduismus zur Kategorie Heilige Schrift (*scripture*) (Holdrege 1996), Kathryn McClymonds Vergleich dieser Religionen zum Thema Opfer (McClymond 2008), Gregory Shushans Vergleich früher Zivilisationen zur Frage nach dem Leben nach dem Tod (Shushan 2009) oder Phillipe Bornets Studie zur Gastfreundschaft in brahmanischen und rabbinischen Texten (Bornet 2010). Solche detaillierten und fokussierten Studien bereichern und differenzieren die jeweiligen Kategorien und sind daher auch für Forschende relevant, die sich mit diesen Themen in völlig anderen Religionen beschäftigen.

Auf den ersten Blick ähnelt der taxonomische Modus dem oben diskutierten (und kritisierten) morphologischen Modus. Der wichtigste Unterschied ist, dass die Kategorien des taxonomischen Modus nicht als statische Ideal- oder Archetypen verstanden werden, deren Ursprünge im Dunkeln liegen, sondern als dynamische akademische Konstrukte, die Forschende mit jeder neuen Vergleichsstudie neu verhandeln, anpassen oder ersetzen. Die untersuchten Gegenstände sind keine „Erscheinungsformen" der Kategorien, sondern werden mit ihnen auf eine Weise klassifiziert, die sich im Fachdiskurs als nützlich herausstellen muss. Wenn das nicht gelingt und die betreffende Klassifikation als unpassend erachtet wird, können Gegenstände auch wieder aus der Kategorie herausfallen. Zentral ist hier, ebenfalls im Unterschied zum morphologischen Modus, dass die Klassifikation nur dann für die Religionswissenschaft produktiv sein kann, wenn die verglichenen Gegenstände nicht unangemessen aus ihren jeweiligen Kontexten herausgelöst werden.

Auch wenn der illuminative und der taxonomische Modus hier analytisch getrennt erscheinen, sind in vielen vergleichenden Studien doch beide zu einem gewissem Grad vorhanden. Bei genauer Betrachtung sind sie auch nur graduell verschieden. Wenn man in einer Studie im illuminativen Modus „Parallelen" heranzieht, dann setzt man genau genommen bereits eine taxonomische Kategorie voraus, unter die sowohl der eigene Gegenstand als auch die Parallele fallen. Und wenn man zwei Gegenstände symmetrisch nebeneinanderstellt, um sie im taxonomischen Modus zu untersuchen, ergibt es sich nicht selten, dass sich dadurch die Gegenstände gegenseitig erhellen. Diese beiden Modi sind für religionswissenschaftliche Vergleiche besonders vielversprechend.

5.2. Der Maßstab des Vergleichs

Wie schon mehrfach gesehen, können Comparanda auf verschiedenen Abstraktionsebenen bestimmt werden. Man kann ganze Religionen vergleichen; oder religiöse Gruppierungen; oder bestimmte Gemeinschaften innerhalb dieser Gruppierungen; oder Individuen; oder auch bestimmte Äußerungen einzelner Individuen in bestimmten Momenten ihres Lebens. Man kann Tempelnetzwerke in verschiedenen Kulturen vergleichen; oder einzelne Tempel; oder bestimmte Schreine in Tempeln; oder die Verehrungspraxis an zwei speziellen Schreinen. Je nachdem, wie stark man in der Auswahl der Comparanda heran- oder herauszoomt, ändert sich der Maßstab der vergleichenden Studie. Wie schon an den beiden Beispielen leicht erkennbar ist, müssen auf jeder Abstraktionsebene andere Fragestellungen und Methoden zum Einsatz kommen, sowohl bei der Analyse als auch der Kontextualisierung der Comparanda.

Der hier verwendete Begriff „Maßstab" (englisch: *scale*) ist aus der Kartographie entlehnt. Professionell erstellte Karten bilden ein Gelände immer in einem bestimmten Verhältnis zur Wirklichkeit ab (zum Beispiel im Maßstab 1:5000 für einen Stadtplan). Karten in verschiedenen Maßstäben bieten den Nutzern verschiedene Ebenen der Orientierung. Der Raumaufteilungsplan eines Museums in Nürnberg, den mir ein Freund geschickt hat, ist sehr nützlich, um direkt zu den Kunstwerken aus einer bestimmten Epoche zu gelangen, aber um zunächst das Museum selbst zu finden, brauche ich einen Stadtplan. Dieser wiederum hilft mir noch nicht, wenn ich in Leipzig wohne und zunächst nach Nürnberg fahren muss. Dafür konsultiere ich eine Karte, auf der sowohl Nürnberg als auch Leipzig verzeichnet sind. Wer sich einen Anfahrtsplan von einem elektronischen Kartenprogramm erstellen lässt, kann beobachten, wie sich die Karte wandelt, wenn man heran- oder herauszoomt, das heißt den Maßstab verändert.

Man kann diese Analogie noch ein wenig weiter strapazieren und auf den Vergleich beziehen. Will ich die Lage und Größe von Leipzig und Nürnberg vergleichen, brauche ich eine Karte, auf der beide verzeichnet sind – weder der Stadtplan von Nürnberg noch der Raumaufteilungsplan des Museums hilft dabei. Will ich wissen, wie weit dieses Museum vom Nürnberger Bahnhof entfernt ist – im Vergleich zu einem anderen Nürnberger Museum, das ich auch noch besuchen will –, hilft nur der Maßstab eines Stadtplans. Der Maßstab einer vergleichenden Studie steht also sowohl mit den ausgewählten Comparanda als auch mit dem Tertium Comparationis in enger Verbindung.

Für unseren Zweck genügt es, grob drei Maßstäbe zu unterscheiden, in denen eine vergleichende Studie vorgenommen werden kann:

- auf der Makroebene
- auf der Mesoebene und
- auf der Mikroebene.

Vergleicht man auf der Makroebene, zoomt man heraus bis maximal zum Vergleich ganzer Religionen oder gar dem der Menschheit mit der Tierwelt. Auf der Mikroebene zoomt man heran bis maximal zum Vergleich von konkreten

Objekten oder Individuen oder gar von bestimmten Momenten im Leben eines Individuums. Die Mesoebene ist zwischen Mikro- und Makroebene verortet. Da dies ohnehin eine sehr grobe Unterteilung ist, wäre es wenig hilfreich, präzise Grenzen zwischen den drei Ebenen zu definieren. Vielmehr soll die Unterteilung deutlich machen, dass die Wahl eines Maßstabs eng mit der Fragestellung und der Methodik zusammenhängt, und dazu anregen, den Maßstab einer Studie genau zu bestimmen. Das hilft auch dabei klarzustellen, welche Fragen eine Studie beantworten kann und welche nicht.

Vergleich auf der Makroebene

In der Geschichte der Religionswissenschaft waren es vor allem Vergleiche auf der Makroebene, die der Disziplin zeitweise die größte Aufmerksamkeit beschert haben, sowohl in anderen Fächern als auch in der interessierten Öffentlichkeit. Hat der Hinduismus eine tiefere Spiritualität als das Christentum? Sind Muslime gewaltbereiter als Buddhisten? Solche Fragen sind ebenso auf der Makroebene angesiedelt wie die Fragen, ob es in allen Religionen den Glauben an einen barmherzigen Gott oder die Hoffnung auf ein ewiges Leben nach dem Tod gebe.

Solche Vergleiche sind allerdings bereits seit den 1970er Jahren auch die innerhalb (und außerhalb) der Religionswissenschaft am heftigsten kritisierten Vergleiche. Wie in Kapitel 3 erläutert, verweist der niederländische Religionswissenschaftler Jan Platvoet in seiner Kritik auf drei Probleme (Platvoet 1982: 3–20). Erstens seien solche „unbegrenzten" Vergleiche oberflächlich, da sie dem Forscher erlaubten, „to collect his materials for comparison from an unlimited number of heterogeneous religions, over the sources of which he could not possibly exercise the required control." Zweitens essenzialisierten sie die Religionen, über die sie sprechen. Die oben genannte Frage ist nicht, ob empirisch betrachtet *bestimmte* Muslime gewaltbereiter seien als *bestimmte* Buddhisten, sondern ob „der:die Muslim:in als solche:r" – weil er:sie Muslim:in ist – eine größere Bereitschaft besitzt, Gewalt auszuüben als „der:die Buddhist:in als solche:r". Damit wird ein Wesen des Islam und des Buddhismus vorausgesetzt, das heißt, die beiden Religionen werden essenzialisiert. Drittens basierten solche Fragen auf eigenwilligen Klassifikationen und subjektiven Interessen der Forschenden, die, wie wir auch oben schon gesehen haben (Kapitel 3.2.), manchmal eher religiöser als wissenschaftlicher Natur sind.

Die Frage ist nun, ob somit, wie Platvoet folgert, Vergleiche auf der Makroebene als solche problematisch sind. Hier kann uns wieder die Karten-Analogie helfen. Eine Karte größeren Maßstabs, auf der Leipzig und Nürnberg verzeichnet sind, ist „oberflächlich" in dem Sinne, dass sie für keine der beiden Städte das Verkehrsnetz im Detail abbildet. Es sind keine Bahnhöfe, keine Bushaltestellen, keine Einbahnstraßen oder Sackgassen verzeichnet. Dies allein ist aber methodisch unproblematisch, denn wir erwarten solche Details nicht von einer Karte in diesem Maßstab. Sie hat eine andere Funktion als ein Stadtplan und kann andere Fragen beantworten, zum Beispiel, wie gut die beiden Städte im Vergleich an das deutsche Autobahnnetz angebunden sind oder wie weit sie beide von Frankfurt oder Prag entfernt sind. Kein Stadtplan von Leipzig oder Nürnberg könnte diese

Fragen beantworten. Vergleiche auf der Makroebene scheinen also für bestimmte Fragestellungen durchaus legitim zu sein.

Wenn man allerdings aus dem Vergleich Schlüsse zieht, die über das hinausgehen, was die Makroebene leisten kann, wird es problematisch. Eine Karte im großen Maßstab gibt keinerlei Auskunft über die tatsächliche Verkehrssituation in den beiden Städten, geschweige denn über Sehenswürdigkeiten, die Kneipendichte oder die Lebensqualität. Wenn man auf dieser Grundlage gar etwas über die Einwohner sagt und über typische Eigenschaften von Sachsen und Franken, betreibt man eine Essenzialisierung, die Platvoet zu Recht ablehnt.

Übertragen auf den Religionsvergleich können wir ebenfalls davon ausgehen, dass Makrovergleiche nicht prinzipiell verwerflich sind, sondern dass es bei einer Studie darauf ankommt, im Rahmen der begrenzten Möglichkeiten ihrer Vergleichsebene zu bleiben, das heißt, ihre Grenzen nicht zu überschreiten. Wie Karten in einem großen Maßstab bestimmte Funktionen erfüllen (aber nicht andere), so können auch Religionsvergleiche auf der Makroebene bestimmte nützliche Ergebnisse hervorbringen. Da auf dieser Ebene die Daten primär quantitativer Natur sind, das heißt auf Umfragen und Statistiken basieren, muss man die betreffenden Methoden beherrschen. Man kann zum Beispiel vergleichen, wie sich die Anzahl der Personen, die sich in einem Land zum Islam bekennen, zur Größe von anderen Religionsgemeinschaften und zu Musliminnen und Muslimen in anderen Ländern verhält oder wie sich diese Zahlen in den letzten Jahrzehnten verändert haben. Solche Studien können wichtige Ergebnisse erzielen, wenn auch unter dem Vorbehalt, dass man im Einzelfall genau prüfen muss, was „Religionszugehörigkeit" für das Individuum bedeutet. Dies kann aber wiederum nicht auf der Makroebene untersucht werden.

Ein Beispiel für eine interessante Vergleichsstudie auf der Makroebene ist das Buch *Sacred and Secular: Religion and Politics Worldwide*, in dem die Politologen Pippa Norris und Ronald Inglehart darlegen, dass es eine Entsprechung zwischen dem Grad der Säkularisierung einer Gesellschaft und der Erfahrung existenzieller Sicherheit der Menschen in dieser Gesellschaft gebe. Die Studie basiert auf Befragungen aus 80 Gesellschaften und erfasst ca. 85 % der Weltbevölkerung (Norris/Inglehart 2004).

Vergleich auf der Mikroebene

Vergleiche auf der Mikroebene sind am anderen Ende des Spektrums verortet. Hier zoomen die Forschenden stark heran und vergleichen individuelle Texte, Artefakte, Personen, Gemeinschaften und anderes. Die Comparanda werden dabei sehr detailliert untersucht, was voraussetzt, dass Forschende die notwendigen Qualifikationen für diese Untersuchung besitzen. Sie müssen die Sprachen und die entsprechenden Methoden (historische, philologische, soziologische, ethnographische etc.) beherrschen, um ihre Quellen akkurat zu kontextualisieren, zu analysieren und zu interpretieren.

Was in dem hier diskutierten Rahmen von Maßstäben des Vergleichs diskutiert wird, ist in den betreffenden Studien eine alltägliche und allgegenwärtige Praxis.

Jede Studie, die sich mit Primärquellen beschäftigt – das heißt, die große Mehrheit in den Geisteswissenschaften – vergleicht Aussagen, Konzepte, Strukturen, Praktiken und vieles mehr. Manche vergleichen Textpassagen im Werk einer bestimmten Autorin oder innerhalb eines Textkorpus, andere vergleichen verschiedene Standpunkte in einem Diskurs, wieder andere das Verhalten oder die Praxis bestimmter Gruppen. Solches Vergleichen ist so selbstverständlich, dass es selten als „vergleichende Methode" identifiziert wird. Dies zu tun kann aber helfen, Fehler und irreführende Folgerungen zu vermeiden. Wenn man sich zum Beispiel darüber Rechenschaft ablegt, auf welcher Maßstabsebene man vergleicht, kann man sich fragen, ob es sinnvoll wäre, etwas weiter heran- oder herauszuzoomen und wie sich die Fragestellung oder das Ergebnis dadurch verändern würde. Wenn man bestimmt, wie genau die Comparanda von ihrem Kontext abzugrenzen sind, kann das dabei helfen, sich darüber klar zu werden, woran man genau interessiert ist. Wenn man den eigenen Vergleich auf die oben diskutierten Modi hin überprüft, kann man problematische Folgerungen vermeiden. Und so weiter.

Abgesehen von dieser allgegenwärtigen – und selten gewürdigten – Präsenz der vergleichenden Methode ist auch unter jenen, die sich explizit für den Vergleich in der Religionswissenschaft einsetzen, die Mikroebene der vielversprechendste oder manchmal gar der einzig legitime Maßstab des Vergleichens. Jan Platvoet, der, wie oben gesehen, den Vergleich auf der Makroebene strikt ablehnt, sieht in der Mikroebene großes Potenzial, denn „by this method minute analyses are obtained which approximate the empirical religious realities as closely as the historical materials available allow" (Platvoet 1982: 18). Das gilt für ihn auch bei interkulturellen Vergleichen, wie er mit seiner Studie zeigt, die Rituale der Asante in Ghana, der Para-Creolen in Surinam, und der IFO-Sananda-Religion in den USA vergleicht. Wenn er hier die Nähe solcher Studien zu „empirischen religiösen Wirklichkeiten" hervorhebt, dann ist das auch im Kontrast zu Vergleichen auf der Makroebene gemeint. Diese beruhen für ihn auf theoretischen Fragestellungen statt auf empirischen Quellen und seien daher oberflächlich. Mikrovergleiche haben dagegen einen induktiven Charakter, was bedeutet, dass sich theoretische Folgerungen aus der empirischen Arbeit ergeben. Er schreibt (Platvoet 1982: 18–19):

> Students of religions who are intent on respecting the singularities of the empirical religious realities are compelled by such minute analyses to devise a theoretical approach to comparison in which the particularities of each of the religions and religious processes to be compared can be amply accommodated. The student is forced by such an approach to remain aware of the provisional and hypothetical nature of all scientific theory and adapt it to the materials as given, instead of submitting to the lure of the understanding already achieved, which is implicit in all theory, and of squeezing the materials into the framework of a theory.

Auch wenn Vergleiche auf der Mikroebene in der Tat sehr produktiv sein können, ist doch die polarisierte Gegenüberstellung von Mikroebene als empirisch/induktiv und Makroebene als theoretisch/deduktiv problematisch. Wie wir oben gesehen haben (Kapitel 4.2.), basiert jede Abgrenzung eines Comparandums auf einer Fragestellung und einem Tertium Comparationis. In einem langen, „präkomparativen" Prozess sind die Comparanda bereits verglichen worden, bevor sie als solche ausgewählt werden. Und sie werden schon in dieser Phase im Blick auf das Tertium von ihrem Kontext abgegrenzt und als Comparanda identifiziert. Das heißt, wir finden die empirische Wirklichkeit nicht einfach vor und vergleichen dann, sondern konzeptualisieren die Comparanda theoretisch zu einem gewissen Grad, schon bevor der Vergleich beginnt. Eine Forscherin mit einer anderen theoretischen Fragestellung (das heißt einem anderen Tertium) mag die Comparanda ganz anders bestimmen. Ein Beispiel war ein konkreter kosmogonischer Mythos, der nicht nur mit anderen kosmogonischen Texten verglichen werden kann, sondern auch, wenn er etwa als Buch im Ritual verehrt wird, mit anderen Ritualgegenständen. Wie dieser empirisch erforschbare Gegenstand als Comparandum für den Vergleich bestimmt wird, hängt vom Tertium und damit von der Fragestellung der Forschenden ab. Platvoet scheint also die theoretische Dimension bei der Auswahl von Comparanda auf der Mikroebene zu unterschätzen, wie er auch das produktive empirische Potenzial von Makrovergleichen, wenn sie sauber quantitativ arbeiten, unterschätzt.

Platvoets Skepsis gegenüber Makrovergleichen richtet sich besonders auf die Dekontextualisierung und Essenzialisierung der verglichenen Gegenstände. Seine Mahnungen sind berechtigt, aber auch diese gelten nicht exklusiv für die Makroebene. Wie oben ausgeführt (Kapitel 3.1.), ist ein gewisser Grad von Dekontextualisierung nie zu vermeiden, da man einerseits die Comparanda immer von ihrem Kontext abgrenzen muss, um sie als fassbare Gegenstände zu untersuchen, und andererseits nie unumstritten ist, was genau „der Kontext" eigentlich ist und wo die Grenze einer Kontextualisierung gezogen werden kann. Dies gilt bei jedem Maßstab, auch auf der Mikroebene.

Essenzialisierung ist demgegenüber dem Vergleichsprozess nicht inhärent, sondern beruht auf einem bestimmten normativen Interesse der Forschenden. Wenn man auf der Makroebene vergleicht und daraus essenzialisierende Schlussfolgerungen zieht – „Muslime sind...", „der Daoismus sagt..." –, ist dies höchst problematisch. Aber diese Schlussfolgerungen sind weder unvermeidlich noch speziell mit der Makroebene verbunden. Auch Mikrovergleiche können in essenzialisierende Behauptungen münden, die aus religionswissenschaftlicher Sicht problematisch sind, wie wir in Kapitel 1.2. am Beispiel des theologisch-apologetischen Vergleichs von Jesus und dem Buddha gesehen haben (Thiede 2005). Da also auch die Mikroebene nicht von sich aus immun gegen Essenzialisierung ist, kann die Lösung nicht sein, schlicht Vergleiche auf der Makroebene abzulehnen und nur den Mikrovergleich für legitim zu erklären.

Potenzielle Probleme in vergleichenden Studien sind weniger im Maßstab der Studie begründet als darin, zu welchem Grad die Forschenden normative Interessen in die Studie hineintragen. Prinzipiell kann mit jedem Maßstab – von der stark herangezoomten Mikroebene zur herausgezoomten Makroebene – verglichen werden, solange die Beschränkungen, die jeder Maßstab mit sich bringt, beachtet werden. Und auf jeder Ebene müssen die Comparanda und das Tertium Comparationis sorgfältig bestimmt werden.

Vergleich auf der Mesoebene

Ich habe zunächst die beiden gegenüberliegenden Enden des Spektrums betrachtet – Makrovergleich und Mikrovergleich –, weil der Kontrast die oft vorgebrachte Kritik am besten überprüfbar macht. „Makro" und „Mikro" sind aber keine präzisen Zoomfaktoren, sondern decken einen größeren Bereich ab. Da die Zoomskala prinzipiell stufenlos ist, müsste man willkürlich einen Punkt bestimmen, an dem „Mikro" aufhört und „Makro" beginnt. Dies wäre besonders problematisch, wenn man bedenkt, dass Gegenstände, die eigentlich nahe beieinander liegen, durch diese Grenze unterschiedlich als mikro oder makro klassifiziert werden könnten. Das wäre nur verwirrend.

Es scheint daher pragmatischer, mit einer Zwischenkategorie zu arbeiten, einer Mesoebene, die zwischen Mikro- und Makroebene liegt. Vergleiche auf dieser Ebene zoomen weiter heraus als solche auf der Mikroebene und weiter heran als solche auf der Makroebene. Diese drei Ebenen entsprechen also grob drei großen Bereichen auf der Zoomskala. Eine genaue Bestimmung der Grenzen zwischen ihnen wäre wiederum schwer zu rechtfertigen und auch gar nicht erstrebenswert, denn es geht hier primär darum, eine Sensibilität für den Maßstab einer Vergleichsstudie zu erzeugen und den Vorgang des Heran- und Herauszoomens im Forschungsprozess bewusst einzusetzen. Was passiert, wenn ich zum Beispiel den Maßstab leicht vergrößere? Wie verändern sich die Comparanda, wenn ich mehr Texte oder andere Daten in die Studie aufnehme, mehr Personen aus anderen Gruppen befrage etc.? Hätte das eine Auswirkung darauf, wie ich das Tertium Comparationis bestimme? Was bedeutete das für meine Ergebnisse? Allein die Reflexion darüber kann zu einer Präzisierung der Fragestellung führen. Die Frage, ob eine Studie „noch auf der Mikroebene" oder „schon auf der Mesoebene" vergleicht, ist dafür zweitrangig.

Um anzudeuten, wie Vergleiche auf der Mesoebene aussehen können, möchte ich einige Beispiele für erfolgreiche Vergleichsstudien nennen, die weder als Mikro- noch als Makrovergleiche gelten können und daher dazwischen liegen, also Mesovergleiche sind. Die norwegische Religionswissenschaftlerin Ingvild Sælid Gilhus untersucht in ihrem Buch *Laughing Gods, Weeping Virgins: Laughter in the History of Religion* (Gilhus 1997) die symbolische Bedeutung des Lachens in drei kulturellen Kontexten und Epochen, dem Alten Orient und antiken Griechenland, dem Hellenismus und westlichen Christentum und in der Moderne. Durch den Vergleich dieser drei Kontexte kann sie bestimmte Interpretationsrahmen unterscheiden, in denen das Lachen erscheint: den kosmischen, den körperlichen und den psychischen. Sie identifiziert diese als die jeweils dominanten Typen in den drei Kontexten, aber merkt auch an, dass in jedem Kontext auch die jeweils anderen Typen zu finden sind. Gilhus sagt ausdrücklich, dass ihr "focus is not on small-scale historical events, it is rather on what is representative from each period" (Gilhus 1997: 7). Das heißt, es ist kein mikrovergleichender Ansatz. Andererseits beschränkt sich die Studie auf die genannten Kontexte aus dem Nahen

Osten und Europa. Sie bezieht weder Kulturen in anderen Weltgegenden noch andere Epochen wie etwa das Mittelalter ein, kann also auch nicht als Makrovergleich bezeichnet werden. Die Studie ist auf der Mesoebene angesiedelt.

Ein anderes Beispiel ist das Buch *Religion of the Gods* der US-amerikanischen Religionswissenschaftlerin Kimberley Patton (Patton 2009). In ihrer Untersuchung altgriechischer Vasenmalereien hatte sie wiederkehrende Szenen von Göttern beobachtet, die Opferrituale vollzogen. Da unklar war, wem die Götter opfern – da sie selbst ja schon Götter sind – und auch die altgriechischen Schriften keine Erklärung boten, suchte Patton nach möglichen Parallelen in anderen kulturellen und religiösen Kontexten, nämlich einerseits in polytheistischen Systemen des größeren indo-germanischen Kulturraums – in altgermanischer, zoroastrischer und vedischer Mythologie – und einerseits in den monotheistischen Systemen des Judentums, Christentums und Islams. Diese vergleichende Studie ergab, dass die Vorstellung von opfernden Göttern keineswegs ungewöhnlich ist, sondern vielmehr auf ein Konzept verweist, das Patton „divine reflexivity" nennt. Patton untersucht konkrete Texte und Textabschnitte, aber diese sind nicht selbst die Comparanda. Vielmehr können die jeweiligen Mythologien als Comparanda verstanden werden, die auf das Motiv opfernder Götter (das Tertium Comparationis) hin verglichen werden. Es ist also keine Studie auf der Mikroebene. Andererseits beschränkt sich Patton auf bestimmte Texte aus bestimmten Epochen, was bedeutet, dass Mythologien anderer Kulturen und Religionen – etwa aus Ostasien, Afrika oder Amerika – nicht einbezogen werden. Es ist also auch kein Makrovergleich, sondern eine Studie auf der Mesoebene.

Die Studie *Integrative Religious Education in Europe* der deutschen Religionswissenschaftlerin Wanda Alberts (Alberts 2007) kann als weiteres Beispiel dienen. Alberts vergleicht, wie an Schulen in England und Schweden Kenntnisse über Religionen vermittelt werden. Neben pädagogischen Fragen werden in diesem Vergleich verschiedene Themen analysiert, etwa die Konzeptualisierung der Kategorie „Religion", die Repräsentation einzelner Religionen im Unterricht und die Frage, wie die notwendige Ausbildung von Lehrer:innen gestaltet sein sollte (nämlich unter Federführung der Religionswissenschaft). Basierend auf dem Vergleich entwickelt Alberts das Modell eines nicht-konfessionellen integrativen Religionsunterrichts, das europaweit anwendbar wäre. Die Studie vergleicht weder konkrete Schulen oder gar bestimmte Schüler:innen bzw. Lehrer:innen (Mikrovergleich) noch alle Schulsysteme in Europa oder gar weltweit (Makrovergleich), sondern beschränkt sich auf zwei Länder und kann somit als ein Vergleich auf der Mesoebene gelten.

Die drei Beispiele zeigen, dass auch auf einer mittleren Ebene sinnvoll und erfolgreich verglichen werden kann – solange die Beschränkungen des gewählten Maßstabs beachtet werden und man keine illegitimen Schlussfolgerungen zieht. Das Heran- oder Herauszoomen kann sich auf Epochen, auf religiöse Schriften verschiedener Traditionen, auf geographische Einheiten wie Länder und einiges mehr beziehen. Wie oben erwähnt, wird jede Vergleichsstudie in einem bestimmten Maßstab vorgenommen. Über diesen zu reflektieren und ihn dabei – wenn auch nur hypothetisch – leicht zu verändern, kann dazu dienen, die Fragestellung der Studie zu präzisieren und potenzielle Probleme direkt anzugehen.

Teil 2

5.3. Der Analyserahmen des Vergleichs

Der oben erläuterte *Maßstab des Vergleichs* entspricht dem Grad, zu dem man heran- bzw. herauszoomt, wenn man die Comparanda bestimmt. Nun ist zu fragen, wie weit die in einer Studie untersuchten Comparanda räumlich und zeitlich voneinander entfernt sind. Es lassen sich drei Analyserahmen (englisch: *scopes*) unterscheiden: der kontextuelle, der interkulturelle und der transhistorische. Kurz zusammengefasst bewegt sich eine Studie

- in einem *kontextuellen Analyserahmen*, wenn sie Gegenstände innerhalb eines abgrenzbaren kulturellen Kontextes vergleicht;
- in einem *interkulturellen Analyserahmen*, wenn ihre Comparanda in zwei oder mehr kulturellen Kontexten verortet sind;
- in einem *transhistorischen Analyserahmen*, wenn sich die Comparanda in verschiedenen Zeitepochen befinden. Dieser ist immer entweder mit einem kontextuellen oder einem interkulturellen Analyserahmen verbunden.

Die verschiedenen Analyserahmen verweisen auf potenzielle Beziehungen zwischen den Comparanda. Wenn man in einem *kontextuellen Analyserahmen* vergleicht, geht man in der Regel davon aus, dass die verglichenen Gegenstände „voneinander wissen", das heißt, dass es mögliche Abhängigkeiten oder gegenseitige Beeinflussungen gibt. Das ist auch der Fall, wenn dies mit einem *transhistorischen Analyserahmen* verbunden wird, also wenn man Gegenstände aus verschiedenen Zeitepochen in demselben kulturellen Kontext vergleicht. Studien mit einem *interkulturellen Analyserahmen* hingegen gehen in der Regel davon aus, dass die verglichenen Gegenstände historisch voneinander unabhängig sind. Das gilt ebenso für Studien, die einen interkulturellen mit einem transhistorischen Analyserahmen verknüpfen, also Gegenstände aus verschiedenen Kulturen *und* verschiedenen Zeitepochen vergleichen.

Der Unterschied zwischen *kontextuellem* und *interkulturellem Analyserahmen* entspricht grob der Unterscheidung von homologem und analogem Vergleich, die in der Biologie und anderen Forschungsfeldern üblich ist. Homologe Vergleiche sind solche zwischen verwandten Comparanda, etwa von Delfinen und Walen. Da beides Säugetiere sind, geht man davon aus, dass die vorgefundenen Ähnlichkeiten und anatomischen Gemeinsamkeiten primär auf diese Verwandtschaft zurückgehen. Wenn in geisteswissenschaftlichen Studien eine Verwandtschaft der Gegenstände betont werden soll, ist es üblicher, von einem „genealogischen" als von einem homologischen Vergleich zu sprechen. Da die Comparanda in einem kontextuellen Analyserahmen aber nicht nur in einem Herkunftsverhältnis („genealogisch") stehen, sondern auch gegenseitig aufeinander wirken können, scheint es sinnvoller, noch allgemeiner von einem *relationalen Vergleich* zu sprechen. Dies zeigt an, dass die Comparanda zueinander in einer bestimmten Beziehung stehen (welche beim Vergleich berücksichtigt werden muss). Vergleiche in einem *kontextuellen Analyserahmen* sind meistens relationale (bzw. genealogische bzw. homologe) Vergleiche.

Der relationale Vergleich steht dem analogen Vergleich gegenüber. In der Biologie wäre das etwa der Vergleich von Delfinen und Haien. Da letztere keine Säugetiere, sondern Fische sind, stehen beide in keinem verwandtschaftlichen Verhältnis, haben aber doch viele Gemeinsamkeiten, etwa die Körperform und Flossen, die es ihnen erlauben, im Wasser mit hoher Geschwindigkeit Beute zu jagen. Solche Analogien liegen auch interkulturellen Vergleichen zugrunde, in denen die Comparanda voneinander unabhängig sind. Beobachtete Gemeinsamkeiten oder Ähnlichkeiten gehen hier nicht auf eine historische Verbindung, das heißt auf einseitige oder gegenseitige Beeinflussung zurück, sondern auf festgestellte Analogien (etwa die ethische Maxime der Goldenen Regel im Konfuzianismus und im Christentum). Vergleiche in einem *interkulturellen Analyserahmen* sind in der Regel analoge Vergleiche.

Diese kurze, verdichtete Übersicht diente zunächst der Bestimmung der hier verwendeten Begriffe. Ich werde die drei Analyserahmen nun etwas ausführlicher erläutern.

Der kontextuelle Analyserahmen und relationale Vergleiche

Vergleiche innerhalb eines räumlich abgrenzbaren Kontextes sind in der Religionswissenschaft gang und gäbe. Man vergleicht Aussagen, Schriften oder Handlungsweisen unterschiedlicher Akteure, religiöse Praktiken, institutionelle Prozesse und vieles mehr. Selten werden solche Studien explizit als Vergleichsstudien deklariert, wie es etwa die amerikanische Religionswissenschaftlerin Christel Manning tut, wenn sie vergleicht, wie konservative katholische, protestantische und jüdische Frauen in einem bestimmten Kontext, nämlich Südkalifornien in den 1990er Jahren, zum Feminismus stehen (Manning 1990). Auf diese Weise die Comparanda und das Tertium Comparationis zu bestimmen und kontextuelle Vergleichsstudien in den Rahmen der vergleichenden Methode zu stellen, ist nützlich, weil es unter anderem dazu anregt, die Relation zwischen den Comparanda genau zu betrachten.

Insbesondere in historischen Studien neigen Forschende manchmal dazu, von genealogischen Beziehungen zwischen den Comparanda auszugehen. Das bedeutet, sie führen Ähnlichkeiten zweier Gegenstände darauf zurück, dass Gegenstand B von Gegenstand A abhängig sei. Wenn also zum Beispiel eine bestimmte religiöse Vorstellung in zwei Texten vorhanden ist, gehen sie davon aus, dass Text B sie von Text A übernommen hat. Dies mag manchmal der Fall sein, aber die Ähnlichkeit allein belegt diese Abhängigkeit noch nicht, da es auch andere Erklärungen geben kann. Besonders in der Erforschung des frühen Christentums und seines historischen Milieus wird die Beziehung zwischen ähnlichen Gegenständen, die man jeweils als christlich und außerchristlich identifiziert, kontrovers diskutiert. Mehrere Forscher haben darauf hingewiesen, dass Schlussfolgerungen oft eher auf religiösen und theologischen Interessen der Forschenden beruhen als auf der genauen

Analyse des sozio-historischen Kontexts (siehe den Überblick in White/Fitzgerald 2003).

Diese Diskussion zeigt, wie behutsam man vorgehen muss, wenn man Gegenstände innerhalb eines Kontextes vergleicht, die zueinander in einer Beziehung stehen. Welcher Art diese Beziehung ist – eine einseitige, genealogische Abhängigkeit oder vielleicht wechselseitige Beeinflussungen und Aneignungen in einem längeren Prozess? –, muss im Vergleichsprozess genau untersucht werden, um keine voreiligen Schlüsse zu ziehen. Eben aus diesem Grund scheint es sinnvoller, statt von einem homologen oder genealogischen Vergleich von einem *relationalen Vergleich* zu sprechen, im Zuge dessen die Art der Relation zwischen den Comparanda erst bestimmt wird.

Relationale Vergleiche beschränken sich meist auf geographisch begrenzte Regionen, aber manchmal gehen sie auch weit darüber hinaus. Besonders in verflechtungs- und globalgeschichtlichen Ansätzen werden Ströme nachverfolgt, mit denen bestimmte Ideen oder Praktiken in andere Weltgegenden (und zurück) getragen werden. Beispiele hierfür finden sich in Werken der vergleichenden Geschichtswissenschaft (zum Beispiel Bayly 2004; Haupt/Kocka 2004; Osterhammel 2014). Solche Studien behandeln mehr als einen Kulturraum, aber da sie historische Verknüpfungen und Verflechtungen untersuchen, sind es eher *transkulturelle* Studien, die sich deswegen immer noch in einem *kontextuellen Analyserahmen* bewegen (und nicht in einem *inter*kulturellen, siehe unten). Der „Kontext" ist hier nur eben viel größer – und in manchen Fällen sogar global.

Der interkulturelle Analyserahmen und analoge Vergleiche

Studien mit einem interkulturellen Analyserahmen vergleichen Gegenstände in verschiedenen Kulturräumen. Diese Comparanda stehen in keiner historischen Beziehung zueinander, weshalb Ähnlichkeiten weder auf ein Verwandtschaftsverhältnis noch auf einseitige oder wechselseitige Beeinflussung zurückzuführen sind. Vielmehr identifizieren Forschende Gegenstände in verschiedenen Kulturräumen, die sich in Form oder Funktion *entsprechen*, zum Beispiel Aussagen über das Leben nach dem Tod, religiöse Fastenpraxis oder die Verehrung einer Gottheit durch die Darbringung von Gaben. Studien mit einem interkulturellen Analyserahmen sind also keine relationalen, sondern *analoge* Vergleiche.

Analoge Vergleiche stellen die Forschenden vor die Herausforderung, erklären zu müssen, auf welche Weise sie die Analogien identifiziert haben. Worauf fußt die Behauptung, dass sich zwei Gegenstände „entsprechen", die historisch voneinander unabhängig und in verschiedenen Kulturen verortet sind? Wir haben gesehen, dass es insbesondere analoge Vergleiche mit einem interkulturellen Analyserahmen waren, die die heftigste Kritik am religionswissenschaftlichen Vergleich auslösten, weil die betreffenden Studien mit illegitimen Vorannahmen an die Quellen herangingen und weil religiöse, theologische oder ideologische Interessen ihre Vergleiche lenkten. Solche Ansätze haben Forschende auch dazu verleitet, die betreffenden Kontexte der Comparanda nicht angemessen zu berücksichtigen. Sie konnten auf diese Weise eine Analogie behaupten, die bei genauer Untersuchung so gar nicht bestand. Wie ich unten weiter ausführen werde, ist also die Reflexion über die Auswahl der Comparanda und ein transparentes Vorgehen gerade bei Vergleichen mit einem interkulturellen Analyserahmen von höchster Bedeutung. Forschende müssen erklären, warum die behauptete Analogie plausibel ist, und sie müssen in ihrer Studie den jeweiligen sozio-historischen und diskursiven Kontext der Comparanda adäquat berücksichtigen.

Als ein Beispiel für den interkulturellen Analyserahmen kann ein Forschungsgebiet dienen, das das antike China und das antike Griechenland vergleicht und eine erhebliche Anzahl von Publikationen hervorgebracht hat. Es firmiert unter dem Begriff „Sino-Hellenische Studien". Zwei prominente Vertreter, Steven Shankman und Stephen W. Durrant, beschreiben den interkulturellen Analyserahmen, wenn sie über dieses Forschungsgebiet sagen, dass es „puts into play with each other two great and immensely influential cultures that probably had little or no contact with each other in the ancient period. The patterns of thought and the cultural productions of ancient China and ancient Greece represent two significantly different responses to the myriad problems that human beings confront" (Shankman/Durrant 2002: 1). Viele Forschende in diesem Gebiet kommen aus der (vergleichenden) Philosophie, weshalb die untersuchten Analogien oft philosophische Themen sind, etwa das Verhältnis von Wissen und Weisheit in beiden Kulturen oder die Vorstellungen von Schicksal und Fatalismus. Andere Themen sind die ethisch-religiöse Bildung des Individuums, die Kategorien von autoritativem Text, Kanon und Kommentar, wie auch Vergleiche in den Gebieten von Wissenschaft, Medizin und Literatur (siehe Tanner 2009).

Ein anderes produktives Forschungsgebiet, das mit einem interkulturellen Analyserahmen arbeitet, vergleicht Hinduismus und Judentum, zwei Religionen, die mehr Ähnlichkeiten aufweisen als man auf den ersten Blick vermuten würde. Besonders hervorzuheben sind hier die inzwischen „klassische" Vergleichsstudie *Veda and Torah: Transcending the Spirituality of Scripture* der US-amerikanischen Religionswissenschaftlerin Barbara Holdrege (Holdrege 1996) und die Monographie des Schweizer Religionswissenschaftlers Philippe Bornet zur Gastfreundschaft in den beiden Traditionen (Bornet 2010). Auch die vergleichende Studie des US-amerikanischen Indologen und Religionswissenschaftlers Timothy Lubin zur Exegese in beiden Religionen wäre hier zu nennen (Lubin 2002). Neben solchen analogen Vergleichen gibt es auch eine Reihe von Studien, die Hinduismus und Judentum relational vergleichen, das heißt mit einem kontextuellen Analyserahmen. Dabei geht es zum Beispiel um frühe Handelsbeziehungen, jüdische Gemeinschaften in Indien, die Darstellung Indiens in jüdischer Literatur und vieles mehr. Siehe dazu besonders die Arbeiten von Nathan Katz (Katz 2000; Katz/Chakravarti/Sinha/Weil 2007), Hananya Goodman (Goodman 1994) und die Beiträge zum *Journal of Indo-Judaic Studies*.

Der transhistorische Analyserahmen

In den bisherigen Erörterungen zum kontextuellen und zum interkulturellen Analyserahmen spielte die zeitliche Dimension noch keine Rolle. Oft werden aber auch Gegenstände verglichen, die in unterschiedlichen Epochen verortet sind (siehe hierzu Kaelble 1999, 14–16). Das findet in einem *transhistorischen Analyserahmen* statt, der entweder mit einem kontextuellen oder einem interkulturellen Analyserahmen kombiniert wird.

Man kann sich dies gut mit David Freidenreichs nützlichen Metaphern von „horizontalen" und „vertikalen" Vergleichen klarmachen, die er in seiner Studie über Regelungen („norms") zur Speisepraxis in jüdischen, christlichen und islamischen Rechtstexten vorstellt (Freidenreich 2011: 11):

> By "horizontal," I mean comparisons that address norms articulated within the context of a single time period or cultural milieu, such as the ancient Hellenistic world or the medieval Islamic Near East. By "vertical," I mean comparisons that address norms articulated in different time periods within a single intellectual tradition, such as norms found in the Bible, the writings of Church Fathers, and the works of medieval Christian authorities.

Freidenreich spricht hier von einem *kontextuellen Analyserahmen*, in dem man entweder synchron (horizontal) oder diachron (vertikal) vergleicht. Im letzteren Fall wird also der kontextuelle Analyserahmen mit einem transhistorischen kombiniert. Das ist eine übliche Praxis in der religionshistorischen Forschung, auch wenn sie selten explizit als „vergleichende Methode" gekennzeichnet ist. Hier ist zu bedenken, dass man, je größer der zeitliche Abstand zwischen den Comparanda ist, umso weniger von „demselben" Kontext sprechen kann. Bei einem sehr großen Abstand, etwa zwischen biblischen und mittelalterlichen Texten, verhält es sich wie bei den oben angesprochenen, transkulturellen Vergleichen, die über Kulturgrenzen hinwegreichen: Solange man eine Beziehung zwischen den Comparanda voraussetzt, bleibt es ein kontextueller Vergleich.

Die Kombination des *interkulturellen* Analyserahmens mit einem transhistorischen nennt Freidenreich einen „diagonalen" Vergleich. Dies betrifft verglichene Gegenstände, „that share neither a common intellectual tradition nor a common cultural milieu (e.g., Rabbinic norms originating in the ancient Hellenistic world and medieval Islamic norms)". Solche diagonalen Vergleiche seien „artificial in the sense that the relationship between the comparands would not exist had the comparativist not imagined it" (Freidenreich 2011: 11). Mit anderen Worten, Forschende erkennen eine *Analogie* in der Form oder Funktion der beiden Gegenstände, welche ansonsten keine Beziehung haben, und unterziehen sie einem Vergleich. Da interkulturelle Vergleiche immer mit deutlich verschiedenen kulturellen Kontexten arbeiten – deren genaues Studium, wie oben erklärt, besondere Aufmerksamkeit erfordert –, ist die unterschiedliche zeitliche Verortung der Comparanda lediglich ein weiterer Aspekt dieser kontextuellen Differenz.

Ein anderes Modell stammt von Egil Asprem, der zwischen analogem und homologem sowie zwischen synchronischem und diachronischem Vergleich unterscheidet und die vier möglichen Kombinationen vorstellt (Asprem 2014: 20–27). Zwar bleibt dort die räumliche Dimension unberücksichtigt, aber ansonsten entspricht dieses Modell weitgehend dem hier vorgestellten. Asprem tritt unter anderem für eine analoge und interkulturelle Erforschung von „Esoterik" ein – einer Kategorie, die manche im Fach auf die europäische Geistesgeschichte beschränken wollen. Asprem schließt mit einem Bild aus der Biologie, das uns zu den Tierbeispielen am Anfang dieses Abschnitts zurückführt. Es sei für die Evolutionsbiologie zentral, Fledermäuse – die einzigen Säugetiere mit Flügeln – synchron und diachron in ihrer evolutionären Entwicklung zu erforschen (also homolog). Aber ebenso wichtig sei es, Fledermäuse (analog) mit Vögeln und fliegenden Insekten zu vergleichen, um die Umweltbedingungen und die Selektionsmechanismen zu untersuchen, mit denen man die evolutionäre Entwicklung von Flügeln erklären kann. Asprem betont mit dieser Parallele aus der Biologie, dass es für die Esoterikforschung – und damit auch für die Religionswissenschaft insgesamt – notwendig sei, nicht nur kontextuell, sondern auch interkulturell zu vergleichen.

Jede religionswissenschaftliche Vergleichsstudie arbeitet entweder mit einem kontextuellen oder einem interkulturellen Analyserahmen, zuweilen ergänzt durch einen transhistorischen. Weil mit der Unterscheidung der drei Typen von Analyserahmen die Eigenheiten und die Herausforderungen des gewählten Rahmens hervorgehoben werden, helfen sie dabei, sich die Möglichkeiten wie auch die Beschränkungen einer Studie zu vergegenwärtigen.

5.4. Arbeitsschritte

Die Kategorien Modus, Maßstab und Analyserahmen sowie ihre Subkategorien dienen dazu, wichtige Aspekte einer vergleichenden Studie zu benennen, und sie ermöglichen Reflexionen über die Frage, warum man einen bestimmten Modus, Maßstab und Analyserahmen wählt – und nicht andere. Neben diesen Aspekten der Konfiguration einer Studie sollen nun fünf Arbeitsschritte beschrieben werden, die den Forschungsprozess einer Vergleichsstudie abbilden. Sie basieren auf einem vierteiligen Modell von Jonathan Z. Smith (Smith 2000b; siehe dazu ausführlicher auch Mack 1996: 256–259), das hier modifiziert und erweitert wird. Während die ersten drei in jeder vergleichenden Studie zu finden sind, können die letzten beiden alternativ oder auch kombiniert erscheinen, je nach Forschungsinteresse und Zielsetzung. Die fünf Arbeitsschritte sind: (1) *Selektion,* (2) *Beschreibung und Analyse,* (3) *Gegenüberstellung,* (4) *Neubeschreibung* und (5) *Theoretisierung.*

Bevor ich diese Schritte einzeln vorstelle, muss ich, um Missverständnisse zu vermeiden, vorweg einige Punkte klarstellen. Auch wenn hier von Arbeits*schritten* die Rede ist, stellen diese fünf keine lineare Abfolge dar. Man absolviert nicht Schritt 1, geht dann zu Schritt 2 und anschließend zu Schritt 3 über usw., wie es vielleicht auf den ersten Blick erscheint. Zwar sind bestimmte Schritte logisch hintereinandergeschaltet – so kann etwa eine *Neubeschreibung* erst nach einer *Beschreibung und Analyse* erfolgen –, aber insgesamt verläuft der Prozess in der Forschungspraxis nicht in einer solch klaren Abfolge. Einige Vorgänge finden gleichzeitig oder auch wiederholt statt, ohne dass das immer im Voraus planbar wäre. Dies hängt damit zusammen, dass man unter Umständen im Laufe des Forschungsprozesses neue Erkenntnisse gewinnt, die Modifikationen nötig machen. Zum Beispiel mag es die *Neubeschreibung* eines Gegenstands, die recht spät im Forschungsprozess stattfindet, nötig erscheinen lassen, einen weiteren, bis dahin nicht berücksichtigten Gegenstand auszuwählen (*Selektion*) und in den Vergleich einzubeziehen.

Das bedeutet, dass die Arbeitsschritte hier in einer Reihenfolge vorgestellt werden, die vor allem pragmatisch begründet ist. In der Forschungspraxis ist der Prozess viel komplexer, weniger klar geordnet, und nimmt manchmal überraschende Wendungen. Für eine Beschreibung der vergleichenden Methode ist es dennoch sinnvoll, die Arbeitsschritte als methodische Operationen analytisch zu unterscheiden. Wie oben angedeutet, erscheint von den beiden letztgenannten (*Neubeschreibung* und *Theoretisierung*) oft nur eine, was für eine produktive Studie völlig hinreichend ist (dazu unten mehr).

Schließlich ist noch anzumerken, dass die folgende Beschreibung der Arbeitsschritte keine „Gebrauchsanleitung" ist, mit der man einfach eine vergleichende Studie „zusammenbauen" könnte. Die möglichen Vergleichsthemen sind zu vielfältig, als dass eine generelle Anleitung sie alle erfassen könnte. Viele verschiedene Methoden (historische, philologische, ethnographische, sozialwissenschaftliche usw.) können im Einzelfall zum Einsatz kommen, und jeder Fall benötigt eine individuell angepasste Erforschung der betreffenden Kontexte. Die hier beschriebenen Arbeitsschritte bilden also lediglich einen Rahmen, der für jede Studie auf eigene Weise mit Material und Methoden gefüllt werden muss. In Kapitel 6 werde ich skizzieren, wie man eine vergleichende Studie auf dieser Grundlage praktisch durchführen kann.

(1) Selektion

Der grundlegendste und zugleich kniffligste Arbeitsschritt ist die *Selektion*, die Auswahl der Comparanda und des Tertium Comparationis. Was will ich miteinander vergleichen und woraufhin? Eine noch grundlegendere Frage ist: Warum wähle ich ausgerechnet diese Comparanda und dieses Tertium aus? Wir haben in Kapitel 4 gesehen, wie schwierig es ist, diese Frage zu beantworten, weil jede forschende Person ein individuelles Forschungsinteresse hat, das durch persönliche, kulturelle und akademische Faktoren geprägt ist. Dieses Interesse lückenlos aufzudecken ist auch der Person selbst kaum möglich, weil viele unbewusste Vorlieben und Abneigungen hineinspielen. Aber es ist von großer Bedeutung, darüber zu reflektieren und sich über die Dimensionen des eigenen Interesses klarer zu werden. Je genauer man diese Dimensionen erfasst, umso präziser kann man die Fragestellung formulieren und die Comparanda und das Tertium auswählen.

Zwei Aspekte dieser Reflexion, die für den Forschungsprozess von besonderer Bedeutung sind, kann man so umschreiben: Wo kommt die Studie her und wo will sie hin? Anders ausgedrückt: Aus welchen Diskussionen im Fachdiskurs heraus ergibt sich die Notwendigkeit für diese Studie? Und an welches Zielpublikum ist sie gerichtet? Viel ist gewonnen, wenn man diese Fragen beantworten kann, denn an ihnen orientiert sich wesentlich, welche Gegenstände man für den Vergleich wählt und auf welchen Aspekt hin man sie vergleicht.

Zum Selektionsvorgang gehört, dass man die Comparanda in ihrem jeweiligen Kontext als identifizierbare, zu vergleichende Gegenstände eingrenzt. Das geschieht unter anderem dadurch, dass man den *Maßstab* (makro, meso, mikro) und den *Analyserahmen* (kontextuell, interkulturell, transhistorisch) des Vergleichs bestimmt. Im Tertium Comparationis drückt sich das „Thema" der Vergleichsstudie aus (zum Beispiel Herrschaftslegitimation, Speiseverbote, Paradiesvorstellungen) und ihre Fragestellung. Mit der Auswahl des Tertiums ist auch der *Modus des Vergleichs* (illuminativ, taxonomisch) verknüpft.

Es ist wichtig zu betonen, dass diese Selektion von Comparanda und Tertium kein Akt ist, den man einmalig zu Beginn einer Studie durchführt. Wir haben in Kapitel 4 gesehen, dass die schließlich ausgewählten Comparanda und das Tertium bereits vor Beginn der Studie zueinander in einem Verhältnis standen, im Denken der Forschenden und/oder im Fachdiskurs. Ein „präkomparatives Tertium" (R. Weber) ermöglichte es, die Comparanda überhaupt als solche zu identifizieren. Und dieser Prozess endet auch nicht mit dem Beginn unserer Studie. Wie sich im Laufe des Forschungsprozesses die Comparanda und das Tertium gegenseitig präzisieren, können neu gewonnene Erkenntnisse dazu führen, dass man andere Gegenstände als Comparanda hinzunimmt und mit neuen Fragestellungen das Tertium modifiziert. Der Vorgang der *Selektion* kann sich also im Verlauf der Vergleichsstudie fortsetzen.

Wie gesagt, verläuft der Prozess einer vergleichenden Studie in der Praxis selten klar und linear. Durch die ständig neuen Erkenntnisse, die man gewinnt, können unerwartete Hindernisse auftreten, man kann in Sackgassen geraten, muss Kursänderungen vornehmen und Umwege gehen. Selten werden solche Vorgänge in der bereinigten Endfassung einer Vergleichsstudie dokumentiert oder auch nur erwähnt. Dort erscheint es meist so, als sei die Selektion von Comparanda und Tertium ein einmaliger, fast selbstverständlicher Akt am Beginn der Forschung. Das verschleiert die Dynamik und Vorläufigkeit dieser Selektion. Zwar ist es nicht ratsam, jede Wendung des Forschungsprozesses in der Endfassung zu dokumentieren – das ermüdet die Leser:innen und lenkt von der Argumentation und der Präsentation der Ergebnisse ab –, aber es ist wichtig, diesen kontinuierlichen Selektionsvorgang als solchen zu reflektieren und die Ergebnisse dieser Reflexion in der Studie transparent zu machen.

(2) Beschreibung und Analyse

Der Arbeitsschritt *Beschreibung und Analyse* umfasst die detaillierte Erforschung jedes einzelnen zu vergleichenden Gegenstands und seine Verortung im jeweiligen sozio-historischen und diskursiven Kontext. Diese Forschung erfordert, dass man die Sprachkenntnisse besitzt und die entsprechenden Methoden (historische, philologische, sozialwissenschaftliche etc.) beherrscht, die für die Erforschung dieser Gegenstände notwendig und üblich sind. Und man muss die bisherige Forschung zu den Gegenständen, das heißt die existierende Sekundärliteratur, umfassend zur Kenntnis nehmen. In dieser Hinsicht besteht kein Unterschied zwischen vergleichenden und nicht-vergleichenden Studien, und es gilt für jeden gewählten Maßstab und jeden Analyserahmen. Die Beschreibung und Analyse von zu vergleichenden Gegenständen muss dem aktuellen Forschungsstand und dem wissenschaftlichen Standard des jeweiligen Fachgebiets entsprechen.

Hinzu kommt allerdings bei einer vergleichenden Studie, dass die Gegenstände schon von Beginn an auch daraufhin betrachtet werden, wie sie in einen Vergleich eintreten können. Wie in Kapitel 4 (Abschnitt *Empirische und theoretisch konstruierte Gegenstände*) dargelegt, hat jedes Comparandum sowohl eine empirische wie auch eine theoretische Dimension, wenn auch mit einer jeweils spezifischen Gewichtung. Ein Beispiel zur Erinnerung: Die theoretische Dimension ermöglicht es uns, einen Tisch als „Altar" zu bezeichnen. Sie hebt bestimmte Aspekte des Gegenstands hervor, hier etwa die religiöse Interpretation und Nutzung jenes Tisches. In vielen Fällen (aber nicht immer) werden solche Klassifikationen innerhalb der religiösen Tradition selbst bereits vorgenommen, und wir müssen entscheiden, welche Bedeutung dies für unsere religionswissenschaftliche Theoretisierung hat. Um ein anderes oben genanntes Beispiel anzuführen: Auch wenn ein kosmogonischer Text von der Tradition als eine mythologische Erzählung klassifiziert wird, kann es doch für unsere Studie relevanter sein, ihn als herrschaftskritische Polemik oder auch als Ritualgegenstand zu theoretisieren.

Die betreffende religionswissenschaftliche Klassifikation besitzt oft eine Geschichte, die man ebenfalls studiert haben muss. Jonathan Z. Smith beschreibt es so: „The second task of description is that of reception history, a careful account of how *our* second-order scholarly tradition has intersected with the exemplum. That is to say, we need to describe how the datum has become accepted as significant for the purpose of argument" (Smith 2000b: 239). In manchen Fällen ist dies noch nicht geschehen, und man beschreitet neue Wege. In jedem Fall betrachten wir einen empirischen Gegenstand „als" etwas – einen Tisch *als* Altar, einen Text *als* Ritualgegenstand – und weisen ihm damit eine bestimmte theoretische Dimension zu. Dies geschieht in einer vergleichenden Studie immer schon im Hinblick auf den späteren Vergleich. Das heißt, das Tertium Comparationis, auf das hin wir die Gegenstände vergleichen werden, spielt schon bei diesem Prozess, in dem wir einen Gegenstand von seinem Kontext abgrenzen und „als" etwas theoretisieren, eine große Rolle. Der Arbeitsschritt *Beschreibung und Analyse* ist also geprägt von dem Vergleichsinteresse. Dies beeinträchtigt nicht die oben dargelegte Erfordernis umfassender kontextueller Erforschung, wenn man sich darüber im Klaren ist, dass man zwar bestimmte, für den Vergleich wichtige Aspekte eines Gegenstands hervorhebt, dabei aber den Gesamtkontext im Blick behält. Essenzialisierung ist eine permanente Gefahr (allerdings ebenso für nicht-vergleichende Studien).

Wir sehen hier, wie die Arbeitsschritte *Selektion* sowie *Beschreibung und Analyse* ineinandergreifen. Es ist offenkundig, dass man Comparanda nur auswählen kann, wenn man sie zu einem gewissen Grad erforscht hat, und im Laufe der Forschung kann es dazu kommen, dass neue, andere und/oder zusätzliche Gegenstände in den Vergleich eintreten (Selektion). Wenn man all dies zusammen betrachtet, erkennt man, dass sich die Comparanda – als empirisch und theoretisch bestimmte Gegenstände – ebenso wie das Tertium Comparationis im Laufe des Forschungsprozesses in einem dialektischen Verhältnis zueinander herausbilden. Wie bereits in Kapitel 4 zitiert, spricht William Paden von einer „bilateral relation," einem „two-way concept forming a bridge between generic and culture-specific understanding. The comparative process moves dialectically back and forth between greater generalization (with its theoretic resonance), and narrower, more specific, local investigation (with its empirical constraints)" (Paden 1996a: 9). Je genauer man die betreffenden Kontexte erforscht, desto deutlicher wird, welche Gegenstände sich für einen Vergleich im Hinblick auf das Tertium eignen. Und zugleich passt sich in diesem Prozess das Tertium den Vergleichsmöglichkeiten an, die die erforschten Gegenstände bieten.

(3) Gegenüberstellung

Der dritte Arbeitsschritt, die *Gegenüberstellung* der Comparanda, beinhaltet den Vergleich im engeren Sinne. Kurz gesagt besteht er darin, die Ähnlichkeiten und Unterschiede, die die Gegenstände im Hinblick auf das Tertium vorweisen, genau herauszuarbeiten. Vor dem Hintergrund des oben beschriebenen Prozesses ist es nützlich, kurz darüber zu reflektieren, was „Ähnlichkeiten und Unterschiede" hier bedeuten kann. Zunächst ist festzustellen, dass die Comparanda in einer vergleichenden Studie immer sowohl Ähnlichkeiten als auch Unterschiede aufweisen müssen, weil sie sonst entweder identisch wären (keine Unterschiede) oder unvergleichbar (keine Ähnlichkeiten). In beiden Fällen könnte ein Vergleich nicht stattfinden. Der Religionsethnologe Fitz Poole fasst diese Einsicht konzis zusammen, wenn er sagt (Poole 1986: 417):

> On the one hand, the postulation of identity precludes the possibility of comparison by obliterating the „gap" and rendering comparison tautological. On the other hand, the postulation of difference is meaningless for comparison without some connective tissue of postulated similarity. Difference makes a comparative analysis interesting; similarity makes it possible.

Wenn man also von vornherein postuliert, dass zwei Gegenstände (etwa die religiöse Erfahrung zweier Mystikerinnen in verschiedenen Religionen oder auch die Machtverliebtheit bestimmter religiöser Führer) exakt identisch seien, hat ein Vergleich keinen Wert mehr. Ebenso macht auch die Vorstellung, dass Gegenstände (etwa in zwei verschiedenen Kulturen) keinerlei Ähnlichkeiten haben können, also vollständig verschieden seien, einen Vergleich unmöglich.

Dass sowohl Ähnlichkeiten als auch Unterschiede eine wichtige Rolle im Vergleichsprozess spielen, verdeutlichen zwei scheinbar gegensätzliche Perspektiven. Einerseits könnte man sagen, dass es sich bei den beiden Comparanda ja offenkundig um zwei verschiedene Dinge handelt. Man muss also die Ähnlichkeiten herausarbeiten. Andererseits kann man auch sagen, dass ja bereits dadurch eine Ähnlichkeit vorausgesetzt wird, dass man sie als Comparanda identifiziert hat. Interessant sind nun gerade die Unterschiede. Beide Aussagen sind berechtigt, und sie heben zwei mögliche Tendenzen in einer Vergleichsstudie hervor (siehe auch Kaelble 1999: 26–27).

Die erste Tendenz ist generalisierend. Mit der besonderen Betrachtung der *Ähnlichkeiten* legt man den Fokus auf die Beschreibung der „Klasse", in die man beide Comparanda einordnet. Man bildet oder verfeinert eine wissenschaftliche

Kategorie (zum Beispiel Altar, Initiationsritual, Kosmogonie, Fundamentalismus), indem man die jeweils besondere Ausprägung desjenigen Aspekts analysiert, den die Comparanda gemeinsam haben. Diese Tendenz spiegelt daher den taxonomischen Modus des Vergleichs (siehe oben, Abschnitt 5.1.2.), mit dem man religiöse Gegenstände klassifiziert.

Die zweite Tendenz legt den Fokus auf die *Unterschiede* und damit auf die jeweiligen Besonderheiten der Comparanda. Indem man somit die Comparanda kontrastiert, bildet sich für jedes von ihnen ein klareres Profil aus. Durch den Vergleich kann ein Gegenstand als Kontrastfolie für einen anderen dienen, wodurch jeweils bestimmte Aspekte zum Vorschein kommen können, die man ohne den Vergleich nicht in derselben Weise beachtet hätte. Diese Tendenz spiegelt den oben beschriebenen illuminativen Modus des Vergleichs, mit dem ein Comparandum ein anderes erhellt.

Ich spreche bewusst von Tendenzen, denn auch wenn die Studie auf Ähnlichkeiten fokussiert ist, dürfen die Unterschiede nicht ignoriert werden – und umgekehrt. Ein produktiver und verantwortungsvoller Vergleich berücksichtigt immer beides, Ähnlichkeiten und Unterschiede.

Auch hier können wir wieder feststellen, dass die *Gegenüberstellung* keinen abgetrennten Vorgang darstellt, sondern vielmehr mit den beiden oben erläuterten Arbeitsschritten (*Selektion* und *Beschreibung und Analyse*) eng verwoben ist. Man könnte sogar sagen, dass der Vorgang der *Gegenüberstellung* bis in die präkomparative Phase zurückreicht, in der verschiedene mögliche Comparanda vorläufig verglichen wurden, bevor man einige von ihnen für die Studie auswählt (*Selektion*). Dass die drei Arbeitsschritte im Vergleichsprozess über weite Strecken parallel stattfinden – wenn auch in verschiedenen Gewichtungen –, bedeutet nicht, dass ihre analytische Unterscheidung sinnlos wäre. Vielmehr kann sie dazu dienen, die Struktur des Forschungsprozesses bewusst zu machen, auftretende Probleme präziser zu erfassen und mit größerer Klarheit eventuell notwendige Veränderungen im Forschungsdesign der Studie vorzunehmen.

Konkret heißt das, dass man, wenn der Forschungsprozess nicht so verläuft wie gehofft, die Entscheidungen in diesen Arbeitsschritten einzeln hinterfragen kann. Muss ich vielleicht ein anderes Comparandum wählen (*Selektion*)? Kann ich mir Hilfe von anderen Expertinnen und Experten holen, um den betreffenden Kontext besser zu verstehen (*Beschreibung und Analyse*)? Sollte ich meinen Fokus, der auf Gemeinsamkeiten gerichtet ist, verschieben und mich mehr auf die Unterschiede konzentrieren (oder umgekehrt) (*Gegenüberstellung*)? Und welche Auswirkungen haben solche Anpassungen auf die jeweils anderen Arbeitsschritte?

Die Unterscheidung der drei Arbeitsschritte kann auch dazu dienen, existierende Vergleichsstudien differenzierter zu beurteilen. Auch wenn man beispielsweise die Behandlung von Gemeinsamkeiten in einer Studie problematisch findet (*Gegenüberstellung*), kann man doch die *Selektion* und die *Beschreibung und Analyse* für angemessen halten. Oder man kann die *Beschreibung und Analyse* sowie die *Gegenüberstellung* akzeptieren, aber kritisieren, dass nicht ein anderes, relevanteres Comparandum ausgewählt wurde (*Selektion*). Oder man ist einverstanden mit der *Selektion*, aber kritisiert, dass die Gegenstände nicht akkurat *beschrieben und analysiert* werden, was dann auch die *Gegenüberstellung* in Frage stellt. Anstatt die Ergebnisse einer Vergleichsstudie pauschal zu verwerfen, wie es manchmal geschieht, kann man mit dieser analytischen Differenzierung auch ihre produktiven Aspekte identifizieren, welche für die weitere Forschung nützlich sein können.

(4) Neubeschreibung

Die drei oben beschriebenen Arbeitsschritte können als fundamental gelten und sind somit in jeder Vergleichsstudie enthalten. Demgegenüber sind die beiden Arbeitsschritte, die ich nun vorstellen werde, *Neubeschreibung* und *Theoretisierung*, nicht zwingend vorhanden und werden oft alternativ zueinander durchgeführt. Sie folgen logisch der *Gegenüberstellung* und beinhalten die interpretativen Ergebnisse einer Vergleichsstudie.

Mit *Neubeschreibung* ist gemeint, dass die verglichenen Gegenstände durch die im Vergleichsprozess gewonnenen Erkenntnisse in ihrem jeweiligen sozio-historischen Kontext erneut und besser beschrieben werden können. Burton Mack formuliert dies folgendermaßen (Mack 1996: 258):

> It may be that something will have been learned about factors that make the two situations similar, something about the difference another myth makes, something about the reasons for a people's interest in or fascination with a particular notion, role, or activity, and so forth. These insights will change the way in which the examples under investigation are understood and thus require redescription. A redescription will register what has been learned in the study.

Anders ausgedrückt, wenn man über einen Gegenstand in Folge des Vergleichs etwas Neues erfährt, wird das mit diesem Arbeitsschritt dokumentiert. Die *Neubeschreibung* findet insbesondere bei Studien statt, die mit einem illuminativen Modus unternommen werden (siehe oben, Abschnitt 5.1.2.). Mit diesem Modus betrachtet man einen Gegenstand „im Lichte" eines anderen, um zuvor übersehene Aspekte zu beleuchten und blinde Flecken zu erkennen. Durch den Vergleich wird also der im Arbeitsschritt *Beschreibung und Analyse* erstmals beschriebene Gegenstand auf eine bestimmte Weise erhellt. Die *Neubeschreibung* des Gegenstands hebt nun die dadurch neu entdeckten Aspekte hervor, und künftige Untersuchungen dieses sozio-historischen Kontexts werden diese Erkenntnisse zu berücksichtigen haben.

Ein Beispiel ist der religiöse Massenmord bzw. Suizid der Peoples Temple-Gemeinschaft in Jonestown (Guyana) im Jahr 1978, dessen mögliche Motive durch den Vergleich mit dem antiken Dionysos-Kult und pazifischen Cargo-Kulten im frühen 20. Jahrhundert erhellt und neu beschrieben werden können (Smith 1982c). Ein anderes, oben schon erwähntes Beispiel sind die Abbildungen von opfernden Göttern auf griechischen Vasen, die erst nach dem Vergleich mit indischer, zoroastrischer und nordischer Mythologie in einer *Neubeschreibung* sinnvoll interpretiert werden konnten (Patton 2009).

(5) Theoretisierung

Ein anderer Arbeitsschritt, der der *Gegenüberstellung* folgen kann, ist die *Theoretisierung*. Damit ist zunächst gemeint, dass der Fokus auf der Klassifizierung der verglichenen Gegenstände liegt. Im Unterschied zur *Neubeschreibung* geht es hier nicht darum, zum Beispiel einen bestimmten christlichen Altar nach dem Vergleich mit einem buddhistischen Altar neu und besser zu beschreiben, sondern um die Präzisierung der religionswissenschaftlichen Kategorie „Altar." Dieser Arbeitsschritt beinhaltet also die Arbeit an metasprachlichen Kategorien, die dann potenziell auch in anderen Kontexten verwendet werden können. Im Vergleichsprozess werden Aspekte der verglichenen Gegenstände identifiziert, die zu einer Verfeinerung der Kategorie führen.

Dieser Arbeitsschritt der *Theoretisierung* ist mit dem taxonomischen Modus des Vergleichs verbunden (siehe oben, Abschnitt 5.1.2.). Indem man zwei konkrete empirisch-historische Gegenstände als „Fälle" betrachtet und vergleicht, kann eine übergeordnete Kategorie gebildet oder modifiziert werden. Das heißt, die „Gattung", in die beide Gegenstände fallen, wird genauer gefasst. Dies trägt zur Klassifikation (oder Taxonomie) religiöser Gegenstände bei, die zu den grundlegenden Aufgaben der Religionswissenschaft gehört. Ein Beispiel ist der interkulturelle Vergleich von Praktiken der Reliquienverehrung, der die theoretische Konzeptualisierung der Kategorie „Reliquie" bereichert (Trainor 2010). Ein anderes Beispiel ist der gründliche Vergleich bestimmter christlicher und tibetisch-buddhistischer Texte, der neue Einsichten darüber liefert, wie „Hagiographie" funktioniert (Rondolino 2015, 2017). Neben der Arbeit an einzelnen Kategorien kann ein Vergleich auch dazu führen, Verknüpfungen von Kategorien theoretisch zu erhellen. Ein Beispiel dafür ist der Vergleich von Schriften aus dem antiken Griechenland und dem frühmodernen Indien, der komplexe Verbindungen von Religion, Gender und Gewalt identifiziert (Pasche Guignard 2015).

Letztlich tragen solche Studien dazu bei, „Religion" theoretisch differenzierter zu erfassen. Burton Mack bemerkt (Mack 1996: 259):

> The point is nothing less than the construction of a theory of religion. A new designation for a recognizable phenomenon can become a building block for constructing a descriptive system. And the descriptions of phenomena in such a studied system can actually become mid-range axioms that might eventually be used to build a cultural (and in Smith's case, cognitive) theory of religion.

Wenn also der Arbeitsschritt *Theoretisierung* in einer vergleichenden Studie dazu führt, eine bestimmte Kategorie zu präzisieren oder sogar neue Kategorien zu erstellen, können diese als Bausteine einer umfassenderen Religionstheorie verstanden und in diese integriert werden. Vergleichsstudien sind die Basis für empirisch abgesicherte theoretische Modelle. Es muss schließlich noch betont werden, dass sich *Neubeschreibung* und *Theoretisierung* als Arbeitsschritte nicht ausschließen. Viele vergleichende Studien tragen zu beidem etwas bei, wobei der Schwerpunkt meist auf einem der beiden liegt, abhängig davon, ob man eher mit einem illuminativen oder mit einem taxonomischen Modus arbeitet.

Alle in diesem Kapitel vorgestellten Begriffe – Modus, Maßstab, Analyserahmen sowie die Arbeitsschritte Selektion, Beschreibung und Analyse, Gegenüberstellung, Neubeschreibung, Theoretisierung – sind analytische Begriffe. Sie sollen dazu dienen, differenzierter zu beschreiben, wie eine Vergleichsstudie funktioniert, und damit sowohl einen methodologischen Rahmen für die eigene Vergleichsforschung zu bieten als auch begriffliche Instrumente zur Analyse und Beurteilung bereits existierender Vergleichsstudien. Nach der Beschreibung dieses Rahmen werde ich im nächsten Kapitel skizzieren, wie man ihn konkret in einer vergleichenden Studie anwenden kann.

Empfohlene Begleitlektüre

BL a. Smith, Adde Parvum (1978); Freidenreich, Comparisons Compared (2004)
BL b. Mack, On Redescribing Christian Origins (1996); Asprem, Beyond the West (2014)

Selbsttestfragen

1a. Beschreiben Sie die Unterschiede zwischen illuminativem und taxonomischem Modus.
1b. Erklären Sie, wie und warum die erstgenannten drei Arbeitsschritte in einem Vergleichsprozess von den letzten beiden zu unterscheiden sind.

Diskussionsfragen

2.a. Warum sind die sechs „problematischen Modi" problematisch? Welchen Nutzen hat es trotzdem, sie zu kennen?
2.b. Warum sind nach der hier vorgestellten Begrifflichkeit Vergleiche in einem interkulturellen Analyserahmen analoge und solche in einem kontextuellen Analyserahmen relationale Vergleiche? Fallen Ihnen Beispiele ein?

> **Reflexionsfragen**
>
> 3.a. Wählen Sie zwei beliebige Comparanda und spielen Sie durch, was bei einer Veränderung des Maßstabs (Heran- und Herauszoomen) passieren würde. Betrachten Sie erst kleine Anpassungen und anschließend die gesamte Breite zwischen Mikro- und Makroebene. Wie verändern sich die erforderlichen Quellen und Forschungsmethoden?
>
> 3.b. Wie unterscheidet sich die *Beschreibung und Analyse* eines Forschungsgegenstands (Arbeitsschritt 2) in einer vergleichenden Studie von der nichtvergleichenden Untersuchung desselben Forschungsgegenstands? Reflektieren Sie dies anhand eines Beispiels Ihrer Wahl. Was ist gleich bei beiden Ansätzen, was ist anders?

Kapitel 6 Durchführung und Relevanz des Religionsvergleichs

> **Zusammenfassung**
>
> Dieses Kapitel führt vor, wie die Komponenten der vergleichenden Methode, die in Kapitel 5 erläutert wurden, in der Forschungspraxis zum Einsatz kommen. Es wird durchgespielt, wie zuerst die Idee für eine vergleichende Studie entsteht und welche Schritte unternommen werden sollten, um diese erfolgreich durchzuführen. Dazu gehört am Ende auch die kontrafaktische Reflexion darüber, welche Optionen man verworfen hat (und warum) sowie die Frage, welche Gestalt die schriftliche Präsentation der Studie haben sollte. Anschließend wird noch die Rolle der Intuition im Religionsvergleich diskutiert. Im zweiten Teil des Kapitels geht es um die allgemeine Relevanz des Religionsvergleichs, zunächst für die Religionswissenschaft als Fachdisziplin sowie für benachbarte Fächer, die von der Expertise religionswissenschaftlicher Vergleichsmethodik profitieren können. Der letzte Abschnitt bietet eine Reflexion darüber, warum der Religionsvergleich über den Wissenschaftsdiskurs hinaus auch für die Gesellschaft relevant ist. Er unterscheidet drei miteinander verknüpfte Dimensionen von Forschung und Lehre (fachspezifisch, allgemeinbildend und berufsbezogen), in denen die Religionswissenschaft im Allgemeinen und der Religionsvergleich im Besonderen wichtige gesellschaftliche Beiträge leisten können.

Nach der Analyse der vergleichenden Methode im vorangehenden Kapitel soll nun erörtert werden, wie diese praktisch durchgeführt werden kann. Der zweite Teil des Kapitels bildet den Abschluss des Buches, in dem ich die „So what?"-Frage stelle. Wozu das alles? Warum ist der Religionsvergleich wichtig? Ich werde einige Gedanken sowohl zur wissenschaftlichen als auch zur gesellschaftlichen Relevanz des Religionsvergleichs formulieren und zur Debatte stellen.

6.1. Zur Durchführung einer vergleichenden Studie

Die folgenden Anmerkungen zur Durchführung eines Religionsvergleichs setzen die Erörterungen in den Kapiteln 4 und 5 voraus. Ich werde auf zahlreiche Punkte Bezug nehmen, aber die jeweiligen Diskussionen hier nicht im Detail wiederholen. Es sei dazu auf die betreffenden Abschnitte oben verwiesen.

Der Anlass für den Religionsvergleich

Wie kommt man überhaupt dazu, eine vergleichende Studie zu beginnen? Ganz allgemein gesprochen sind bei produktiven Ansätzen zwei Zugänge zu beobachten. Entweder entscheidet man sich zu Beginn der Forschung bewusst für diese Methode, um eine bestimmte Forschungsfrage zu beantworten. Dies trifft ganz besonders (aber nicht nur) auf Fragen zu, die eine religionswissenschaftliche Kategorie in den Mittelpunkt stellen (zum Beispiel Hagiographie, Lebenszyklusritual oder Ahnenverehrung), und daher mit einem taxonomischen Modus verknüpft sind. Oder aber die Notwendigkeit, Gegenstände zu vergleichen ergibt sich im Rahmen eines Forschungsprojekts, das nicht in erster Linie vergleichend angelegt ist. Dies sind oft Vergleiche im illuminativen Modus, die Parallelen eines Gegenstands zu seiner Erhellung heranziehen. (Siehe zu den Modi Kapitel 5.) Der gewählte Modus kann sich auch im Laufe der Untersuchung noch ändern.

Alles hängt von der Person ab, die die Forschung unternimmt, und diese Person müssen wir in den Mittelpunkt unserer Betrachtung stellen. Um es weniger abstrakt zu gestalten, spreche ich im Folgenden von der fiktiven Forscherin Helvi (benannt nach einer anderen Helvi, die genauso wissbegierig ist). In ihrer Beschäftigung mit religiösen Quellen und Handlungen kommt Helvi irgendwann der Gedanke, dass man bestimmte Gegenstände einmal sorgfältig vergleichen müsste. Das kann sich aus einer interessanten Ähnlichkeit der Gegenstände ergeben, die sie zu erkennen meint, oder auch aus einer beiläufigen Bemerkung, die sie irgendwo in einer Fußnote einer anderen Studie gelesen hat. Diese Idee zu einem Vergleich kommt ihr aber nicht ganz so zufällig wie es scheint, denn wie wir in Kapitel 4 gesehen haben, stehen die Comparanda und das Tertium Comparationis schon in einem potenziellen Verhältnis, bevor die Studie beginnt, und zwar im Denken der Forscherin oder irgendwo im Fachdiskurs. Das kann man sich leicht daran verdeutlichen, dass nicht jede beliebige Ähnlichkeit zweier Dinge Helvi dazu bringen würde, eine Vergleichsstudie zu beginnen. Die Ähnlichkeit – und das sich daraus ergebene Tertium – muss *interessant* sein. Und was Helvi interessant findet, ist geprägt von persönlichen, kulturellen und akademischen Faktoren, das heißt auch vom religionswissenschaftlichen Fachdiskurs, soweit sie ihn bis zu diesem Zeitpunkt verfolgt hat. Es ist also weder ein reiner Zufall, dass sie sich überhaupt mit den betreffenden Gegenständen beschäftigt, noch dass sie ein für den Fachdiskurs interessantes Tertium identifiziert.

Der Impuls, eine vergleichende Studie wirklich ernsthaft zu beginnen, entspringt der Ahnung, dass damit substanzielle neue Einsichten gewonnen werden können. Die Dimension der Ahnung sollte man nicht unterschätzen. Wie der armenisch-amerikanische Ethnologe Aram Yengoyan bemerkt, ist ein Vergleich oft „initially based on hunches and speculations that can be invaluable" (Yengoyan 2006: 3). Dass Helvi bei ihrer Betrachtung ahnt, dass ein Vergleich der Gegenstände im Hinblick auf einen ganz bestimmten Aspekt erhellend sein könnte, entspringt einer Intuition, die man im Laufe der vergleichenden Beschäftigung mit religiösen Gegenständen weiter kultivieren kann. Ich werde auf die Rolle der Intuition unten noch einmal zurückkommen.

Anfängliche Ahnungen können sich natürlich nach genauerer Betrachtung als fruchtlos erweisen. (Sie sind eben zunächst nur Ahnungen, keine Gewissheiten.) So ergibt die vorläufig bestimmte Beziehung von Comparanda und Tertium womöglich nicht das, was man sich von ihr versprochen hat. Das kann dazu führen, dass man die Studie nach einer ersten Sichtung des Materials abbricht und sich einem anderen Thema zuwendet. Doch oft liegt man mit der Ahnung nicht völlig daneben, sondern muss nur die Comparanda und das Tertium auf bestimmte Weise justieren. Zieht man nun die in Kapitel 5 vorgestellten Kategorien heran, wird klar, dass sich Helvi mit dieser Justierung mitten im Arbeitsschritt *Selektion* befindet.

Selektion, Beschreibung, Analyse

Was ist mit der Justierung von Comparanda und Tertium gemeint? Ich sprach von Helvis Ahnung, dass es interessant wäre, zwei bestimmte Gegenstände zu vergleichen. Der Begriff „Gegenstand" (im weiten Sinne verstanden als „Forschungsgegenstand") ist absichtlich nicht sehr konkret, weil er vieles Verschiedenes bezeichnen kann. Wie in Kapitel 4 ausgeführt, befindet sich jedes Comparandum auf einem Spektrum zwischen stark empirischer und stark theoretischer Bestimmung, und es besitzt immer beide Dimensionen: Empirie und Theorie. Beispiele waren zum einen Altäre, die als *Tische* empirisch in vielerlei Weise „messbar" sind, die aber für den Vergleich auch als *Altäre* theoretisiert werden müssen, und zum anderen das „interreligiöse Engagement" von religiösen Gemeinschaften, das als Kategorie stärker theoretisch konstruiert ist, das aber auch empirisch verifiziert werden muss. Welche Gegenstände es auch sind, die Helvi interessieren – sie sind auf diesem Spektrum zwischen Empirie und Theorie verortet.

Sie kann nun die anfänglich identifizierten Gegenstände auf verschiedene Weise justieren. Eine wichtige Technik ist die Regulierung des *Maßstabs* (siehe Kapitel 5). Abgesehen von der generellen Wahl zwischen Mikro-, Meso- und Makroebene kann Helvi auch für die Feineinstellung weiter heran- oder herauszoomen, indem sie die zu vergleichenden Gegenstände, das heißt die Datenbasis ihrer Untersuchung, stärker eingrenzt oder erweitert. Statt zum Beispiel die Interpretation eines bestimmten Konzepts in zwei religiösen Gemeinschaften zu studieren, kann sie sich entscheiden, diese Untersuchung auf jeweils eine Person zu fokussieren und deren Interpretation sehr genau zu erforschen. Oder sie entscheidet sich, die Datenbasis auszuweiten und weitere Quellen aus den jeweiligen Kontexten in die Studie zu integrieren.

Ebenfalls Teil dieses Prozesses ist die Bestimmung des *Analyserahmens* (siehe Kapitel 5). Hier ist die zentrale Frage zunächst, ob die zu vergleichenden Gegenstände zueinander in einer Beziehung stehen, ob sie sich also einseitig oder wechselseitig beeinflusst haben können. Das ist wichtig, wenn es anschließend darum geht, Ähnlichkeiten und Unterschiede zu untersuchen. Wenn eine Ähnlichkeit auf einen solchen Einfluss zurückzuführen ist, muss man fragen, wieso die religiösen Akteure den betreffenden Aspekt übernommen bzw. beibehalten haben. Wenn nicht, ist zu fragen, wie die Ähnlichkeit sonst zu erklären ist. Solche relationalen Vergleiche, die in einem *kontextuellen Analyserahmen* stattfinden, sind von analogen Vergleichen in einem *interkulturellen Analyserahmen* zu unterscheiden. Bei Letzteren stehen die Gegenstände in keiner Beziehung zueinander, was bedeutet, dass es keinen gegenseitigen Einfluss geben kann. Die Ähnlichkeiten beruhen vielmehr auf Analogien, die aus Helvis Sicht zu existieren scheinen, aber nun genau untersucht und begründet werden müssen. Eine weitere Dimension kommt hinzu, wenn der Vergleich auch *transhistorisch* ist, das heißt, wenn die Gegenstände aus verschiedenen Zeitepochen stammen. Dies ist besonders relevant für relationale Vergleiche, weil damit eine genealogische Beziehung einhergehen kann, das heißt, dass ein Gegenstand vom anderen „abstammen" kann. Auch hier stellt sich dann die Frage, welche Aspekte sich in dem zeitlichen Prozess verändern (oder nicht verändern) und warum.

Im Laufe der Untersuchung können Justierungen des Analyserahmens nötig werden, zum Beispiel wenn man feststellt, dass die Gegenstände, obwohl sie sich in demselben kulturellen Kontext befinden, keine nennenswerte Berührung miteinander haben und somit der Vergleich doch ein analoger ist. Oder dass die Gegenstände, die in zwei verschiedenen Kulturen verortet sind, doch über Umwege „voneinander wussten" und relational zu vergleichen sind. Oder dass es aus anderen Gründen interessanter wäre, einen anderen Analyserahmen zu wählen.

Die Justierung des Maßstabs und des Analyserahmens ist ein dynamischer Prozess, der stattfindet, während Helvi die Gegenstände und deren Kontexte gründlich studiert. Dazu gehört auch das Studium der Sekundärliteratur, das heißt der Forschungen, die es zu diesen Gegenständen und den relevanten theoretischen Kategorien bereits gibt. In diesem Prozess bilden sich nach und nach sowohl die Comparanda als auch das Tertium deutlicher heraus. Es ist ein dialektischer Vorgang: Je intensiver man sich mit dem Aspekt beschäftigt, auf den hin man die Gegenstände vergleichen will (das heißt, mit dem potenziellen Tertium Comparationis), umso klarer wird, welche Daten dafür geeignet sind und wie man die Quellen eingrenzen oder erweitern sollte. Und je genauer man die Quellen studiert, umso deutlicher wird, welche Fragen sie besonders produktiv beantworten können und wie somit das Tertium spezifiziert werden muss.

Die primäre Methode, ohne die keine Vergleichsstudie auskommt, ist also das umfassende und gründliche Studium der empirischen Kontexte und die kritische Analyse der vorhandenen Fachliteratur. In diesem Vorgang, der immer noch der Selektion dient, beschäftigt sich Helvi schon intensiv mit den Gegenständen, die sie schließlich auswählen wird. Das heißt, der Arbeitsschritt *Beschreibung und Analyse* hat bereits begonnen. Beide Vorgänge verlaufen parallel. Im Laufe der Untersuchung können die Gegenstände weiter justiert werden, und es können auch neue Gegenstände hinzukommen. David Freidenreich bezeichnet den Vergleichsprozess passend als „ongoing, multifactorial feedback loop". Er fährt fort (Freidenreich 2018: 12):

> As I discover new material, I compare it to sources with which I am already familiar, illuminating each with the other. I frequently reinterpret sources I thought I already understood and test out new theories and arguments as I go. I can no longer recall whether I initially read al-Murtaḍā in light of Augustine or the reverse, nor does it matter: the comparison ultimately proved mutually enlightening, and in any case the outcomes of the comparative process do not depend on the sequence in which the underlying research takes place.

Diese innere Dynamik der vergleichenden Methode ist eine Qualität, die wichtige Erkenntnisse hervorbringen kann. Sie kann von außen ungeordnet und sogar chaotisch wirken, aber die in Kapitel 5 vorgestellten Kategorien (Modus, Maßstab, Analyserahmen usw.) helfen, die verschiedenen Aspekte und Dimensionen des Prozesses analytisch auseinanderzuhalten und den Vorgang zu reflektieren und zu kontrollieren.

Um all dies an einem Beispiel zu veranschaulichen, möchte ich kurz rückschauend skizzieren, wie der Prozess in meiner eigenen Vergleichsstudie zu Askesediskursen im Hinduismus und Christentum ablief (Freiberger 2009; für eine detailliertere Rekonstruktion dieses Prozesses siehe Kapitel 5.2 in Freiberger 2019). Als die Überlegungen für die Studie begannen, hatte ich bereits über das frühbuddhistische Mönchtum gearbeitet und mich seit einigen Jahren ein wenig mit der Spätantike des Mittelmeerraums beschäftigt. Die Frage, warum manche religiösen Menschen meinen, dass eine radikale Einschränkung körperlicher Bedürfnisse, bis hin zur aktiven Schädigung des eigenen Körpers, die ideale Lebensweise darstelle, hatte mich schon länger fasziniert. Die Idee für die Vergleichsstudie war nun, das Phänomen der Askese durch den Vergleich von religiösen Quellen aus dem Alten Indien und der europäischen Spätantike näher zu beleuchten, das heißt von Quellen, zu denen ich durch mein bisheriges Studium und meine Sprachkenntnisse direkten Zugang hatte.

Anders ausgedrückt plante ich einen Vergleich im taxonomischen Modus (fokussiert auf die Kategorie Askese), dessen Maßstab auf der Mikroebene verortet ist (ein Vergleich von eingegrenzten, noch zu bestimmenden Quellentexten) und der in einem interkulturellen Analyserahmen durchgeführt wird (mit Quellen, die keine historische Beziehung zueinander haben) und daher mit Analogien arbeitet. Diese Terminologie gab es zu jener Zeit noch nicht, aber im Rückblick kann man das Vorhaben so beschreiben.

Während ich nun Studien zur Askese in diesen beiden kulturellen Kontexten sowie Übersetzungen von zahlreichen Quellen las, wurde mir bewusst, dass mein vorläufiges Tertium Comparationis, nämlich „asketische Praxis", ziemlich unpräzise war. So manche Praktiken, die in den Texten gepriesen wurden, wie zum Beispiel temporäres Fasten, Vegetarismus oder sexuelle Enthaltsamkeit in der Ehe, wollten nicht recht zu dem passen, was ich mir unter Askese vorstellte. Die Diskussionen, die in der Sekundärliteratur geführt wurden, zeigten ebenfalls, dass es auch in der Forschung keinen Konsens darüber gibt, wie man den Begriff Askese definieren sollte. Die Grenze zwischen Askese und Nicht-Askese wird sehr unterschiedlich gezogen, je nachdem, welche Studie oder welchen Quellentext man konsultiert. Je mehr ich las, umso klarer wurde mir, was mein Interesse an dem Phänomen Askese war und wie ich das Tertium präzisieren konnte. Und das wiederum half dabei, jene Quellen in die engere Wahl zu nehmen, die am ehesten dazu geeignet schienen, meine Fragen zu beantworten. Es war ein dialektischer Prozess, in welchem sich sowohl das Tertium als auch die Comparanda in wechselseitiger Stimulation langsam klarer herausbildeten.

Diesem Vorgang der Selektion waren auch praktische Grenzen gesetzt. Da meine linguistischen Kenntnisse auf einige Sprachen beschränkt waren, konnte ich zum Beispiel keine koptischen oder syrischen Texte berücksichtigen. Außerdem musste ich realistisch abwägen, wieviel Quellenmaterial ich als einzelne Person bewältigen konnte, und überlegen, wie sich die Quellenbasis entsprechend eingrenzen ließ. Dafür gab es generell mehrere Optionen. Ich konnte mich auf bestimmte, individuelle Asketen beschränken, auf bestimmte Praktiken, bestimmte Regionen,

Texte von bestimmten Autoren oder auf bestimmte Textsammlungen, die als solche sinnvoll eingrenzbar sind.

Ich entschied mich schließlich aus verschiedenen Gründen für die letztere Option. Die gewählten Textsammlungen, die hinduistischen Samnyāsa Upaniṣads (in Sanskrit) und die christlichen Apophthegmata Patrum (in Griechisch und Latein) waren jeweils recht homogen in Textgattung und Stil, obwohl beide über einen längeren Zeitraum hinweg entstanden und zusammengestellt wurden. Sie kamen meinen Interessen entgegen, weil sie Askese als eine Lebensform beschrieben, aber eine erstaunliche Vielfalt von Meinungen über das asketische Leben enthielten. Durch das Studium der beiden Textsammlungen konnte ich das Tertium präzisieren: Ich wollte nun vergleichen, wie normativ über Askese gesprochen wird, welche unterschiedlichen Ansätze sich jeweils beobachten ließen und wie diese Diskurse innerhalb beider Quellen beschaffen sind. Dies wurde mir erst allmählich klar, parallel zur Beschreibung und Analyse der Aussagen, die die Verfasser zum asketischen Leben trafen. Die beiden Arbeitsschritte *Selektion* und *Beschreibung und Analyse* verliefen also parallel zueinander und in gegenseitiger Befruchtung.

Gegenüberstellung, Neubeschreibung, Theoretisierung

Während Helvi die Gegenstände und ihre jeweiligen Kontexte einzeln studiert, bringt sie ihre Beobachtungen in eine schriftliche Form. Der Arbeitsschritt *Beschreibung und Analyse* beinhaltet die Dokumentation dieser Untersuchung. Anschließend folgt logisch der Arbeitsschritt der *Gegenüberstellung*, aber natürlich war ihr schon vorher immer präsent, dass die untersuchten Gegenstände verglichen werden sollten. Sie hat sie mit diesem Ziel untersucht und diejenigen Aspekte, die für das Tertium relevant sind, besonders gründlich betrachtet. Es wäre also zu mechanistisch (und wirklichkeitsfremd), zu meinen, dass erst mit der Gegenüberstellung der eigentliche Vergleich beginne. Es geht hier vielmehr um die Dokumentation des Arbeitsschritts. Helvi entwickelt in schriftlicher Form, was die Gegenüberstellung der Gegenstände ergibt, das heißt, welche Ähnlichkeiten und Unterschiede sie in ihrer Gegenüberstellung beobachtet.

Diese Erkenntnisse können anschließend zu einer *Neubeschreibung* der Gegenstände führen, zu einer besseren *Theoretisierung* der Kategorie(n) oder zu beidem. Diese stellen das produktive Ergebnis der vergleichenden Studie dar. Wie in Kapitel 5 ausgeführt, ist die *Neubeschreibung* primär das Ergebnis von Studien, die im illuminativen Modus operieren. Der Vergleich mit zu diesem Zweck herangezogenen Parallelen kann einen empirisch-historischen Gegenstand erhellen und potenzielle blinde Flecken in der wissenschaftlichen Wahrnehmung dieses Gegenstands aufdecken. Er kann in der Folge neu und besser beschrieben werden.

Die *Theoretisierung* findet primär in Studien statt, die mit einem taxonomischen Modus vergleichen. Hier liegt der Fokus auf den wissenschaftlichen Kategorien, die sich im Tertium Comparationis ausdrücken. Der Vergleich der Gegenstände dient dazu, sie zu modifizieren, zu differenzieren, zu problematisieren und/oder neu zu bilden. Diese metasprachlichen Kategorien (Hagiographie, Lebenszyklusritual, Ahnenverehrung) können auf diese Weise als heuristische Werkzeuge künftig auch in anderen Kontexten produktiv eingesetzt werden und stellen somit einen Baustein in der allgemeinen Theoretisierung von Religion dar. Viele Studien tragen sowohl zur Neubeschreibung als auch zur Theoretisierung etwas bei, legen aber in der Regel ihren Schwerpunkt auf eine der beiden.

Ich möchte zur Veranschaulichung dieser Arbeitsschritte wiederum meine Vergleichsstudie heranziehen. Die Gegenüberstellung der Textsammlungen, der hinduistischen und der christlichen, ergab eine Reihe von Ähnlichkeiten. In beiden werden asketische Praktiken erörtert, die die räumliche und soziale Verortung der Asketen sowie den Umgang mit körperlichen Bedürfnissen wie Ernährung, Kleidung und Sexualität betreffen. Auch Unterschiede waren zu beobachten. Abgesehen von den erwartbaren kulturellen Unterschieden beider Kontexte, die sich auch im Asketenleben spiegeln, sind bestimmte Praktiken nur in einer der beiden Textsammlungen relevant, zum Beispiel das Entsagungsritual in den hinduistischen Texten und die Praxis des asketischen Gehorsams in den christlichen. Bemerkenswert ist, dass es in beiden Quellen über jede einzelne asketische Praxis sehr unterschiedliche Meinungen gibt – über ihre richtige Form und Intensität wie auch ihre jeweilige Bedeutung – und dass in beiden Textsammlungen eine ähnliche Bandbreite von Positionen und gleichartige (und manchmal identische) Argumente für die jeweiligen Positionen existieren.

Das Ergebnis war eine Theoretisierung dieses Askesediskurses, in der bestimmte Argumentationsmuster, Wertehierarchien (postulierte Rangfolgen von wichtigen und weniger wichtigen Praktiken) und Praxisspektren (unterschiedliche Intensitäten einzelner Praktiken) identifiziert werden konnten. Dieses Modell ergab sich zwar aus dem Vergleich von nur zwei Quellen, aber es ist potenziell auch für die Untersuchung anderer Kontexte nützlich, und deren Besonderheiten könnten wiederum das Modell verfeinern. Das gilt auch für die neu vorgeschlagene Definition von Askese als „verschiedenartig konstruierbare Kombination von Praktiken der Selbstkontrolle, von denen zumindest einige im betreffenden kulturellen Kontext als außerordentlich angesehen werden. Welche Gestalt diese Kombination genau haben soll – welche Praktiken dazugehören, in welcher Intensität diese jeweils geübt werden sollen und in welchem Werteverhältnis sie zueinander stehen – ist Gegenstand des Askesediskurses" (Freiberger 2009: 253; siehe für eine kürzere Zusammenfassung der Ergebnisse anhand eines Beispiels Freiberger 2010).

Neben der Theoretisierung von Askese, die das Hauptanliegen dieser – im taxonomischen Modus vorgenommenen – Studie war, haben sich die beiden Textsammlungen in einigen Punkten auch gegenseitig erhellt, wodurch eine Neubeschreibung möglich wurde. Zum Beispiel hat die in den hinduistischen Texten viel gepriesene Nacktheit des Asketen dazu geführt, dass ich die wenigen Stellen in den christlichen Texten, die die Nacktaskese – positiv! – erwähnen, mit größerer Aufmerksamkeit las. Anscheinend war dies eine – wenn auch unter den christlichen Wüstenvätern weniger populäre – asketische Option in der asketischen Umwelt. Umgekehrt hat mich die Idealisierung des ortsgebundenen Lebens, die sich oft in den christlichen Texten findet, für die wenigen Stellen in den hinduistischen Quellen sensibilisiert, die ebenfalls die Ortsgebundenheit als Option erwähnen. Das Standardideal in diesen Texten ist normalerweise der umherwandernde Asket.

In beiden Fällen waren die betreffenden Stellen der Forschung nicht unbekannt – es waren also keine völlig blinden Flecken –, aber die Bedeutung der jeweiligen marginal erscheinenden asketischen Option wird dadurch hervorgehoben, dass sie im jeweils anderen Kontext die dominante Praxis ist. Der Vergleich bietet eine Kontrastfolie, die eine Neubeschreibung in diesen Punkten ermöglicht.

Kontrafaktische Reflexion

Nachdem Helvi die Selektion von Comparanda und Tertium vollzogen und die vergleichende Studie durchgeführt hat, lohnt sich ein Rückblick. Sie kann nun in einer *kontrafaktischen Reflexion* fragen, wie die Studie anders verlaufen wäre, wenn sie andere Entscheidungen getroffen hätte. Dafür lässt sich der methodologische Rahmen aus Kapitel 5 gut verwenden, insbesondere die Kategorien Maßstab und Analyserahmen.

Was wäre passiert, wenn sie einen anderen Maßstab verwendet hätte? Auf welche Weise hätte sie zum Beispiel weiter herauszoomen können? Welches zusätzliche Quellenmaterial hätte sich angeboten? Wie hätte sich die Forschungsmethode geändert? Welche anderen Fragen hätte sie dadurch beantworten können? Was wäre verloren gegangen? Entsprechende Fragen kann man auch in die andere Richtung stellen. Was hätte sie tun müssen, um weiter heranzuzoomen? Welche Optionen für die Eingrenzung des Materials hätte es gegeben? Was hätte man dadurch verloren? Was gewonnen?

Ähnliche Überlegungen kann Helvi auch für den Analyserahmen anstellen. Was, wenn sie nicht kontextuell, sondern interkulturell verglichen hätte (oder umgekehrt)? Wenn sie einen Gegenstand zum Vergleich hinzugezogen hätte, der nicht verwandt ist, sondern eine analoge Parallele darstellt? Wenn sie auf die transhistorische Dimension verzichtet und sich auf zeitgleiche Gegenstände beschränkt hätte? Wie hätte sie die Studie und die Fragestellung anpassen müssen?

Solche kontrafaktischen Reflexionen werden in der Regel nicht dazu führen, die eigene Vergleichsstudie grundsätzlich in Frage zu stellen – obwohl das natürlich auch passieren kann, besonders wenn die Auswahl zuvor nicht hinreichend reflektiert wurde. Vielmehr dienen sie primär dazu, sich bewusst zu machen, worin genau der Beitrag der Studie zum allgemeinen Fachdiskurs besteht. Indem man die Optionen durchgeht, kann man präziser herausarbeiten, was man erreicht hat und durch diesen Kontrast gute Argumente dafür formulieren, warum es eine sinnvolle und fruchtbare Unternehmung war. Zugleich wird durch die Reflexion auch deutlich, wo die Grenzen der eigenen Arbeit liegen und welche interessanten Studien zukünftig wünschenswert wären. Das fördert einerseits eine gesunde wissenschaftliche Bescheidenheit und gibt andererseits einen Ausblick auf potenzielle künftige Forschungsprojekte.

Präsentation der Studie

Der letzte Schritt in einem Forschungsprojekt ist die schriftliche Präsentation der Ergebnisse in einem Aufsatz oder – für größere Projekte – in einem Buch. Wie wir oben gesehen haben, ist der Forschungsprozess in der Regel nicht schlicht und linear, sondern vielmehr komplex und dynamisch, ein „ongoing, multifactorial feedback loop" (Freidenreich). Zu versuchen, diesen Prozess mit all seinen Wendungen, Sackgassen und Schleifen möglichst genau zu dokumentieren, ist weder notwendig noch besonders lesefreundlich. Andererseits soll die schriftliche Präsentation der Studie diesen dynamischen Prozess auch nicht verschleiern und so tun, als sei der allwissenden Autorin schon zu Beginn der Studie alles völlig klar gewesen. (Viele akademische Schriften leiden unter diesem übermäßig selbstbewussten Stil, der für geschulte Leser:innen allerdings das Gegenteil signalisiert, nämlich eine kaschierte Unsicherheit. Wer die Dynamik der Forschung nicht anerkennt und offenlegt, hat vielleicht etwas zu verbergen.)

Um die Vorgehensweise hinreichend abzubilden und sich zugleich prägnant auf die wichtigen Punkte zu konzentrieren, kann Helvi auf die fünf Arbeitsschritte aus Kapitel 5 zurückgreifen. So wie sie dort zur Analyse des komplexen Prozesses dienten, können sie nun als ein Rahmen für die Präsentation der Studie verwendet werden. Helvi kann also damit beginnen, über die *Selektion* der Comparanda und des Tertium Comparationis zu sprechen. Wie kam sie darauf, diese Gegenstände auf diesen Aspekt hin zu vergleichen? An welche vorangehenden Fachdiskussionen schließt sie an? Was will sie mit dem gewählten Vergleichsmodus (illuminativ/taxonomisch) erreichen? Warum hat sie genau diesen Maßstab und genau diesen Analyserahmen gewählt? In diese Erörterung fließen die Erkenntnisse der oben beschriebenen kontrafaktischen Reflexion ein.

Dann folgen die *Beschreibung und Analyse* der letztlich ausgewählten Gegenstände, und zwar in einer Weise, die den Anspruch hat, die Fachleute in dem betreffenden Forschungsgebiet zufrieden zu stellen. In der anschließenden *Gegenüberstellung* führt Helvi aus, welche Ähnlichkeiten und Unterschiede sie beobachten konnte. Im Ergebnisabschnitt oder -kapitel nimmt sie schließlich die *Neubeschreibung* der Gegenstände und/oder die *Theoretisierung*, das heißt die Bildung oder Modifizierung der wissenschaftlichen Kategorien, vor. Damit leistet Helvis Studie einen substanziellen Beitrag zur Forschung in dem betreffenden Gebiet.

Die Rolle der Intuition im Religionsvergleich

Abschließend möchte ich noch einmal auf die Rolle der Intuition im Religionsvergleich zurückkommen. Der Begriff „Intuition" erinnert uns zunächst einmal daran, dass vergleichende Forschung – wie jede Art von Forschung – nicht einfach von selbst passiert, ohne das Zutun von forschenden Individuen. Intuition ist vielmehr immer mit einer Person verbunden, die die Studie durchführt und die in diesem Prozess auf Material und Daten stößt, mit denen sie umgehen muss. Aram Yengoyan bemerkt (Yengoyan 2006: 12):

> In many cases, the minute analysis of a particular case per se will generate issues and questions which primarily result from the case, and in most situations these findings cannot be predicted beforehand. Similarly, when the historian enters archival work and the anthropologist new and possibly radical contexts, the detailed and rich variation encountered may yield questions that can be set forth for possible comparison. Inferences of this

> type usually result from the intellectual curiosity of the researcher who asks why something exists and what it means.

Der letzte Satz scheint genau das auszudrücken, was wir mit Intuition meinen. Als Resultat unserer intellektuellen Neugierde empfinden wir intuitiv, welche Gegenstände produktiv verglichen werden können. Die Frage ist nun, wie man diese Intuition erlangt. Haben wir alle dieselbe „intellektuelle Neugierde" und daher dieselbe Intuition? Das ist eher unwahrscheinlich. Ist diese Intuition einigen angeboren und anderen nicht? Vielleicht zu einem gewissen Grad. Doch wichtiger ist, dass man eine solche Intuition entwickeln und kultivieren kann, und zwar durch Übung und Praxis. (Siehe dazu auch Clooney 2018 aus der Sicht komparativer Theologie.)

Mit anderen Worten, Intuition basiert in erheblichem Maß auf Erfahrung. Wenn eine erfahrene Computerexpertin mit einem unbekannten Problem konfrontiert ist, wählt sie intuitiv einen Lösungsversuch, der in der Regel wahrscheinlicher zum Erfolg führt als der Versuch eines Anfängers. Ein erfahrener Koch, der wegen Lieferschwierigkeiten eine andere Gemüsesorte wählen muss, hat ein Gefühl dafür, welche Sorten in Frage kommen und wie er die Zubereitung des Gerichts dafür modifizieren muss. Solche konkreten Arten von Intuition sind nicht angeboren, sondern bilden sich im Laufe der Zeit durch viel Praxis heraus – was umgekehrt bedeutet, dass auch die erfahrensten Expert:innen einmal klein angefangen haben.

Wer also noch nicht viel Erfahrung im Durchführen eines Religionsvergleichs hat, sollte nicht verzagen, sondern beginnen. Manches mag sich nicht sofort intuitiv ergeben, und so muss man eben zunächst häufiger nachschlagen oder sich Rat holen. Die amerikanische Religionswissenschaftlerin Kathryn McClymond hat einmal den Religionsvergleich als *craft* bezeichnet, was zugleich „Handwerk" und „Kunstfertigkeit" bedeutet. Man kann diese *craft* im Selbststudium erlernen, indem man die Geschichte des Religionsvergleichs und existierende Vergleichsforschungen gründlich studiert. Aber man macht schnellere Fortschritte – auch in der Entwicklung der beschriebenen Intuition –, wenn man sich außerdem von erfahrenen Religionswissenschaftler:innen helfen lässt. McClymond formuliert es so (McClymond 2018: 5):

> Ours is an apprenticeship profession, and we are trained as skilled workers. If we are lucky, we get to train with master craftsmen and craftswomen, watching over their shoulders (sometimes literally) to see how they select the material they will work with, how they play with it, and how they bring the tools they have been trained to use to bear upon the "stuff" of religion. There is no single, correct method, although certain practices are common.

Solche „common practices" werden in der oben erläuterten Methodologie dargelegt (siehe Kapitel 5). Sie bietet einen Rahmen, der Orientierung für die eigene Forschung ermöglicht, und ihre Kategorien (Modus, Maßstab, Analyserahmen, Selektion etc.) und Subkategorien helfen dabei, sich über das eigene Interesse und die entsprechenden Forschungsoperationen bewusst zu bleiben und Rechenschaft abzulegen. Die damit einhergehende methodologische Reflexion trägt erheblich zum Erfolg der Studie bei.

Ich möchte daher Sie, die Leser:innen dieses Buches, ermutigen, eine vergleichende Studie zu beginnen. Wie wir gesehen haben, ist das kein so ungewöhnlicher Schritt, denn in der Religionswissenschaft wird ohnehin ständig verglichen, ob zur Erhellung bestimmter Gegenstände oder in der Verwendung wissenschaftlicher Kategorien. Aber wenn man die vergleichende Methode aktiv, selbstbewusst und reflektiert einsetzt, kann man problematische und irreführende Schlussfolgerungen vermeiden und stattdessen spannende Erkenntnisse über Religion gewinnen. Warum das wichtig ist, werde ich im folgenden Abschnitt erläutern.

Teil 2

6.2. Die Relevanz des Religionsvergleichs

Abschließend können wir einen Schritt zurücktreten und fragen, wozu das alles dienen soll. Warum und inwiefern ist der Religionsvergleich relevant? Die Frage nach der Relevanz wissenschaftlicher Arbeit wirkt heute für viele Forschende, besonders in den Geistes- und Kulturwissenschaften, wie ein rotes Tuch. In Universitäten wurden und werden allzu oft Stellen- und Mittelkürzungen mit Verweis auf die vorgeblich mangelnde arbeitsweltliche Relevanz bestimmter Studiengebiete vorgenommen. Dieses politische Verständnis von Relevanz wird unten zur Sprache kommen. Zunächst möchte ich aber fragen: Welche Relevanz hat der Religionsvergleich für die Wissenschaft und besonders für die Religionswissenschaft?

Vergleich als Wesensmerkmal des Fachs Religionswissenschaft

Um gleich mit der Tür ins Haus zu fallen: Ich behaupte, dass der Religionsvergleich für das Fach Religionswissenschaft von fundamentaler Bedeutung ist. Man kann sogar sagen: Ohne Vergleich keine Religionswissenschaft. Diese These möchte ich im Folgenden etwas ausführlicher erörtern und begründen.

Im Unterschied zu manchen Kolleg:innen, die die Religionswissenschaft lediglich als ein interdisziplinäres Forschungsfeld betrachten, verstehe ich die Religionswissenschaft als eine eigenständige wissenschaftliche Disziplin. Wie ich anderswo ausführlicher darlege (Freiberger 2019: 8–20), weist sie alle wesentlichen Merkmale einer Disziplin auf, die in der modernen Disziplinaritätsforschung genannt werden. Als wissenschaftliche Disziplin (oder universitäres Fach) deckt sie in der allgemeinen Arbeitsteilung der Fächer einen bestimmten Wissensbereich ab, der durch ihr zentrales Thema bestimmt ist, nämlich Religion. Wie andere Fächer kein Exklusivrecht zur Erforschung ihres Themas haben (Soziologie für Gesellschaft, Ethnologie für Kultur, Kunstgeschichte für Kunst, Literaturwissenschaft für Literatur, Politikwissenschaft für Politik usw.), wird auch Religion natürlich nicht nur in der Religionswissenschaft erforscht. Aber nur hier steht sie im Mittelpunkt des Interesses, während die Untersuchung der anderen genannten Themen (Gesellschaft, Kunst, Politik usw.) eine kontextuell unterstützende Funktion hat. Dies kann man gut daran erkennen, dass nur im religionswissenschaftlichen Fachdiskurs leidenschaftlich und unermüdlich darüber gestritten wird, was Religion „ist", das heißt, wie man Religion abgrenzen und definieren sollte.

Wenn man in einer solchen Weise über die Unterschiede der Disziplinen spricht, kann man leicht missverstanden werden. Natürlich lassen sich Religion, Gesellschaft, Kultur, Politik usw. in der Realität nicht voneinander trennen – als ob sich die Komplexität der Welt durch solche Schubladen auflösen ließe! Vielmehr geht es darum, diese Begriffe als nützliche analytische Kategorien zu begreifen, die bestimmte Dimensionen der Wirklichkeit hervorheben und als solche analysierbar machen. Wie „Kultur", „Wirtschaft", „Kunst", „Politik" usw. ist auch „Religion" ein überaus abstrakter Begriff, der dennoch einen Bereich oder eine Dimension (oder systemtheoretisch gesprochen: ein soziales System) bezeichnet, der/die als solche/s von anderen unterschieden werden kann.

Da Religion der Kernbegriff der Religionswissenschaft ist, wurden in dieser Disziplin seit ihren Anfängen immer wieder neue Definitionen von Religion vorgeschlagen, was nicht, wie manche meinen, ein Problem, sondern eine Stärke des Faches ist. Diese kontinuierliche und meist produktive Diskussion wird kontrovers geführt. Manche meinen, dass der Begriff „Religion" wegen seiner europäischen Wurzeln nicht auf außereuropäische und/oder vormoderne Kulturen anwendbar und daher eigentlich obsolet sei. Diese Auffassung basiert allerdings auf einem sehr engen Verständnis des Begriffs und wird außerdem von Forschungen zu vormodernen, außereuropäischen Kulturen in Frage gestellt (siehe Kapitel 2.1., 3.4. und Schalk et. al. 2013).

Die meisten Religionswissenschaftler:innen halten den Begriff „Religion" für eine nützliche metasprachliche Kategorie und sind sich über drei grundlegende Merkmale des Religionsbegriffs weitgehend einig: Aus religionswissenschaftlicher Sicht beschränkt sich der Begriff Religion weder auf eine einzige religiöse Tradition (etwa das Christentum), noch auf eine bestimmte Region (etwa Europa und/oder Nordamerika), noch auf eine Zeitepoche (etwa die Gegenwart). Programmatisch und prinzipiell erforscht die Religionswissenschaft daher Religion in allen ihren Gestaltungen, an allen Orten der Welt und zu allen Zeiten, von der Frühgeschichte bis heute. Ich muss nochmals betonen, dass Religion hier nicht als ein „Ding" verstanden wird, welches man in der Wirklichkeit vorfindet, sondern als analytischer Begriff, der von Forschenden definiert wird und ständiger Modifizierung unterworfen ist.

Das bringt mich nun endlich zu meinem Punkt. Der Begriff Religion ist in der Religionswissenschaft immer und prinzipiell ein *komparativer* Begriff. Wenn man von „Religion" im alten China, im mittelalterlichen Europa, im frühmodernen Mexiko oder im gegenwärtigen Nigeria spricht, geht man davon aus, dass die betreffenden Gegenstände Ähnlichkeiten aufweisen und daher in dieselbe Kategorie gehören. Wenn also eine Religionswissenschaftlerin den Begriff Religion verwendet, ist ein Vergleich automatisch mitgedacht. Anders ausgedrückt, „Religion" ist für die Religionswissenschaft ein metasprachlicher Begriff, der nicht an nur einen einzigen empirischen Gegenstand gebunden ist. Er steht einerseits als Oberbegriff für eine Klasse, in die verschiedene Religionen (im Plural) gehören (Islam, Daoismus, Christentum, Zoroastrismus usw.), und er dient andererseits als ein Abstraktum, das alles umfasst, was wir als „religiös" bezeichnen wollen: Vorstellungen, Konzepte, Praktiken, materielle Dinge, Gemeinschaften, Institutionen, Erlebnisse usw. Der Begriff ist somit ähnlich abstrakt wie „Politik", „Sport", „Kunst" oder „Wirtschaft". (Auf dieser abstrakten Ebene könnte man solche Begriffe auch selbst als Tertia Comparationis betrachten: Damit vergleicht man Kulturen oder Gesellschaften – die Comparanda – *im Hinblick auf* Religion, Politik, etc.)

Neben „Religion" als der zentralen Kategorie der Religionswissenschaft operiert das Fach auch mit vielen anderen, untergeordneten metasprachlichen Begriffen, zum Beispiel Ritual, Kosmologie, Askese, Kanon, Heilung und vielen mehr. Diese sind ebenfalls allesamt komparativ, und ohne dieses metasprachliche Vokabular gäbe es die Religionswissenschaft gar nicht. Wie der dänische Religionswissenschaftler Jeppe Jensen anmerkt: „The entire idea of having such a field would disappear if we were not able to make comparisons and generalizations on those matters which we term ‚religious'" (Jensen 2004: 58). Dass die konkret gewählten Begriffe dieser Metasprache meist aus der europäischen Geistesgeschichte stammen und oft lateinische und griechische Wurzeln haben, ist ein bedeutendes Problem, dem man, wie oben gesagt, durch Reflexion und Transparenz begegnen kann, das aber immer Teil der Diskussion bleiben muss. Entscheidend ist hier die Feststellung, dass der Vergleich der Religionswissenschaft inhärent ist. (Dies und das Folgende gilt sicher auch für andere Disziplinen, aber in diesem Buch geht es um die Religionswissenschaft.)

Das lässt sich auch auf andere Weise veranschaulichen. Was in meinem Verständnis Religionswissenschaftler:innen auszeichnet, ist eine Interessenperspektive, die ich ihren *vergleichenden Blick* nenne. Sie sind an einem konkreten religiösen Gegenstand nicht nur um seiner selbst willen interessiert, sondern betrachten ihn zugleich als „einen Fall von…". Wenn sie zum Beispiel eine hinduistische Erzählung von der Entstehung der Welt lesen, finden sie sie auch deshalb so faszinierend, weil sie einen *kosmogonischen Mythos* darstellt und damit einer bestimmten Gattung von Erzählungen angehört, die es auch in vielen anderen religiösen Kontexten gibt. Was diese Vorstellung von der Weltentstehung so besonders macht, was sie von anderen unterscheidet, aber auch was sie mit ihnen gemeinsam hat, sind spannende Fragen, die Forschende in der Religionswissenschaft stellen. Wenn sie einen bestimmten Tisch in einem daoistischen Tempel *als* Altar untersuchen, gehen sie davon aus, dass er mit vielen anderen Tischen verglichen werden kann, die ebenfalls in die Kategorie *Altar* gehören. Worin mögen Gemeinsamkeiten und Unterschiede bestehen? Mit ihrem vergleichenden Blick „sehen" Religionswissenschaftler:innen konkrete religiöse Gegenstände nicht nur in ihrer sozio-historischen, empirischen Einzigartigkeit, sondern zugleich als Exemplare einer Gattung. Da also der Vergleich in das religionswissenschaftliche Interesse und wissenschaftliche Vokabular gleichsam eingebaut ist, kann man sagen, dass die Religionswissenschaft in diesem grundsätzlichen Sinne eine vergleichende Disziplin ist.

Kapitel 6 Durchführung und Relevanz des Religionsvergleichs

Die Relevanz der vergleichenden Methode

Neben dem allgemein vergleichenden Charakter der Religionswissenschaft haben Studien, die explizit vergleichend angelegt sind, eine besondere Relevanz. William Paden stellt fest: „Comparativism [...] is the central and proper endeavour of religious studies as a field of inquiry and the core part of the process of forming, testing, and applying generalizations about religion at any level" (Paden 1996a: 12). Wir haben gesehen, dass Forschungen, die in einem illuminativen und in einem taxonomischen Modus durchgeführt werden, sehr produktiv sein können. Jeder religiöse Gegenstand kann durch den Vergleich erhellt werden, das heißt, man erfährt mehr über ihn, weil der Vergleich Aspekte hervorhebt, die zuvor wenig beachtet wurden. Auf diese Weise kann man die religiösen Gegenstände neu beschreiben. (Wie oben ist hier mit „Gegenstand" jeder denkbare Forschungsgegenstand gemeint, von materiellen Dingen wie Ritualgegenständen bis zu abstrakten Konzepten wie der Wiedergeburt nach dem Tod.) Und taxonomische Vergleiche dienen der Klassifikation von religiösen Gegenständen, welche eine fundamentale Aufgabe der Religionswissenschaft darstellt. Metasprachliche Kategorien werden auf diese Weise modifiziert, in Frage gestellt und neu entwickelt, was zur religionswissenschaftlichen Theoriebildung beiträgt.

Was ich hier „vergleichende Methode" nenne, bezieht sich auf die in Kapitel 5 vorgestellte Struktur (Modus, Maßstab, Analyserahmen, Selektion usw.). Genau betrachtet ist dies eine Methode zweiter Ordnung, die den Methoden erster Ordnung (historische, philologische, sozialwissenschaftliche und andere Methoden), mit welchen man das Material in seinem Kontext erschließt, logisch nachgeordnet ist. (Für eine detailliertere Begründung dieser Unterscheidung siehe Freiberger 2019: 27–33.) Der deutsch-norwegische Religionswissenschaftler Michael Stausberg zieht es vor, von einem „research design" statt einer Methode zu sprechen (Stausberg 2021: 29), was andere Aspekte hervorhebt. Weil es mir hier primär um die methodische Dimension geht, bleibe ich bei dem Begriff „vergleichende Methode", will ihn aber strikt in dem Sinne verstanden wissen wie in Kapitel 5 dargelegt. Die dort erörterten methodischen Komponenten sind in der Durchführung vergleichender Studien praktisch immer vorhanden, ob die Forschenden darüber reflektieren oder nicht. Je mehr man sich jedoch über das eigene methodische Vorgehen im Klaren ist, umso stärker hat man den Vorgang unter Kontrolle, und umso wahrscheinlicher ist ein produktives Ergebnis. Das gilt auch für die einfachsten kontextuellen Vergleiche. Daher ist es sinnvoll, die Struktur der vergleichenden Methode zu kennen und die Entscheidungen im Forschungsprozess bewusst zu treffen.

Die in Kapitel 5 diskutierten Komponenten können auch noch einem anderen Zweck dienen, nämlich der Evaluation existierender Vergleichsstudien. Auch in Studien, die den gewählten Maßstab, Analyserahmen usw. nicht explizit benennen, sind diese doch implizit vorhanden, und man kann die Studie daraufhin befragen. Auf diese Weise ist es möglich, die Problematik bestimmter Aspekte präziser zu formulieren und vielleicht zugleich andere Aspekte der betreffenden Studie zu würdigen. Dabei kann auch die oben beschriebene kontrafaktische Reflexion genutzt werden. Zum Beispiel könnte man einen gewählten Maßstab kritisieren, indem man erklärt, welche wichtigeren Erkenntnisse zu gewinnen wären, wenn die Studie etwas weiter heraus- oder herangezoomt hätte. Die Evaluation wird dadurch differenzierter und konstruktiver. Statt eine vergleichende Studie pauschal als problematisch zu beurteilen, wie es oft in Buchbesprechungen geschieht, kann man mit dem methodologischen Vokabular präziser benennen, welche Elemente genau problematisch sind (und warum) und welche vielleicht nicht.

Zur vergleichenden Methode, wie sie oben erörtert wurde, gehört die Reflexion über die Gefahren der Dekontextualisierung und Essenzialisierung der Comparanda. Diese kann zu einer grundlegenden Einsicht führen, nämlich dass sich jeder untersuchte Gegenstand – neben allen anderen kontextuellen Dimensionen – immer in einem diskursiven Kontext befindet. Die Religionswissenschaft untersucht menschliche Äußerungen, und unter den Menschen, die sich äußern, besteht selten völlige Einigkeit darüber, wie ein bestimmter religiöser Gegenstand zu interpretieren sei und welche Bedeutung er habe. Selbst wenn eine solche Einigkeit in einer Gemeinschaft belegt werden kann, ist sie meist lokal begrenzt und hält nur eine gewisse Zeit an. Um eine Essenzialisierung zu vermeiden, in der man eine Deutung als die „richtige" oder die „eigentliche" herausgreift und damit die Diversität verschleiert, muss man den Diskurs zur Kenntnis nehmen. Eine Möglichkeit besteht darin, offen zu legen und zu begründen, warum man eine bestimmte Position in dem Diskurs als Comparandum auswählt – und ebenso im Diskurs des Vergleichskontexts. Eine andere Möglichkeit ist das, was ich Diskursvergleich nenne. Wie schon oben in der Diskussion über meine Studie zum Askesediskurs angedeutet, kann man auch die Diskurse als solche miteinander vergleichen und Ähnlichkeiten und Unterschiede in den Strukturen herausarbeiten. Damit kann das Problem der Essenzialisierung umgangen werden. (Siehe mehr zum Diskursvergleich in Freiberger 2019: 167–172.)

Da die Religionswissenschaft seit ihren Anfängen mit der vergleichenden Methode arbeitet, kann diese Erfahrung auch für andere Fächer nützlich sein. Auch andere Disziplinen führen Vergleichsstudien durch, wenn auch nicht primär zu religiösen Gegenständen, und manche erörtern ebenfalls die vergleichende Methode (siehe hierzu Rudolph 1997). Beispiele sind etwa die vergleichende Geschichtswissenschaft (Kaelble 1999; Haupt/Kocka 2004; Kedar 2009), die Ethnologie (Yengoyan 2006; Candea 2019), die Soziologie (Ragin 1992; Della Porta 2008), die Politikwissenschaft (Simmons/Rush Smith 2021), die Philosophie (Weber 2014; Neville 2008) oder die vergleichende Theologie (Clooney 2010, 2018; von Stosch 2021). Ein jüngerer Sammelband, herausgegeben von zwei vergleichenden Rechtswissenschaftlern, bringt verschiedene Fachperspektiven zur vergleichenden Methode zusammen, unter anderem auch die religionswissenschaftliche (Adams/van Hoecke 2021a). All diese Erörterungen können die religionswissenschaftliche Reflexion über die vergleichende Methode bereichern, aber unser Fach kann mit seiner Vergleichskompetenz auch selbstbewusst zu den Debatten in anderen Fächern beitragen (als Beleg siehe Adams/van Hoecke 2021b: 261f.). Hugh Urban stellte einmal fest: „Comparison – understood in the *strong* sense, as both cross-cultural and trans-historical – is perhaps our greatest claim to originality as an independent academic discipline" (Urban 2000: 340).

All dies sind Belege für die wissenschaftliche Relevanz des Religionsvergleichs und der vergleichenden Methode, sowohl innerhalb der Religionswissenschaft als auch darüber hinaus. Es gibt sicher noch mehr. Abschließend möchte ich nun einige Gedanken zu der Frage formulieren, welche Relevanz der wissenschaftliche Religionsvergleich außerhalb wissenschaftlicher Diskurse haben könnte.

Die gesellschaftliche Relevanz des Religionsvergleichs

Wenn wir von der „gesellschaftlichen Relevanz" des Religionsvergleichs sprechen, betrifft das die Beziehung zwischen dem oben diskutierten wissenschaftlichen Diskurs und anderen, nicht-universitären Bereichen der Gesellschaft. Welche Bedeutung hat die wissenschaftliche Beschäftigung mit dem Religionsvergleich für den Rest der Gesellschaft? Diese Frage kann mit verschiedenen Hintergedanken verbunden sein, sowohl aufseiten derer, die die Frage stellen, als auch derer, die sie beantworten sollen. Sie ist eine Variante der Relevanzfrage, die heute an das Fach Religionswissenschaft, an alle kultur- und geisteswissenschaftlichen Fächer, ja, an die Universität als Ganze gerichtet wird: Was ist der „Nutzen"?

Wer so fragt, gerät leicht in eine Spur, die von der rein wirtschaftsorientierten Denkweise dominiert ist. In den letzten Jahrzehnten hat diese Denkweise gesellschaftliche Diskussionen über die Rolle der Universität geprägt und zu weitreichenden Veränderungen im Universitätssystem geführt. Diese veränderte Struktur, die in verschiedenen Ländern unterschiedlich ausgeprägt ist, wird manchmal als „neoliberale Universität" bezeichnet, eine Institution, die wie ein Wirtschaftsunternehmen nach ökonomischen Prinzipien geführt wird: „The neoliberal idea of the university is that it should provide education and research on the model of corporations delivering 'goods' in a market" (Rustin 2016: 159).

Auf den ersten Blick ist der marktorientierte Ansatz verführerisch simpel: Die vielen Menschen, die an Universitäten ihr Gehalt beziehen, verrichten eine bestimmte Arbeit, deren Produkt identifizierbar sein muss. Dieses „Produkt" ist primär in Forschung und Lehre zu verorten. Wenn man nach dem Nutzen fragt und eine wirtschaftliche Kosten-Nutzen-Rechnung durchführen will, muss man Wege finden, die erbrachten Leistungen in der Forschung und der Lehre zu evaluieren. Daher ist die zentrale Frage: Welche Form der Evaluierung ist angemessen? Die angelegten Evaluationskriterien sagen viel über die dahinter liegenden Motive aus.

Zunächst ist zu beobachten, dass viele Kriterien von außerhalb des Wissenschaftsdiskurses stammen und daher vorwiegend auf *quantitativ* erhebbare Daten abzielen. Die *Qualität* der Forschung kann von Fachfremden nicht beurteilt werden. So wird zum Beispiel weniger geprüft, wie ein Buch im Fachdiskurs inhaltlich aufgenommen wird, welche Thesen und Argumente in Rezensionen hervorgehoben oder kritisiert werden und aus welcher fachlichen Perspektive die Kritiker:innen schreiben. Vielmehr wird gezählt, wie oft ein Buch von anderen zitiert wird – je mehr Zitationen, umso größer seine Relevanz. (Dass das Buch dort vielleicht ständig als das Paradebeispiel einer missglückten Studie erscheint, wird aus diesen quantitativen Daten natürlich nicht ersichtlich.)

Es geht also primär um eine Bewertung „von außen", die von fachfremden Verwaltungsangestellten oder Akkreditierungsagenturen durchgeführt werden kann. Es liegt nahe zu vermuten, dass dieser Evaluationsansatz auf den in der Politik wie auch in weiten Teilen der Gesellschaft verbreiteten Eindruck zurückgeht, dass Universitäten viel Geld verschlingen und wenig zum Wohl der Gesellschaft beitragen. Wenn das die Prämisse ist, kann „Profitabilität" nur durch Einsparung erreicht werden. Kultur- und Geisteswissenschaften stehen dabei besonders im Fokus, aber es betrifft fast alle Fächer und letztlich generell die Universität als Institution. Wie einem unprofitablen Unternehmen wird der Universität eine Prüfung und Kontrolle von außen verordnet, die auf der Grundlage quantitativer Daten vollzogen wird.

Wie sieht nun eine quantifizierte Evaluierung von Forschung und Lehre aus? In den letzten Jahrzehnten haben Hochschulpolitiker:innen zahlreiche Kriterien und Maßnahmen entwickelt. Auch Hochschulleitungen und viele Lehrende in den Universitäten haben inzwischen die wirtschaftsorientierte Denkweise und den Habitus der permanenten Selbstrechtfertigung verinnerlicht. So wurden zum Beispiel quantitative Evaluationskriterien, die in manchen Wissenschaftsbereichen, etwa den Naturwissenschaften, lange existierten und dort durchaus aussagekräftig sein können – wie etwa die Anzahl der Zitationen aktueller Studien – auf alle Fächer übertragen, was in vielen Fällen irreführende oder irrelevante Daten liefert. Wie wir in sozialen Medien beobachten können, sagt die Anzahl der Klicks und Likes nicht notwendigerweise etwas über die Qualität eines Posts aus.

Zählbar sind auch die Publikationen der Forschenden (und deren Seitenzahlen), die Anzahl der Konferenzen, bei denen sie vortragen, und der Tagungen, die sie selbst organisieren, oder die Summen der eingeworbenen Drittmittel. Solche Leistungen permanent zu dokumentieren, ist mit einem hohen Verwaltungsaufwand verbunden, was kurioserweise dazu führt, dass Forschende einen erheblichen Teil ihrer Arbeitszeit damit verbringen, die eigene Forschungsleistung zu quantifizieren und sie damit gegenüber der Universitätsverwaltung zu rechtfertigen. Sogar rein ökonomisch betrachtet mag es wenig effizient erscheinen, hochqualifizierte Wissenschaftler:innen, die man eigentlich für ihre Expertise in Forschung und Lehre angestellt hat, für solche aufwendigen administrativen Arbeiten zu bezahlen. Aber der Grundverdacht scheint so stark zu sein, dass man sich diese fragwürdige, kostenintensive Praxis leisten will (neben zum Teil unterentwickelten Verwaltungsstrukturen, die hier ebenfalls eine Rolle spielen können).

Im Bereich der Lehre hat die Frage nach dem ökonomischen Nutzen der Universität vielleicht noch weitreichendere Konsequenzen. Auch hier geht es zunächst um Zahlen: Je mehr Studierende in der Vorlesung, je populärer ein Studiengang, je größer die Anzahl der Absolvent:innen, desto besser und relevanter. Sinkende Studierendenzahlen verstärken den Rechtfertigungsdruck. Aber es geht auch um die Struktur und das Ziel des Studiums. Seit einiger Zeit ist in Gesellschaft und Politik die Vorstellung verbreitet, dass es bei einem Universitätsstudium nicht primär um *Bildung* geht – ein altes humanistisches Ideal –, sondern vielmehr um *Ausbildung*. Es werden nicht immer genau diese Begriffe verwendet, aber die Haltung ist gängig: Wer ein Fach studiert hat, soll für einen Beruf in diesem

Bereich ausgebildet sein. Wer kennt die Frage nicht: Was „wird man", wenn man Religionswissenschaft studiert? In der Reform von Studiengängen taucht daher regelmäßig das entsprechende Vokabular auf: Studierende sollen „Kompetenzen" erlernen, mit denen sie die Studieninhalte „anwenden" können. Zumindest Teile des Studiengangs müssen „praxisbezogen" oder „berufsbezogen" sein, um so die „Employability" der Studierenden zu verbessern.

Da nur wenige Studiengänge direkt auf einen bestimmten Beruf hin ausgerichtet sind (etwa Medizin, Jura, Theologie, Ingenieurwissenschaften), fragt man sich allerdings, wie realistisch und angemessen die Erwartung ist. Da Hochschullehrer:innen selbst meist nur einen Beruf erlernt haben, nämlich den, den sie ausüben, scheint es fast fahrlässig, sie zu „Ausbilder:innen" für andere Berufe zu erklären. Auch wenn die Vorstellung von der Universität als Ausbildungsstätte weit verbreitet ist, kann man trotzdem fragen, ob dies nicht prinzipiell zu kurz greift. Dass sehr viele Berufsfelder, für die man ein Universitätsstudium braucht, gar keine detailbezogene Ausbildung von der Universität erwarten, sondern fachliches Allgemeinwissen und übertragbare Fähigkeiten, wird oft ignoriert, eben weil diese so schlecht quantifizierbar sind. Diese Berufe „require the acquisition of a larger percentage of highly transferable 'soft skills' and a knowledge base that has both breadth and depth. Most of the specific skills that are needed can be learned on the job, indeed, are probably best learned there" (Alles 2011: 219f.).

Was in der Debatte meines Erachtens zu wenig berücksichtigt wird, ist das, was manchmal Grundlagenforschung genannt wird, also Forschung, die nicht direkt und unmittelbar in der gesellschaftlichen Gegenwart „anwendbar" oder ökonomisch verwertbar ist. Ein Großteil der Forschung an Universitäten gehört in diese Kategorie. Offensichtlich ist dies für die theoretische Physik oder die Mathematik. Wenn ein James Webb-Teleskop ins All geschickt wird, liegt diesem Erfolg auch eine jahrzehntelange theoretische Forschung zugrunde, die man mit einer rein ökonomischen Denkweise allenfalls rückwirkend würdigen kann. Jene Forschung war als solche nicht praxisbezogen und anwendbar, noch erlangten Studierende selten direkte berufsbezogene Kompetenzen, aber sie war im Rückblick unverzichtbar. Die Kultur- und geisteswissenschaftlichen Fächer betreiben ebenfalls zum größten Teil „Grundlagenforschung", welche oft erst über Umwege und zeitversetzt „wirkt". Wenn ein Historiker nach jahrelanger Forschungsarbeit seine Biografie eines amerikanischen Gründervaters veröffentlicht, kann die Lektüre dieses Buches einen Komponisten zum Schreiben eines preisgekrönten Hitmusicals inspirieren, das wiederum als kritischer Kommentar zur aktuellen politischen Debatte verstanden wird und weitreichende gesellschaftliche Debatten auslöst. Eine Politikerin gewinnt vielleicht gerade deshalb ihre Wahl, weil sie sich in ihrem Wahlkampf an einer Gesellschaftstheorie orientierte, die sie oder ihr Wahlkampfteam als Studierende im Soziologieseminar diskutiert hatten.

Wenn wir den Nutzen der Universität erörtern, ist es daher nötig, ihn nicht auf die rein ökonomische, marktorientierte Perspektive zu verengen. Schon 1961 unterschied der britische Kultursoziologe und Kritiker Raymond Williams drei Stränge in der Entwicklung des britischen Bildungswesens, die auch für unsere Überlegungen nützlich sein können (Williams 1961): Das „old humanist"-Konzept, das alte kulturelle Bildungswerte gegenüber dem industriellen Materialismus bewahren will, sich aber primär an eine kleine, vorgebildete Elite richtet; das „democratic educator"-Konzept, das allen Bevölkerungsschichten Bildung zugänglich machen will und das zur modernen Massenuniversität geführt hat; und das „industrial trainer"-Konzept, demzufolge der Zweck der Universität darin besteht, Arbeitskräfte pragmatisch und unkritisch für den kapitalistischen Arbeitsmarkt auszubilden. Wir können unschwer erkennen, wie dominant das letztgenannte Konzept in der öffentlichen Wahrnehmung geworden ist.

Der britische Soziologe Michael Rustin merkt an, dass eine Rückkehr zu einem alten System, in dem nur eine kleine Elite studieren kann, weder realistisch noch wünschenswert sei. Er erklärt, dass „in a complex modern society, each of Williams's three traditions or systems of value has a significant role in the conception of the university. We cannot be indifferent to the well-being of the economy, or to the traditions of high culture" (Rustin 2016: 160). Vielmehr sei eine Reform nötig, die alle drei Aspekte sachgemäß und ausgeglichen würdigt. Dazu gehört die Abkehr von einem einseitig wirtschaftsorientierten Universitätsmodell, die Berücksichtigung qualitätsbezogener Kriterien für Evaluierung und Finanzierung und ein fundierter gesellschaftlicher Diskurs über die Rolle der Universität.

Will man Rustins Interpretation von Williams' Modell (als drei Traditionen oder Wertsysteme) auf die Kultur- und Geisteswissenschaften im Allgemeinen und die Religionswissenschaft im Besonderen übertragen, könnte man etwas modifiziert drei Dimensionen von Forschung und Lehre an der Universität unterscheiden, die ineinandergreifen und eng aufeinander bezogen sind: die fachspezifische, die allgemeinbildende und die berufsbezogene Dimension.

A. *Fachspezifische Forschung und Lehre:* Fachspezifische *Forschung* ist, wenn man so will, Grundlagenforschung, die zuallererst von den wissenschaftlichen Interessen des Fachdiskurses geleitet ist. Es ist die Forschung, die das Fach Religionswissenschaft seit seinen Anfängen auszeichnet. Wie oben ausgeführt, bestimmen nicht nur akademische, sondern auch persönliche und kulturelle Faktoren das Interesse und den Ansatz individueller Forschender, aber die hier gemeinte Dimension umfasst dies alles. Es ist Forschung, die den Wissenschaftsdiskurs um neue Erkenntnisse erweitert.

Fachspezifische *Lehre* hat das Ziel, der nächsten Generation von Forschenden gründliche Kenntnisse der historisch-empirischen Wirklichkeit von Religion zu vermitteln, sie umfassend in die Fachgeschichte, die verschiedenen Ansätze und den aktuellen Fachdiskurs einzuführen und sie in der Beherrschung religionswissenschaftlicher Theorien und Methoden zu schulen. Welche Relevanz der Religionsvergleich für diese Dimension hat, habe ich im vorangehenden Abschnitt skizziert.

B. *Allgemeinbildende Forschung und Lehre:* Mit „allgemeinbildend" ist hier sowohl „Bildung der Allgemeinheit" als auch „Vertiefung des Allgemeinwissens über Religion" gemeint. *Forschung* in diesem Bereich ist etwa die Arbeit, die in den USA unter dem Stichwort „religious literacy" betrieben wird, vom New York Times-Bestseller *Religious Literacy: What Every American Needs to Know* –

And Doesn't des Religionswissenschaftlers Stephen Prothero (Prothero 2008) zum „Religious Literacy Project" an der Harvard-Universität, das vor einigen Jahren in das Projekt „Religion and Public Life" überging (https://rpl.hds.harvard.edu/home, 12.2.2022). Dieses Projekt hat einen explizit wertebasierten gesellschaftlichen Auftrag, nämlich „to advance the public understanding of religion in the service of cultivating a just world at peace" – ein Ziel, das so oder ähnlich auch von manchen religionswissenschaftlichen Instituten im deutschsprachigen Raum formuliert wird. Die von den Interessen des Fachdiskurses bestimmte Forschung in Dimension A wird hier durch eine weitere Perspektive ergänzt, die durch Bildung und Aufklärung zu Gerechtigkeit und Frieden beitragen soll. Es geht aber nicht nur darum, die Wissensbestände, die in Dimension A erzeugt wurden, didaktisch aufzubereiten und, auf allgemeine Verständlichkeit heruntergebrochen, „unters Volk zu bringen", sondern auch darum, neue, zielgerichtete Forschung zu betreiben, deren Impuls von den Fragestellungen dieser allgemeinbildenden Dimension ausgeht. Konkret umfasst dieser Forschungsbereich zum Beispiel quantitative Studien, die erstellt werden, um als Grundlage für gesellschaftliche Debatten und für Prozesse politischer Entscheidungsfindung über bestimmte religionsbezogene Fragen zu dienen (Frank/Coste 2017: 34).

Eine noch direktere Wirkung hat in dieser Dimension die *Lehre*, denn hier kann die Universität unmittelbar zur Bildung von Menschen beitragen, auch von solchen, die nicht notwendigerweise Fachstudierende der Religionswissenschaft sind, geschweige denn religionswissenschaftliche Forschung betreiben wollen, sondern die Vorlesungen oder Seminare aus Interesse belegen. Wer nur ein paar Lehrveranstaltungen in der Religionswissenschaft besucht, kann daraus bereits einen großen Gewinn ziehen. Religion war in der Geschichte der Menschheit immer ein machtvoller Faktor, für Krieg wie für Frieden, als Quelle für Hass und Gewalt wie für Trost und Glück, und das gilt auch für unsere gegenwärtige globale Welt. „Anyone who wants to understand that world – as a politician, an entrepreneur, a psychologist, or a citizen – needs to take account of religion's powers" (Prothero 2020: 7). Mündige Bürger:innen sollten ein Grundwissen über Religionen besitzen, und in religionswissenschaftlichen Lehrveranstaltungen kann man nicht nur dieses Grundwissen erwerben, sondern auch lernen, wie man sich mit dem Thema Religion kritisch-reflektiert beschäftigen kann, ohne eine religiöse oder antireligiöse Haltung einnehmen zu müssen.

In jüngerer Zeit wird verstärkt über die fachbezogene Hochschuldidaktik reflektiert, was auch die Ausarbeitung konkreter, differenzierter Lernziele beinhaltet (Laack 2014; Weiß/Radermacher 2015; Laack/Radermacher/Weiß 2017). Allgemein formuliert, definiert das Harvard-Programm „religious literacy" folgendermaßen (https://rpl.hds.harvard.edu/what-we-do/our-approach/what-religious-literacy, 12.2.2022):

> Religious literacy entails the ability to discern and analyze the fundamental intersections of religion and social/political/cultural life through multiple lenses. Specifically, a religiously literate person will possess: (1) A basic understanding of the history, central texts (where applicable), beliefs, practices, and contemporary manifestations of several of the world's religious

traditions as they arose out of and continue to be shaped by particular social, historical, and cultural contexts. (2) The ability to discern and explore the religious dimensions of political, social and cultural expressions across time and place.

Wie hier betont wird, geht es einerseits um Faktenwissen über Religionen, andererseits aber auch um die Fähigkeit, religiöse Dimensionen zu analysieren. Anders ausgedrückt, man lernt, einen religionswissenschaftlichen Blick auf Religion zu entwickeln – einen Blick, der dezidiert anders ist als ein religiöser oder theologischer Blick. Und dieser Blick ist fundamental *vergleichend*. Allein in dem zitierten Absatz wird mehrfach implizit auf den Religionsvergleich verwiesen, etwa wenn von den Texten, Vorstellungen und Praktiken verschiedener Religionen die Rede ist oder von religiösen Dimensionen „across time and place".

Nach meiner Erfahrung sind religionsvergleichende Themen für viele Studierende unmittelbar fesselnd, vermutlich weil sie naturgemäß das Unbekannte vertraut machen und das Vertraute in ein neues Licht stellen. Gregory Alles merkt an, dass die Religionswissenschaft „intrinsically de-provincializing" sei. Mit dieser Erweiterung des persönlichen Horizonts lernt man nicht nur Neues kennen, sondern versteht sich auch selbst besser. Er hat Recht, wenn er sagt, dass ein altes Ziel der Universität keineswegs überholt sei, nämlich dass zu studieren auch bedeute, das eigene Leben zu bereichern (Alles 2011: 221). Diesen Wert sollte man nicht unterschätzen, auch im Hinblick auf die anhaltende Popularität religionswissenschaftlicher Themen.

Hinzu kommt, dass eine Reflexion über die vergleichende Methode dazu befähigt, verschiedene Arten des Religionsvergleichs zu unterscheiden (siehe Kapitel 1), problematische Motive mancher Vergleiche zu entlarven und methodische Schwächen aufzudecken. Da die zugrunde liegende Struktur des Vergleichs nicht auf religiöse Gegenstände begrenzt ist, kann die Reflexion auch in anderen Bereichen sozialer Kommunikation von Nutzen sein, sowohl in der Beurteilung als auch in der eigenen Durchführung von Vergleichen aller Art. Wie der Religionswissenschaftler Jeffrey Kripal anmerkt: „After all, if many of our social and political problems lie in our failure to compare one another in a sufficiently radical way, the longlasting resolution of these problems may well lie in our learning to compare ourselves better" (Kripal 2014: 6).

C. *Berufsbezogene Forschung und Lehre:* Wie die meisten anderen kultur- und geisteswissenschaftlichen Fächer ist das religionswissenschaftliche Studium nicht auf einen speziellen Beruf ausgerichtet. Während manche dies als Schwäche empfinden mögen, ist es auch eine Stärke, denn religionswissenschaftliche Expertise ist in allen Bereichen der Gesellschaft von Nutzen. Mit einem Studienabschluss in der Religionswissenschaft wird man allerdings oft zusätzliche Kompetenzen in dem betreffenden Arbeitsbereich erwerben müssen. Einige Berufsfelder stehen der Religionswissenschaft näher als andere, und auch hierzu gibt es *Forschung* im Fach.

Ich möchte hier nur zwei Beispiele nennen. Ein Berufsfeld ist das Lehramt im Fach Religion an Schulen. „Das Universitätsstudium der Religionswissenschaft dient in einigen deutschen Bundesländern als Ausbildung für Lehrer/-innen für den schulischen, nicht-konfessionellen Unterricht, so in Bremen für das Fach Religionskunde oder in Brandenburg für Lebensgestaltung-Ethik-Religionskunde (LER). Für dieses Feld hat insbesondere Wanda Alberts viele wegweisende Arbeiten veröffentlicht" (Laack/Radermacher/Weiß 2017: 9). Die Autoren verweisen hier unter anderem auf zwei wichtige Beiträge von Alberts (Alberts 2008a, 2008b). Basierend auf ihren Forschungen zur schulischen Situation in der Schweiz im Vergleich mit anderen europäischen Ländern haben außerdem Katharina Frank und Christoph Bochinger ein didaktisches Modell für das Schulfach „Religionskunde" entwickelt, eine schulische Entsprechung des universitären Fachs Religionswissenschaft (Frank/Bochinger 2008; einen umfangreichen detaillierten Überblick zum aktuellen Stand von „Religionskunde" in deutschsprachigen Ländern bietet Alberts et al. 2022). Wie speziell der Religionsvergleich theoretisch und praktisch in den Schulunterricht eingebunden werden kann, erörtern Philipp Hetmanczyk und Urs Schellenberg (2022).

Ein anderes Berufsfeld ist das der interreligiösen Vermittlung, das mit dem in jüngerer Zeit stärker ausdifferenzierten Forschungsgebiet „interreligiöse Studien" verbunden ist. In diesem Forschungsgebiet finden sich sowohl konfessionell-theologische als auch religionswissenschaftliche Ansätze, und während in den USA viele Studiengänge zu „Interfaith Studies" an konfessionellen Hochschulen entstehen, welche entsprechend religiös positionierte „interfaith leaders" ausbilden, gibt es auch gute Argumente dafür, interreligiöse Vermittlung in einem säkularen religionswissenschaftlichen Studiengang zu lehren (McCarthy 2018). Die Religionswissenschaft hat schon immer interreligiöse Dynamiken erforscht – in allen Epochen und Weltregionen – und kann diese Erkenntnisse gezielt für ein Studiengebiet der nicht-konfessionellen interreligiösen Vermittlung nutzbar machen. Die Expertise für solche Vermittlung wird etwa in Behörden, Personalabteilungen internationaler Unternehmen, dem Gesundheitswesen, Organisationen für interreligiösen Dialog und in vielen anderen Bereichen benötigt. (Siehe dazu Patel/Peace/Silverman 2018; Gustafsson 2020; siehe auch die Aktivitäten der Organisation Interfaith America [vormals Interfaith Youth Core], die die Einrichtung entsprechender Studiengänge an Universitäten fördert: https://www.interfaithamerica.org, 9.5.2022, und dazu kritisch Pennington 2022.)

Berufsbezogene *Lehre* benötigt speziell zugeschnittene Studiengänge/-module/-zertifikate (Frank/Coste 2017: 35f), die unter bestimmten lokalen Bedingungen zu entwickeln sind. Für die beiden genannten Beispiele heißt das etwa, dass nur dort, wo die Politik nicht-konfessionellen Religions(kunde)-Unterricht ermöglicht, Lehramtsstudiengänge dafür angeboten werden können, und dass ein Studiengang in „interreligiösen Studien" nur dort entwickelt werden kann, wo es genügend Lehrende mit der entsprechenden Expertise gibt. Solche Studiengänge mögen jeweils spezielle und ergänzende Lehrveranstaltungen enthalten, zum Beispiel zur Schulpädagogik oder zu kommunikativen Techniken der Konfliktlösung, aber sie speisen sich ansonsten aus dem Lehrangebot der Religionswissenschaft, das thematisch und methodisch weitgehend mit dem in den Dimensionen A und B übereinstimmt. Es ist derselbe *vergleichende* religionswissenschaftliche Ansatz – in Faktenwissen, Theorien und Methoden –, den Studierende internalisieren und der in den Berufsfeldern zum Einsatz kommen soll.

Die Ausgangsfrage dieses Abschnitts war, wie die gesellschaftliche Relevanz des Religionsvergleichs bestimmt werden kann. Da hier mit Religionsvergleich die religionswissenschaftliche Methode gemeint ist, die in diesem Buch vorgestellt wurde, ging es darum zu erörtern, wie dieser akademische Diskurs in die Gesellschaft hineinwirkt und welche Rolle die Universität dabei spielt. Ich habe in der Unterscheidung der drei Bereiche bewusst den Begriff „Dimension" gewählt, weil es lediglich um Aspekte desselben Ansatzes geht. Es ist nicht möglich, berufsbezogene Forschung und Lehre in der Religionswissenschaft von fachspezifischer und allgemeinbildender Forschung und Lehre abzukoppeln, wie es sich manche Akteure in der Hochschulpolitik vielleicht wünschen würden. Ebenso wenig kann allgemeinbildende Forschung und Lehre unabhängig von fachspezifischer Forschung und Lehre existieren.

Wenn man sich von einer verengten und unsachgemäßen wirtschaftsorientierten Sichtweise löst, erkennt man, dass religionswissenschaftliche Forschung und Lehre in ihrer gesamten Dreidimensionalität gesellschaftlich relevant sind. Wer gelernt hat, wie ein Religionsvergleich produktiv und verantwortungsvoll durchgeführt wird, kann mit dieser Expertise ein innovatives Forschungsprojekt durchführen. Wenn Sie, liebe:r Leser:in, nach der Lektüre dieses Buches Lust bekommen haben, eine Vergleichsstudie zu einem faszinierenden Thema zu beginnen, freue ich mich darauf, Ihre Studie zu lesen. Sie können Ihre Expertise auch dafür nutzen, die Allgemeinbildung über Religionen zu fördern, denn Sie wissen, wie allgemeine Kategorien (Ritual, Kosmologie, Fundamentalismus etc.) durch den Vergleich gebildet werden und modifizierbar sind. Sie haben ein Bewusstsein dafür entwickelt, welche Bedeutung die präzise Bestimmung von Comparanda und Tertium Comparationis für einen Vergleich besitzt und welche Auswirkungen die Bestimmung von Modus, Maßstab und Analyserahmen auf die Entwicklung oder Modifizierung allgemeiner Kategorien haben. Und Sie kennen die Fallstricke oberflächlicher Vergleiche, die zu problematischer Essenzialisierung und Universalisierung führen können. All dies ist von großem Nutzen für die allgemeine Reflexion über das Thema Religion, das von Natur aus vergleichend ist. Und diese Expertise ist auch in bestimmten Berufsfeldern höchst relevant, sei es zum Beispiel in der Bildung von Kindern und Jugendlichen oder im Bereich der interreligiösen Vermittlung. Religionen und religiöse Gegenstände werden in unserer Gesellschaft permanent verglichen. Wer die Methode gründlich erlernt hat, kann problematische Aspekte solcher Vergleiche aufdecken, bessere Vergleiche vorschlagen und damit aktiv zum

Abbau von Missverständnissen und zur *Bildung* einer Gesellschaft beitragen, die Religion als komplexen und wirkmächtigen kulturellen Faktor erkennt.

Empfohlene Begleitlektüre

BL a. Freidenreich, Against the Grain and Over the Line (2018); Yengoyan, Introduction. On the Issue of Comparison (2006).

BL b. Rudolph, Die vergleichende Methode in den Kulturwissenschaften (1997); Frank/Bochinger, Religious Education in Switzerland (2008)

Selbsttestfragen

1a. Als Sie die Erläuterungen zur Durchführung einer vergleichenden Studie lasen, mussten Sie an manchen Stellen innehalten? Waren Ihnen Begriffe, die sich auf frühere Kapitel bezogen, nicht mehr völlig vertraut? Lesen Sie die betreffenden Abschnitte in Kapitel 4 oder 5 erneut, um die Lücken wieder zu füllen.

1b. Warum ist der Religionsvergleich so zentral für das Fach Religionswissenschaft? Nennen Sie mindestens drei Gründe und erklären Sie sie in eigenen Worten anhand jeweils eines Beispiels Ihrer Wahl.

Diskussionsfragen

2.a. Wie entscheidet man, welche Aspekte oder Schritte des Forschungsprozesses in der schriftlichen Ausarbeitung der Studie erscheinen müssen und auf welche verzichtet werden kann? Welche Faktoren spielen bei dieser Entscheidung eine Rolle?

2.b. Wie kann Vergleichsforschung in der Religionswissenschaft anderen vergleichenden Disziplinen helfen? Welche methodischen Komponenten und Einsichten sind vielleicht übertragbar?

Reflexionsfragen

3.a. Wie wichtig sind Ihrer Meinung nach Ahnung und Intuition für die (vergleichende) Forschung? Lassen sie sich messen? Geht es auch ohne sie?

3.b. Sie werden im Familien- oder Freundeskreis nach der Relevanz des Faches Religionswissenschaft gefragt. Wie nutzen Sie das Konzept der drei Dimensionen von universitärer Forschung und Lehre, um diese Relevanz zu erläutern? Welche Argumente können Sie speziell für den Religionsvergleich ins Feld führen? Verfassen Sie ein überzeugendes Statement, das Sie einer skeptischen Person in ihrem Leben vortragen könnten.

Themenvorschläge für Seminararbeiten

1. Wählen Sie *zwei Religionen* und *ein Thema*, und führen Sie eine vergleichende Studie nach dem in Kapitel 6 vorgestellten Muster durch. Es ist für diese Übung sinnvoll, zuerst zwei Religionen festzulegen, aber Sie werden dann unmittelbar mit der Eingrenzung (der Zeitepoche, der Geographie, der innerreligiösen Differenzierung usw.) beginnen müssen. Auch das Thema (zum Beispiel Heiligenverehrung, Bestattungsriten, Bilderverbot, Rechtfertigung von Gewalt – oder jedes beliebige andere Tertium) wird im Prozess weiter präzisiert werden müssen. Es ist wahrscheinlich, dass Sie im Rahmen einer solchen Seminararbeit nicht alle Quellen – die zudem womöglich in Ihnen nicht vertrauten Sprachen verfasst sind – werden angemessen studieren können. Versuchen Sie, gute Sekundärliteratur und Übersetzungen zu finden und tun Sie damit, was Ihnen möglich ist. Legen Sie Ihre Beschränkungen in der Einleitung offen. Erklären Sie am Schluss, welche Gemeinsamkeiten und Unterschiede Sie festgestellt haben, und was das für künftige Forschungen bedeuten könnte.
2. Schreiben Sie einen Rezensionsaufsatz über zwei Bücher, die Religionsvergleiche durchführen. Erstellen Sie zuerst eine ausführliche Zusammenfassung beider Bücher. Analysieren Sie dann die jeweilige vergleichende Methode mit den Begriffen aus Kapitel 5 und führen Sie eine kontrafaktische Reflexion durch (siehe Kapitel 6). Vergleichen Sie die beiden Studien auf ihre Methodologie hin und benennen Sie Aspekte, die die beiden voneinander lernen könnten. Formulieren Sie abschließend Ihre Gesamtbeurteilung und erklären Sie, wie Ihre Analyse zukünftigen Vergleichsstudien helfen kann.
(Einige Buchvorschläge: Holdrege 1996, Doniger 1999, Manning 1999, Alberts 2007, McClymond 2008, Patton 2009, Shushan 2009, Bornet 2010, Freidenreich 2011, Taves 2016, Rondolino 2017.)
3. Vergleichen Sie die in diesem Buch skizzierte Methodologie mit Modellen der vergleichenden Geschichtswissenschaft. Wie sind die dort beschriebenen Prozesse und entwickelten Begriffe mit der hier vorgeschlagenen Terminologie zu vereinbaren? Wo sind Unterschiede festzustellen? Wählen Sie ein Beispiel für einen Vergleich und beschreiben Sie den Vorgang aus beiden Perspektiven. Was können die Modelle voneinander lernen?
(Als Einstieg in die vergleichende Geschichtswissenschaft sind zu empfehlen: Kaelble 1999, Kedar 2009, Haupt/Kocka 2004, Green 2004.)

Literaturverzeichnis

Ackerman, Robert (1987): J. G. Frazer. His Life and Work, Cambridge: Cambridge University Press.
Adams, Maurice/Hoecke, Mark van (Hrsg.) (2021a): Comparative Methods in Law, Humanities and Social Sciences. Cheltenham, Gloucestershire: Edward Elgar Publishing.
Adams, Maurice/Hoecke, Mark van (2021b): Conclusion. Challenges of Comparison. In: Adams/Hoecke 2021a, S. 245–263.
Alberts, Wanda (2007): Integrative Religious Education in Europe. A Study-of-Religions Approach, Berlin: Walter de Gruyter.
Alberts, Wanda (2008a): Didactics of the Study of Religions. In: Numen 55, H. 2, S. 300–334.
Alberts, Wanda (2008b): Religionswissenschaftliche Fachdidaktik in europäischer Perspektive. In: Zeitschrift für Religionswissenschaft 16, H. 1, S. 1–14.
Alberts, Wanda/Junginger, Horst/Neef, Katharina/Wöstemeyer, Christina (Hrsg.) (2022): Handbuch Religionskunde, Berlin: De Gruyter i.E.
Allen, Douglas (1994): Recent Defenders of Eliade: A Critical Evaluation. In: Religion 24, H. 4, S. 333–351.
Asprem, Egil (2014): Beyond the West. Towards a New Comparativism in the Study of Esotericism. In: Correspondences 2, H. 1, S. 3–33.
Bayly, Christopher Alan (2004): The Birth of the Modern World, 1780–1914. Global Connections and Comparisons, Malden, MA: Blackwell.
Bergunder, Michael (2016): Comparison in the Maelstrom of Historicity: A Postcolonial Perspective on Comparative Religion. In: Schmidt-Leukel, Perry/Nehring, Andreas (Hrsg.): Interreligious Comparisons in Religious Studies and Theology: Comparison Revisited, London: Bloomsbury, S. 34–52.
Berner, Ulrich (1981): Universalgeschichte und kreative Hermeneutik. Reflexionen anhand des Werkes von Mircea Eliade. In: Saeculum 32, S. 221–241.
Berner, Ulrich (1997): Mircea Eliade (1907–1986). In: Michaels, Axel 1997, S. 343–353.
Berner, Ulrich (2004): Africa and the Origin of the Science of Religion. Max Müller (1823–1900) and James George Frazer (1854–1941) on African Religions. In: Ludwig, Frieder/Adogame, Afe (Hrsg.): European Traditions in the Study of Religion in Africa, Wiesbaden: Harrassowitz, S. 141–150.
Berner, Ulrich (2007): Aufklärung als Ursprung und Aufgabe der Religionswissenschaft. In: Koch, Anne (Hrsg.): Watchtower Religionswissenschaft: Standortbestimmungen im wissenschaftlichen Feld, Marburg: diagonal-Verlag, S. 161–180.
Berner, Ulrich (2020): Mountains as Sacred Spaces. In: Culture and Religion, 21, H. 1, S. 18–30.
Bernhardt, Reinhold/von Stosch, Klaus (Hrsg.) (2009a): Komparative Theologie: Interreligiöse Vergleiche als Weg der Religionstheologie, Zürich: Theologischer Verlag Zürich.
Bernhardt, Reinhold/von Stosch, Klaus (2009b): Einleitung. In: Bernhardt, Reinhold/von Stosch, Klaus (2009a), S. 7–12.
Biller, Peter (1985): Words and the Medieval Notion of ‚Religion'. In: Journal of Ecclesiastical History 36, H. 3, S. 351–369.
Bochinger, Christoph (2003): Religionsvergleiche in religionswissenschaftlicher und theologischer Perspektive. In: Kaelble, Hartmut/Schriewer, Jürgen (Hrsg.): Vergleich und Transfer: Komparatistik in den Sozial-, Geschichts- und Kulturwissenschaften, Frankfurt: Campus Verlag, S. 251–281.
Bornet, Philippe (2010): Rites et pratiques de l'hospitalité. Mondes juifs et indiens anciens, Stuttgart: Steiner.
van den Bosch, Lourens Peter (2002): Friedrich Max Müller. A Life Devoted to the Humanities, Leiden: Brill.

Literaturverzeichnis

Braun, Willi/McCutcheon, Russell T. (Hrsg.) (2018): Reading J. Z. Smith. Interviews & Essay, Oxford: Oxford University Press, 2018.
Candea, Matei (2019): Comparison in Anthropology. The Impossible Method, Cambridge: Cambridge University Press.
Capps, Walter H. (1995): Religious Studies. The Making of a Discipline, Minneapolis: Fortress Press.
Casadio, Giovanni (2010): *Religio* versus Religion. In: Dijkstra, Jitse/Kroesen, Justin/Kuiper, Yme (Hrsg.): Myths, Martyrs, and Modernity. Studies in the History of Religions in Honour of Jan N. Bremmer, Leiden: Brill, 2010, S. 301–326.
Clooney, Francis X. (2005): Divine Mother, Blessed Mother. Hindu Goddesses and the Virgin Mary. New York: Oxford University Press.
Clooney, Francis X. (2008): Encountering the (Divine) Mother in Hindu and Christian Hymns. In: Religion and the Arts 12, S. 230–243
Clooney, Francis X. (2010): Comparative Theology. Deep Learning Across Religious Borders, Malden: Wiley-Blackwell.
Clooney, Francis X. (2013): Comparative Theology and Inter-Religious Dialogue. In: Cornille, Catherine (Hrsg.): The Wiley-Blackwell Companion to Inter-Religious Dialogue, Chichester: John Wiley & Sons. S. 51–63.
Clooney, Francis X. (2018): Reading Religiously Across Religious Borders. A Method for Comparative Study. In: Freiberger, Oliver (Hrsg.): Methodical Aspects of Comparison, special issue of Religions 9, S. 1–12.
Clooney, Francis X./von Stosch, Klaus (Hrsg.) (2017): How to Do Comparative Theology, New York: Fordham University Press.
Corbin, Juliet/Strauss, Anselm (2008): Basics of Qualitative Research. Techniques and Procedures for Developing Grounded Theory. 3. Aufl., Los Angeles: Sage.
Cornille, Catherine (2008): The Im-Possibility of Interreligious Dialogue, New York: Crossroad/Herder & Herder.
Cornille, Catherine (2013): Conditions for Inter-Religious Dialogue. In: Cornille, Catherine (Hrsg.): The Wiley-Blackwell Companion to Inter-Religious Dialogue, Chichester: John Wiley & Sons. S. 20–33.
Crews, Emily/McCutcheon, Russell T. (Hrsg.) (2020): Remembering J. Z. Smith. A Career and Its Consequence. London: Equinox.
Deeg, Max/Freiberger, Oliver/Kleine, Christoph (Hrsg.) (2019): Religionsbegegnung in der asiatischen Religionsgeschichte. Kritische Reflexionen über ein etabliertes Konzept, Göttingen: Vandenhoeck & Ruprecht.
Deeg, Max/Freiberger, Oliver/Kleine, Christoph/Kollmar-Paulenz, Karénina (Hrsg.) (in Vorb.): Grenzen der Religion. Säkularität in der Asiatischen Religionsgeschichte, Göttingen: Vandenhoeck & Ruprecht.
Della Porta, Donatella (2008): Comparative Analysis. Case-oriented Versus Variable-oriented Research. In: Della Porta, Donatella/Keating, Michael (Hrsg.): Approaches and Methodologies in the Social Sciences. A Pluralist Perspective, Cambridge: Cambridge University Press, S. 198–222.
Doniger, Wendy (1999): Splitting the Difference: Gender and Myth in Ancient Greece and India, Chicago: University of Chicago Press.
Dubuisson, Daniel (2003): The Western Construction of Religion. Myths, Knowledge, and Ideology, Baltimore: Johns Hopkins University Press.
Eliade, Mircea (1976): Ein neuer Humanismus. In: Die Sehnsucht nach dem Ursprung. Von den Quellen der Humanität, Frankfurt/M.: Suhrkamp, S. 17–29.
Eliade, Mircea (1990): Das Heilige und das Profane. Vom Wesen des Religiösen, Frankfurt/M.: Suhrkamp.
Eliade, Mircea (1998): Die Religionen und das Heilige. Elemente der Religionsgeschichte, Frankfurt/M.: Insel.

Fitzgerald, Timothy (2000): The Ideology of Religious Studies, New York: Oxford University Press.
Fitzgerald, Timothy (2007): Discourse on Civility and Barbarity. A Critical History of Religion and Related Categories, New York: Oxford University Press.
Flasche, Rainer (1978): Die Religionswissenschaft Joachim Wachs. Berlin: Walter de Gruyter.
Flasche, Rainer (1997): Joachim Wach (1898–1955). In: Michaels, Axel (1997), S. 290–302.
Frank, Katharina/Bochinger, Christoph (2008): Religious Education in Switzerland as a Field of Work for the Study of Religions. Empirical Results and Theoretical Reflections. In: Numen 55, H. 2, S. 183–217.
Frank, Katharina/Coste, Hélène (2017): Religionswissenschaft als Grundlagenstudium. Skizze eines empiriebasierten Kompetenz- und Ausbildungsmodells. In: Zeitschrift für Religionskunde 5, S. 22–39.
Frazer, James George (1894): Taboo. In: Encyclopedia Britannica, 9. Aufl., Bd. 23, Chicago: Werner, S. 16–18.
Frazer, James George (1922): The Golden Bough: A Study in Magic and Religion, Ware, Hertfordshire: Wordsworth (Nachdruck 1993).
Frazer, James George (1994): The Golden Bough. A Study in Magic and Religion. A new abridgement from the second and third editions, hrsg. von Robert Fraser, London: Oxford University Press.
Freiberger, Oliver (2013): Religionen und Religion in der Konstruktion des frühen Buddhismus. In: Schalk, Peter et al. (2013). S. 15–41.
Freiberger, Oliver (2009): Der Askesediskurs in der Religionsgeschichte. Eine vergleichende Untersuchung brahmanischer und frühchristlicher Texte, Wiesbaden: Harrassowitz.
Freiberger, Oliver (2010): Locating the Ascetic's Habitat. Toward a Micro-Comparison of Religious Discourses. In: History of Religions 50, H. 2, S. 162–192.
Freiberger, Oliver (2018): Freedom for the Tertium. On Conditions and Provisions for Comparison in the Study of Religion. In: History of Religions 57, H. 3, S. 288–305.
Freiberger, Oliver (2019): Considering Comparison. A Method for Religious Studies, New York: Oxford University Press.
Freiberger, Oliver (2020): J. Z. Smith on Comparison. Insights and Appropriations. In: Crews, Emily/McCutcheon, Russell T. (2020), S. 46–56.
Freiberger, Oliver/Kleine, Christoph (2015): Buddhismus. Handbuch und kritische Einführung. 2., überarb. Aufl., Göttingen: Vandenhoeck & Ruprecht.
Freidenreich, David M. (2004): Comparisons Compared. A Methodological Survey of Comparisons of Religion from 'A Magic Dwells' to *A Magic Still Dwells*. In: Method and Theory in the Study of Religion 16, S. 80–101.
Freidenreich, David M. (2011): Foreigners and Their Food. Constructing Otherness in Jewish, Christian, and Islamic Law, Berkeley: University of California Press.
Freidenreich, David M. (2018): Against the Grain and Over the Line. Reflections on Comparative Methodology. In: Freiberger, Oliver (Hrsg.): Methodical Aspects of Comparison, special issue of Religions 9, S. 1–13.
Gilhus, Ingvild Sælid (1997): Laughing Gods, Weeping Virgins. Laughter in the History of Religion. London: Routledge.
Grieve, Pete (2018): Jonathan Z. Smith (1938–2017). The College's Iconoclastic, Beloved, Chainsmoking Dean. In: The Chicago Maroon, March 23, 2018, https://www.chicagomaroon.com/article/2018/3/23/jonathan-z-smith-dean-of-college-university-of-chicago/ (10.5.2022).
Gustafson, Hans (Hrsg.) (2020): Interreligious Studies. Dispatches from an Emerging Field, Waco: Baylor University Press.
Goodman, Hananya (1994): Between Jerusalem and Benares. Comparative Studies in Judaism and Hinduism, Albany: State University of New York Press.

Green, Nancy L. (2004): Forms of Comparison. In: Cohen, Deborah/O'Connor, Maura (Hrsg.): Comparison and History. Europe in Cross-National Perspective, New York: Routledge, S. 41–56.
Haupt, Heinz-Gerhard/Kocka, Jürgen (2004): Comparative History. Methods, Aims, Problems. In: Cohen, Deborah/O'Connor, Maura (Hrsg.): Comparison and History. Europe in Cross-National Perspective, New York: Routledge, S. 23–39.
Heiler, Friedrich (1961): Erscheinungsformen und Wesen der Religion, Stuttgart: Kohlhammer.
Herzfeld, Michael (2001): Performing Comparisons. Ethnography, Globetrotting, and the Spaces of Social Knowledge. In: Journal of Anthropological Research 57, H. 3, S. 259–276.
Hetmanczyk, Philipp/Schellenberg, Urs (2022): Der Vergleich aus fachwissenschaftlicher und fachdidaktischer Perspektive. Normative und analytische Problemstellungen. In: Zeitschrift für Religionskunde 10, S. 43–56.
Hewitt, Marsha (1996): How New Is the 'New Comparativism'? Difference, Dialectics, and World-Making. In: Method and Theory in the Study of Religion 8, H. 1, S. 15–20.
Hoffmann, Solvejg (o.J.). Redewendung Äpfel mit Birnen vergleichen. In: GEOlino, https://www.geo.de/geolino/redewendungen/1571-rtkl-redewendung-aepfel-mit-birnen-vergleichen (15.3.2022).
Holdrege, Barbara A. (1996): Veda and Torah. Transcending the Spirituality of Scripture, Albany: State University of New York Press.
Hughes, Aaron W. (2017): Comparison. A Critical Primer, Sheffield: Equinox.
Hughes, Aaron W. (2018): Response. In: Stoddard, Brad (Hrsg.): Method Today. Redescribing Approaches to the Study of Religion, Sheffield: Equinox. S. 70–75.
Jensen, Jeppe Sinding (2004): Why Magic? It's Just Comparison. In: Method and Theory in the Study of Religion 16, S. 45–60.
Kaelble, Hartmut (1999): Der historische Vergleich. Eine Einführung zum 19. und 20. Jahrhundert, Frankfurt am Main: Campus.
Katz, Nathan (2000): Who are the Jews of India? Berkeley: University of California Press.
Katz, Nathan/Chakravarti, Ranabir/Sinha, Braj M./Weil, Shalva (Hrsg.) (2007): Indo-Judaic Studies in the Twenty-First Century. A View from the Margin, New York: Palgrave Macmillan.
Kedar, Benjamin Z. (Hrsg.) (2009): Explorations in Comparative History. Jerusalem: Hebrew University Magnes Press.
Kiblinger, Kristin Beise (2008): Buddhist Stances Towards Others. Types, Examples, Considerations. In: Schmidt-Leukel, Perry (Hrsg.): Buddhist Attitudes to Other Religions, St. Ottilien: EOS, S. 24–46.
King, Richard (1999): Orientalism and Religion. Postcolonial Theory, India and „the Mystic East", London: Routledge.
Kippenberg, Hans G. (1997): Die Entdeckung der Religionsgeschichte. Religionswissenschaft und Moderne, München: Beck.
Kleine, Christoph (1998): Buddhismus ohne Buddhisten oder: Die wahre Religion Gautamas als orientalistisches Phantasieprodukt. In: Spirita 12, H. 1, S. 12–14.
Kleine, Christoph (2018): The Secular Ground Bass of Pre-modern Japan Reconsidered. Reflections upon the Buddhist Trajectories towards Secularity. In: Working Paper Series of the HCAS „Multiple Secularities – Beyond the West, Beyond Modernities" 5, Leipzig: Universität Leipzig. https://www.multiple-secularities.de/media/workingpaper_5_kleine_web.pdf (10.5.2022).
Klimkeit, Hans-Joachim (1997): Friedrich Max Müller (1823–1900). In: Michaels, Axel (1997), S. 29–40.
Kripal, Jeffrey J. (2014): Comparing Religions. Coming to Terms, Malden, MA: Wiley Blackwell.

Laack, Isabel (2014): Lernziele des religionswissenschaftlichen Studiums. Eine Anregung zur Umsetzung hochschuldidaktischer Erkenntnisse. In: Zeitschrift für Religionswissenschaft 22, H. 2, S. 375–401.

Laack, Isabel/Radermacher, Martin/Weiß, Sabrina (2017): Hochschuldidaktik in der Religionswissenschaft. Eine Einleitung zum Themenheft. In: Zeitschrift für Religionskunde 5, S. 7–20.

Lang, Andrew (1901): Mr. Frazer's Theory of the Crucifixion. In: The Fortnightly Review 69, S. 650–662.

Lehrich, Christopher I. (2021): Jonathan Z. Smith on Religion. London: Routledge.

Lessing, Gotthold Ephraim (1825): Rettung des Hieronymus Cardanus. In: Sämmtliche Schriften, Bd. 4, Berlin: Voffischen, S. 129–167.

Lincoln, Bruce (2018): Apples and Oranges. Explorations In, On, and With Comparison, Chicago: University of Chicago Press.

Lubin, Timothy (2002): The Virtuosic Exegesis of the Brahmavādin and the Rabbi. In: Numen 49, H. 4, S. 427–459.

Mack, Burton (1996): On Redescribing Christian Origins. In: Method and Theory in the Study of Religion 8, H. 3, S. 247–269.

Manning, Christel J. (1999): God Gave Us the Right. Conservative Catholic, Evangelical Protestant, and Orthodox Jewish Women Grapple with Feminism, New Brunswick, NJ: Rutgers University Press.

Mensching, Gustav (1959): Die Religion. Erscheinungsformen, Strukturtypen und Lebensgesetze, Stuttgart: Schwab.

Michaels, Axel (Hrsg.) (1997): Klassiker der Religionswissenschaft. Von Friedrich Schleiermacher bis Mircea Eliade, München: Beck.

McCarthy, Kate (2018): (Inter)Religious Studies. Making a Home in the Secular Academy. In: Patel, Eboo/Peace, Jennifer Howe/Silverman, Noah J. (2018), S. 2–15.

McClymond, Kathryn (2008): Beyond Sacred Violence. A Comparative Study of Sacrifice, Baltimore: Johns Hopkins University Press.

McClymond, Kathryn (2018): Comparison as Conversation and Craft. In: Freiberger, Oliver (Hrsg.): Methodical Aspects of Comparison, special issue of Religions 9, S. 1–9.

McIntosh, Peggy (1998): White Privilege. Unpacking the Invisible Knapsack. In: McGoldrick, Monica (Hrsg.): Re-visioning Family Therapy. Race, Culture, and Gender in Clinical Practice, New York: Guilford Press, S. 147–152.

Mohn, Jürgen (2009): Komparatistik als Position und Gegenstand der Religionswissenschaft. In: Bernhardt, Reinhold/von Stosch, Klaus (2009a), S. 225–276.

Molendijk, Ariel L. (2016): Friedrich Max Müller and the *Sacred Books of the East*, Oxford: Oxford University Press.

Müller, Friedrich Max (1872): Lectures on the Science of Religion; with a paper on Buddhist Nihilism, and a translation of the Dhammapada or „Path of Virtue", New York: Scribner.

Neville, Roberts Cummings (2008): Ritual and Deference. Extending Chinese Philosophy in a Comparative Context, Albany: State University of New York Press.

Nhat Hanh, Thich (1995): Living Buddha, Living Christ, New York: Riverhead.

Norris, Pippa/Inglehart, Ronald (2004): Sacred and Secular. Religion and Politics Worldwide, New York: Cambridge University Press.

Osterhammel, Jürgen (2014): The Transformation of the World. A Global History of the Nineteenth Century, Princeton, NJ: Princeton University Press.

Otto, Rudolf (1917): Das Heilige. Über das Irrationale in der Idee des Göttlichen und sein Verhältnis zum Rationalen, Breslau: Trewendt et Garnier.

Paden, William E. (1988): Religious Worlds. The Comparative Study of Religion, Boston: Beacon Press.

Paden, William E. (1996a): Elements of a New Comparativism. In: Method and Theory in the Study of Religion 8, H. 1, S. 5–14.

Paden, William E. (1996b): A New Comparativism. Reply to the Panelists. In: Method and Theory in the Study of Religion 8, H. 1, S. 37–49.
Pasche Guignard, Florence (2015): Fight, Flight, Freeze, Fool, or Pray. Comparative Perspectives on Gender, Violence, and Religion. In: Zeitschrift für Religionswissenschaft 23, H. 2, S. 285–319.
Patel, Eboo/Peace, Jennifer Howe/Silverman, Noah J. (Hrsg.) (2018): Interreligious/Interfaith Studies. Defining a New Field. Boston: Beacon Press.
Pennington, Brian K. (2020): (Neo)Liberal Challenges. In: Gustafson, Hans (2020), S. 178–184.
Patton, Kimberley C. (2000): Juggling Torches. Why We Still Need Comparative Religion. In: Patton, Kimberley C./Ray, Benjamin C. (2000), S. 153–171.
Patton, Kimberley C. (2009): Religion of the Gods. Ritual, Paradox, and Reflexivity, New York: Oxford University Press.
Patton, Kimberley C./Ray, Benjamin C. (Hrsg.) (2000): A Magic Still Dwells. Comparative Religion in the Postmodern Age, Berkeley: University of California Press.
Platvoet, Jan G. (1982): Comparing Religions, A Limitative Approach. An Analysis of Akan, Para- Creole, and IFO- Sananda Rites and Prayers, The Hague: Mouton.
Poole, Fitz John Porter (1986): Metaphors and Maps. Towards Comparison in the Anthropology of Religion. In: Journal of the American Academy of Religion 54, H. 3, S. 411–457.
Prothero, Stephen (2008): Religious Literacy. What Every American Needs to Know – And Doesn't, New York: HarperOne.
Prothero, Stephen (2010): God Is Not One. The Eight Rival Religions That Run the World, And Why Their Differences Matter, New York: HarperOne.
Prothero, Stephen (2020): Religion Matters. An Introduction to the World's Religions, New York: W.W. Norton.
Pye, Michael (Übers.) (1990): Tominaga Nakamoto, Emerging from Meditation, Honolulu: University of Hawai'i Press.
Pye, Michael (2003): Modern Japan and the Science of Religions. In: Method & Theory in the Study of Religion 15, S. 1–27.
Ragin, Charles C. (1992): Introduction: Cases of 'What Is a Case?'. In: Ragin, Charles C./Becker, Howard S. (1992), S. 1–17.
Ragin, Charles C./ Becker, Howard S. (Hrsg.) (1992): What Is a Case? Exploring the Foundations of Social Inquiry, Cambridge: Cambridge University Press.
Rennie, Bryan S. (1996): Reconstructing Eliade. Making Sense of Religion, Albany: State University of New York Press.
Rondolino, Massimo A. (2015): Prolegomena to a Comparative Reading of *The Major Life of St. Francis* and *The Life of Milarepa*. In: Buddhist-Christian Studies 35, S. 163–180.
Rondolino, Massimo A. (2017): Cross-Cultural Perspectives on Hagiographical Strategies. A Comparative Study of the „Standard Lives" of St. Francis and Milarepa, London: Routledge.
Rudolph, Kurt (1997): Die vergleichende Methode in den Kulturwissenschaften und die Religionswissenschaft. In: Klimkeit, Hans-Joachim (Hrsg.): Vergleichen und Verstehen in der Religionswissenschaft. Vorträge der Jahrestagung der DVRG vom 4. bis 6. Oktober 1995 in Bonn, Wiesbaden: Harrassowitz, S. 161–170.
Rustin, Michael (2016): The Neoliberal University and its Alternatives. In: Soundings 63, S. 147–170.
Schalk, Peter/Deeg, Max/Freiberger, Oliver/Kleine, Christoph/van Nahl, Astrid (Hrsg.) (2013): Religion in Asien? Studien zur Anwendbarkeit des Religionsbegriffs, Uppsala: Uppsala University Press.
Schimmel, Annemarie (1960): Summary of the Discussion. In: Numen 7, S. 235–239.
Schmidt-Leukel, Perry (2022): Das himmlische Geflecht. Buddhismus und Christentum – ein anderer Vergleich, Gütersloh: Gütersloher Verlagshaus.

Schopen, Gregory (1997): On Monks, Nuns, and „Vulgar" Practices. The Introduction of the Image Cult into Indian Buddhism. In: Bones, Stones, and Buddhist Monks. Collected Papers on the Archaeology, Epigraphy, and Texts of Monastic Buddhism in India, Honolulu: University of Hawai'i Press, S. 238–257.
Schwab, Andreas (2020): Fremde Religion in Herodots „Historien". Religiöse Mehrdimensionalität bei Persern und Ägyptern, Stuttgart: Steiner Verlag.
Seiwert, Hubert (2020): Theory of Religion and Historical Research. A Critical Realist Perspective on the Study of Religion as an Empirical Discipline. In: Zeitschrift für Religionswissenschaft 28, H. 2, S. 207–236.
Shankman, Steven/Durrant, Stephen W. (Hrsg.) (2002): Early China/Ancient Greece. Thinking Through Comparisons, Albany: State University of New York Press.
Sharma, Arvind (2005): Religious Studies and Comparative Methodology. The Case for Reciprocal Illumination, Albany: State University of New York Press.
Sharpe, Eric J. (1986): Comparative Religion. A History. 2. Aufl., La Salle: Open Court.
Sherry, John F./Kozinets, Robert V. (2003): Sacred Iconography in Secular Space. Altars, Alters, and Alterity at the Burning Man Project. In: Otnes, Cele C./Lowrey, Tina M. (Hrsg.): Contemporary Consumption Rituals. A Research Anthology, New York: Psychology Press, S. 291–311.
Shushan, Gregory (2009). Conceptions of the Afterlife in Early Civilizations. Universalism, Constructivism and Near-Death Experience, London: Continuum.
Simmons, Erica S./Rush Smith, Nicholas (Hrsg.) (2021): Rethinking Comparison. Innovative Methods for Qualitative Political Inquiry, Cambridge: Cambridge University Press.
Smith, Jonathan Z. (1978): Adde Parvum Parvo Magnus Acervus Erit. In: Map Is Not Territory. Studies in the History of Religions, Chicago: University of Chicago Press, S. 240–264.
Smith, Jonathan Z. (1982a): Imagining Religion. From Babylon to Jonestown. Chicago: University of Chicago Press.
Smith, Jonathan Z. (1982b): In Comparison a Magic Dwells. In: Smith, Jonathan Z. (1982a), S. 19–35.
Smith, Jonathan Z. (1982c): The Devil in Mr. Jones. In: Smith, Jonathan Z. (1982a), S. 102–120.
Smith, Jonathan Z. (1990): On Comparison. In: Drudgery Divine. On the Comparison of Early Christianities and the Religions of Late Antiquity, Chicago: University of Chicago Press, S. 36–53.
Smith, Jonathan Z. (2000): Classification. In: Braun, Willi/McCutcheon, Russell T. (Hrsg.): Guide to the Study of Religion, London: Cassell, S. 35–44.
Smith, Jonathan Z. (2000b): The „End" of Comparison. Redescription and Rectification. In: Patton, Kimberly C./Ray, Benjamin C. (2000), S. 237–241.
Stausberg, Michael (2021): Comparison. In: Stausberg, Michael/Engler, Steven (Hrsg.): Routledge Handbook of Research Methods in the Study of Religion, 2. Aufl., Abingdon: Routledge, S. 15–33.
von Stosch, Klaus (2012): Komparative Theologie als Wegweiser in der Welt der Religionen, Paderborn: Ferdinand Schöningh.
von Stosch, Klaus (2021): Einführung in die Komparative Theologie, Paderborn: Schöningh.
Strübing, Jörg (2014): Grounded Theory. Zur sozialtheoretischen und epistemologischen Fundierung eines pragmatistischen Forschungsstils. 3., überarb. und erw. Aufl., Wiesbaden: Springer.
Tanner, Jeremy (2009): Ancient Greece, Early China. Sino-Hellenic Studies and Comparative Approaches to the Classical World. A Review Article. In: Journal of Hellenic Studies 129, S. 89–109.
Taves, Ann (2009): Religious Experience Reconsidered. A Building- Block Approach to the Study of Religion and Other Special Things, Princeton, NJ: Princeton University Press.

Taves, Ann (2016): Revelatory Events. Three Case Studies of the Emergence of New Spiritual Paths. Princeton, NJ: Princeton University Press.
Thiede, Werner (2005): Buddha und Jesus: Gemeinsamkeiten und Differenzen. In: Kerygma und Dogma 51, S. 33–51.
Thomas, Paul Brian (2008): The Riddle of Ishtar's Shoes. The Religious Significance of the Footprints at 'Ain Dara from a Comparative Perspective. In: Journal of Religious History 32, H. 3, S. 303–319.
Tietz, Christiane (2009): Dialogkonzepte in der Komparativen Theologie. In: Bernhardt, Reinhold/von Stosch, Klaus (2009a), S. 315–338.
Trainor, Kevin (2010): Pars pro toto. On Comparing Relic Practices. In: Numen 57, S. 267–283.
Tylor, Edward B. (1958): The Origins of Culture. New York: Harper (Erstpublikation als Bd. 1 von Primitive Culture, London: Murray, 1871).
Urban, Hugh B. (2000): Making a Place to Take a Stand. Jonathan Z. Smith and the Politics and Poetics of Comparison. In: Method and Theory in the Study of Religion 12, S. 339–378.
Urban, Hugh B. (2004): Power Still Dwells. The Ethics and Politics of Comparison in *A Magic Still Dwells*. In: Method and Theory in the Study of Religion 16, S. 24–35.
Waardenburg, Jacques (1999): Classical Approaches to the Study of Religion. Aims, Methods and Theories of Research, Berlin: Walter de Gruyter.
Wach, Joachim (1924): Religionswissenschaft. Prolegomena zu ihrer wissenschaftstheoretischen Grundlegung, Leipzig: Hinrichs.
Weber, Max (1922): Gesammelte Aufsätze zur Wissenschaftslehre, Tübingen: Mohr Siebeck.
Weber, Ralph (2014): Comparative Philosophy and the Tertium. Comparing What with What, and in What Respect? In: Dao. A Journal of Comparative Philosophy 13, S. 151–171.
Wedemeyer, Christian K. (2010): Introduction I. Two Scholars, a "School," and a Conference. In: Wedemeyer, Christian K./Doniger, Wendy (Hrsg.): Hermeneutics, Politics, and the History of Religions. The Contested Legacies of Joachim Wach and Mircea Eliade, New York: Oxford University Press. S. xv–xxvi.
Weiß, Sabrina/Radermacher, Martin (2015): Handlungsorientierte Didaktik in der Religionswissenschaft. Von den Zielen zu den Methoden. In: Zeitschrift für Religionswissenschaft 23, H. 2, S. 371–397.
White, L. Michael/Fitzgerald, John T. (2003): Quod Est Comparandum. The Problem of Parallels. In: Fitzgerald, John T./Olbricht, Thomas H./White, L. Michael (Hrsg.): Early Christianity and Classical Culture. Comparative Studies in Honor of Abraham J. Malherbe, Leiden: Brill, S. 13–39.
Wießner, Gernot (1994): Religionswissenschaft. In: Campenhausen, Alexander Freiherr von/Wießner, Gernot: Kirchenrecht – Religionswissenschaft, Grundkurs Theologie 10,1, Stuttgart: Kohlhammer, S. 65–178.
Wieviorka, Michel (1992): Case Studies. History or Sociology? In: Ragin, Charles C./Becker, Howard S. (1992), S. 159–172.
Williams, Raymond (1961): Education and British Society. In: The Long Revolution, London: Chatto and Windus, S. 125–155.
Wißmann, Hans (1997): James George Frazer (1854–1941). In: Michaels, Axel (1997), S. 77–89.
Yengoyan, Aram A. (2006): Introduction. On the Issue of Comparison. In: Yengoyan, Aram A. (Hrsg.): Modes of Comparison. Theory and Practice, Ann Arbor: University of Michigan Press, S. 1–27.

Sachregister

Agency der forschenden Person 118
Akademische Faktoren 95, 108, 110, 113, 118, 144
Altar 27, 97, 98, 100, 101, 103, 112, 129, 146, 148, 150, 165
Analoger Vergleich 77, 92, 131, 138–142, 155, 156, 160
Analyserahmen 10, 12, 16, 121, 138–143, 145, 151, 155–157, 160–162, 166, 175
Aneignung/Inklusion 13, 23, 26, 31, 33, 38
Äpfel und Birnen 22, 104
Apologetische Abgrenzung 23
Apophthegmata Patrum 158
Arbeitsschritte (einer Vergleichsstudie) 10, 121
Archetyp 124
Ashoka (Aśoka) 42
Askese 33, 99, 129, 157–159, 165
Asksediskurs 167
Aufklärung 36, 40, 41, 172
Beichte 72–75, 79, 80, 83, 93, 97, 116, 125
Bereicherung 13, 23, 28, 31, 33, 38, 118
Beschreibung (als Motiv/Ziel des Vergleichs) 32
Beschreibung und Analyse 10, 16, 121, 143, 145, 146, 148, 149, 151, 152, 156, 158, 161
Bhagavadgita 102, 103, 107, 108
Bildung 38, 63, 129, 141, 161, 169, 171, 172, 175, 176
Buddhismus 18, 24–26, 30, 40, 42, 53, 72–75, 78–83, 97, 128–130, 132
Chicago, University of 53, 54, 62
Christentum 18, 19, 24, 25, 30, 39–41, 43, 46, 47, 52, 53, 64, 80, 128, 130, 132, 136, 139, 157, 164, 165
Comparandum/Comparanda 10, 16, 22, 56, 95–108, 110–118, 121, 123, 124, 126, 131, 133–142, 144–148, 152, 154–157, 160, 161, 165, 167, 175
Daodejing 102, 103, 107, 108
Daoismus 40, 42, 102, 108, 135, 165
Definition von Religion 21, 22
Dekontextualisierung 9, 66, 69–71, 74–79, 88, 93, 95, 97, 117, 135, 167
Devi (Devī) 29

Dharma 38, 39, 42
Differenzmodus 121, 122, 126, 127
Diskursvergleich 167
Durga (Durgā) 101
Empirie/empirische Einheit/empirische Verifizierbarkeit 98, 100, 116, 155
Erfahrung, religiöse 54, 147
Essenz 18, 79, 102
Essenzialisierung 9, 18, 19, 21, 66, 69, 79–88, 93, 101, 133, 135, 146, 167, 175
Evaluierung (von Wissenschaft) 168, 169, 171
Evolutionärer Modus 121, 122, 125
Evolutionstheorien 51, 125
Fachdiskurs 21, 69, 70, 114, 115, 117, 121, 130, 144, 145, 154, 160, 164, 168, 171
Fachgeschichte 32, 35, 36, 171
Fall (case) 11, 12, 19, 30, 66, 73, 92, 98–100, 102, 103, 107, 109, 124, 126, 138, 139, 142, 144, 146, 150, 156, 161, 165
Forschung und Lehre
– allgemeinbildende 153, 171, 172, 175
– berufsbezogene 153, 170, 171, 173–175
– fachspezifische 153, 171, 175
Gayatri-Mantra (Gāyatrī-Mantra) 33
Gebet 33, 72, 129
Gegenüberstellung 10, 14, 16, 50, 115, 121, 134, 143, 147–151, 158, 159, 161
Gemeinsamkeiten 13–15, 20, 22, 23, 25–28, 30, 32, 33, 42, 52, 61, 62, 75, 105, 106, 116, 127, 138, 139, 148, 165, 177
Genealogischer Vergleich 140
Generalisierung 9, 18, 69, 84, 86–88, 93, 95
Gleichsetzung/Gleichsetzen 27, 105, 106, 128
Grounded Theory 96
Grundlagenforschung 170, 171
Haddsch (Ḥaǧǧ) 15
Hagiographie 33, 150, 153, 158
Heilige, das 58–62, 71
Hierophanien 59–61, 124
Himmelsheiligkeit 60, 61, 125

187

Sachregister

Hinduismus 70, 74, 80, 81, 86, 101, 102, 108, 129, 130, 132, 141, 157
Hochschuldidaktik (der Religionswissenschaft) 172
homo religiosus 60, 61
Homologer Vergleich 77, 138
Identität 38, 109, 110, 129
Illuminativer Modus 33, 115, 128–130, 145, 148, 149, 153, 158, 161
Imperialismus 14
Interfaith America (Organisation) 174
Interkultureller Analyserahmen 138–143, 151, 155, 157
interpretatio romana/graeca 19, 20
Interreligiöse Studien 174
Interreligiöse Theologie 30
Interreligiöser Dialog 17, 30, 31, 33, 127, 174
interreligiöses Engagement 98, 99
Intuition 123, 153, 154, 161, 162, 176
Islam/Muslim 39, 41, 74, 81, 87, 117, 132, 133, 164
Judentum 41, 64, 129, 130, 141
Kanonischer Text 102, 107
Kategorien/Begriffe (metasprachliche) 77, 150, 158, 164, 165
Klassifikation 13, 32, 33, 56, 64, 72, 101–103, 124, 130, 146, 150, 166
Kolonialismus/Kolonialherrschaft/Kolonialmacht 14, 37, 45, 48, 110
Komparative Theologie 28, 30
Konfuzianismus 40, 42, 139
Kontext (als Begriff) 14, 15, 20, 31–33, 35, 36, 55, 60, 61, 69–71, 74, 75, 78–80, 88, 92, 97, 98, 100, 105, 111, 114, 117, 123, 125, 134–136, 138–142, 144–146, 148, 149, 156, 159, 160, 166, 167
Kontextueller Analyserahmen 12, 138–142, 151, 155
Kontrafaktische Reflexion 153, 160, 166, 177
Kontrollierte Entscheidungsfindung 112, 113, 118
Kosmogonischer Mythos 33, 129, 135
Kritik (am Religionsvergleich) 15, 69, 89, 95
Kulturelle Faktoren 109, 110, 119, 171
Kulturimperialismus 89
Lebenszyklusrituale 130

Lourdes-Wallfahrt 15
Magie 50–52, 65
Makroebene/-vergleich 10, 131–136, 152, 155
Maßstab des Vergleichs 131, 138
Mesoebene/-vergleich 131, 132, 136, 137
Mikroebene/-vergleich 121, 131, 133–137, 157
Moderne 13, 38, 92, 136
Modus/Modi des Vergleichs 16, 65, 122, 145, 148, 150
Mönchtum 56, 57, 157
Morphologischer Modus 124, 125, 130
Neoliberale Universität 168
Neubeschreibung 10, 16, 121, 143, 144, 149–151, 158–161
Nicht-Religion 13, 20, 129
Oberflächlichkeit 27, 28
pāṭimokkha 73–75
pattern 83, 90, 115–117, 141
Persönliche Faktoren 108, 109
Phänomen 15, 20, 21, 37, 38, 41, 56, 61, 71, 73, 78, 79, 83, 88, 124, 157
Pilgerfahrt 15
Pluralität 38, 39
Polemik 23, 85, 103, 146
Postkoloniale Kritik 9, 69, 89, 91, 95, 110
Postmoderne Kritik 89
Präsentation (einer Vergleichsstudie) 113, 153, 160, 161
Reduktionismus 21
Reflexivität 95, 112, 113
Relationaler Vergleich 138–140, 151, 155
Relevanz des Religionsvergleichs
– gesellschaftliche 168, 175
– wissenschaftliche 168
religio 39, 40
Religion and Public Life-Projekt 172
Religion(en) (als Begriff/Kategorie) / Definition von Religion 21, 22, 37, 39–42, 65, 70, 80–82, 100, 164
Religionsaffirmativer Ansatz 48, 52
Religionsbegegnung 38
Religionskritischer Ansatz 14, 52
Religion(skunde), Lehramt 174
Religionsphänomenologie 59, 66, 71, 72, 74–76, 80, 87, 124
Religionssoziologie 53, 54
Religionstypologie 18

Sachregister

Religionswissenschaft 9, 13–16, 21, 22, 25, 31–34, 36, 37, 41–43, 45, 46, 53–57, 59, 62, 64–66, 68, 70, 71, 74, 77, 80, 81, 88, 89, 91, 92, 100, 101, 105, 110–112, 117, 124, 128–130, 132, 134, 137, 139, 143, 150, 153, 163–168, 170–176
- als Disziplin 114, 163–165, 167
- historischer und systematischer Forschungszugang 56, 57
- verstehende 53

religious literacy 84, 86, 171, 172
Reliquienverehrung 150
Rigveda (Ṛgveda) 44
Sacred Books of the East 45
Saṃnyāsa Upaniṣads 158
Saundarya Lahari (Saundarya Laharī) 29
Science of Religion 43, 46, 53, 67, 105
Selbstreflexion 65, 89, 95, 112, 113, 118, 121
Selektion 10, 16, 121, 143–146, 148, 149, 151, 154–158, 160–162, 166
Shikoku-Weg 15
Shinto 40, 42, 115
Similaritätsmodus 122, 126, 127
Sino-Hellenische Studien 141
Situiertheit der forschenden Person 10, 95, 108, 111–113, 118
Spontan-assoziativer Modus 122
Stabat Mater 29
sui generis-Phänomen 20, 21
Sünde 73–75
Systemtheorie 20
Tabu 50, 123, 124
Taxonomie 64, 116, 129, 150
Taxonomischer Modus 122, 129, 130, 148, 150, 151, 153, 157–159, 166

Tertium Comparationis 10, 16, 22, 56, 92, 95–97, 103, 104, 106, 107, 110, 111, 115, 118, 123, 124, 131, 135–137, 139, 144–146, 154, 156–158, 161, 175
Theologie der Religionen, pluralistische 30
Theologie, Theolog:innen 19, 23–26, 28–31, 33, 44, 53, 55, 91, 111, 127, 128, 162, 167, 170
Theoretisierung 10, 16, 70, 117, 121, 143, 144, 146, 149–151, 158, 159, 161
Theorie/theoretische Konstruktion 9, 22, 33, 54, 62, 71, 78, 99, 100, 116, 155
Transhistorischer Analyserahmen 138, 141, 142
Transparenz 103, 113, 121, 165
Universalisierung 9, 69, 79, 83, 87, 88, 93, 175
Unterschiede 9, 13, 15, 19, 20, 22–26, 29, 32, 33, 39, 42, 51, 52, 54, 62–64, 68, 74, 75, 84, 87, 92, 99, 102, 105, 106, 109, 116, 123, 126, 127, 130, 138, 145, 147, 148, 150, 151, 155, 158, 159, 161, 163–165, 167, 177
Unvergleichbarkeit 104–106, 119
Uposatha-Zeremonie 74, 75
Vaterunser 33
Vergleich von Religionen 13, 18, 39
Vergleichende Sprachwissenschaft 44
Vergleichender Blick 49, 165
Wesen 14, 18, 19, 21, 31, 32, 38, 51, 56, 57, 59, 60, 71, 72, 75, 76, 79–83, 87, 125, 132
Western bias 110
wu-wei 108

Personenregister

Alberts, Wanda 137, 174, 177
Alles, Gregory 173
Asprem, Egil 142, 143, 151
Bacon, Roger 39, 41
Bergunder, Michael 91–93
Berner, Ulrich 10, 41, 52, 58, 60, 61, 67, 68
Bochinger, Christoph 10, 23, 34, 174, 176
Bornet, Phillipe 67, 130, 141, 177
Buddha 19, 23–27, 34, 42, 72, 81, 82, 84, 127, 129, 135
Cardano, Gerolamo 41
Casadio, Giovanni 39–41
Chakrabarty, Dipesh 92
Cicero 41
Clooney, Francis X. 28–30, 34, 162, 167
Cornille, Catherine 30
Eliade, Mircea 9, 21, 35, 43, 54, 57–62, 66, 68, 71, 124
Flasche, Rainer 54, 55, 68
Frank, Katharina 172, 174, 176
Frazer, James George 9, 35, 43, 48–52, 54, 57, 65–68, 123, 124
Freidenreich, David 67, 121, 122, 126–129, 142, 151, 156, 161, 176, 177
Freud, Sigmund 21, 50
Gilhus, Ingvild Sælid 136
Goethe, Johann Wolfgang von 45, 124
Haas, Hans 53
Heiler, Friedrich 43, 59, 61, 71–75, 79–83
Herodot 39
Herzfeld, Michael 113
Hewitt, Marsha 90, 91
Holdrege, Barbara 67, 130, 141, 177
Hughes, Aaron 76, 77, 84–87, 92, 93
Jensen, Jeppe 165
Jesus 19, 22–27, 29, 34, 38, 39, 52, 59, 127, 135
Katz, Nathan 141
Kleine, Christoph 10, 25, 40, 42, 75
Konfuzius 41
Kripal, Jeffrey 173
Lang, Andrew 52
Leeuw, Gerhardus van der 43, 59, 71
Lincoln, Bruce 109, 118

Livius, Titus 40
Lubin, Timothy 141
Mack, Burton 143, 149–151
Manning, Christel 139, 177
Maria, Jungfrau 29
Marx, Karl 21
McClymond, Kathryn 67, 130, 162, 177
Mensching, Gustav 43, 80, 81
Mohammed 38, 39
Müller, Friedrich Max 9, 35, 43–48, 52–54, 66–68, 105
Nhat Hanh, Thich 26–28
Otto, Rudolf 21, 43, 81
Paden, William 43, 78, 90, 91, 96, 115–118, 146, 147, 166
Patton, Kimberley 65–67, 88–90, 122, 129, 137, 149, 177
Platvoet, Jan 43, 76, 83, 93, 132–135
Poole, Fitz John Porter 15, 147
Prothero, Stephen 84–87, 93, 102, 172
Ragin, Charles 98, 99, 118, 167
Roetz, Heiner 41
Rustin, Michael 168, 171
Schmidt-Leukel, Perry 30
Schopen, Gregory 129
Schumann, Hans Wolfgang 24, 25
Sharma, Arvind 128
Shushan, Gregory 67, 130, 177
Smith, Jonathan Z. 9, 35, 43, 62–66, 68, 87–89, 112, 113, 121–126, 143, 146, 149–151, 167
Söderblom, Nathan 53
Stausberg, Michael 166
Thiede, Werner 23–28, 34, 127, 128, 135
Thomas, Paul Brian 129
Tominaga, Nakamoto 42
Tylor, Edward Burnett 125
Urban, Hugh 91, 167
Varro, Marcus Terentius 40, 41
Wach, Joachim 9, 35, 43, 53–58, 68
Weber, Ralph 43, 106, 107, 115, 118, 145, 167
Werblowsky, Zwi 87
Williams, Raymond 170, 171
Yengoyan, Aram 154, 161, 167, 176

Bereits erschienen in der Reihe
STUDIENKURS RELIGION

Religionen und Tod
Von PD Dr. Anna-Katharina Höpflinger und Yves Müller
2022, 242 Seiten, broschiert, ISBN 978-3-8487-6714-4

Religionsvergleich
Von Prof. Dr. Oliver Freiberger
2022, 191 Seiten, broschiert, ISBN 978-3-8487-6876-9

Religionsphilosophie
Von Prof. Dr. Sebastian Gäb
2022, 242 Seiten, broschiert, ISBN 978-3-8487-6580-5